Medica mondiale e.V./Marlies W. Fröse/Ina Volpp-Teuscher (Hrsg.)

Krieg, Geschlecht und Traumatisierung

Medica mondiale e.V./Marlies W. Fröse/Ina Volpp-Teuscher (Hrsg.)

Krieg, Geschlecht und Traumatisierung

Erfahrungen und Reflexionen in der Arbeit mit traumatisierten Frauen in Kriegs- und Krisengebieten

Edition Hipparchia
IKO - Verlag für Interkulturelle Kommunikation

Dieses Buch wurde hergestellt mit finanzieller Unterstützung der Heinrich-Böll-Stiftung in Berlin.

Die Deutsche Bibliothek - CIP-Einheitsaufnahme

Krieg, Geschlecht und Traumatisierung : Erfahrungen und Reflexionen in der Arbeit mit traumatisierten Frauen in Kriegs- und Krisengebieten / Medica Mondiale e.V., Marlies W. Fröse und Ina Volpp-Teuscher (Hg.). - Frankfurt am Main : IKO - Verl. für Interkulturelle Kommunikation, 1999
(Edition Hipparchia)
ISBN 3–88939–615–1

Postfach 90 04 21
D-60444 Frankfurt
e-mail Verlag: ikoverlag@t-online.de
Internet: http://www.iko-verlag.de

Umschlaggestaltung: Volker Loschek, 61184 Karben
Herstellung: PRISMA Verlagsdruckerei GmbH, 60487 Frankfurt am Main
Fotos: Christel Becker-Rau, Köln

Inhaltsverzeichnis

Vorwort

Monika Hauser, Medica mondiale e.V.

Anfang Dezember 1998 wurde der 50. Jahrestag der "Allgemeinen Erklärung der Menschenrechte" begangen. Die Väter dieser Erklärung sprachen zwar von den universellen Rechten der Menschen, meinten aber die der Männer. Die andere Lebensrealität von Frauen wurde hingegen nicht bedacht. Heute ist diese zwar in vielen Studien und Berichten von UNHCR, WHO und Frauenorganisationen beschrieben. Die richtigen Forderungen sind gestellt worden. Die UNO leistet sich eine Sonderberichterstatterin für Menschenrechtsverletzungen an Frauen.

Doch an der Realität hat dies nichts geändert. In zwei Dritteln der Mitgliedsländer der UNO werden Menschen gefoltert und mißhandelt. Sogar Völkermord und andere schwere Verbrechen gegen die Menschlichkeit wurden in den letzten Jahren begangen, in Asien, Afrika wie in Europa. Frauen und Kindern werden diese Verbrechen am weitaus häufigsten angetan. In allen kriegerischen Auseinandersetzungen erleiden Frauen sexualisierte Folter und Demütigung durch Männer – zusätzlich zum übrigen Terror.

1992 stellt eine Zäsur dar: das unendliche Leid von im Krieg vergewaltigten Frauen war durch den Mut einiger bosnischer Frauen endlich "in die Welt" getragen worden und unsere Verantwortung war es, sie zu unterstützen und ihr Schreien für immer hörbar zu machen, stellvertretend für alle anderen Frauen aus Somalia, Uganda, Ruanda, Tschetschenien, Indonesien, dem Kosovo...

Deswegen haben wir 1993 Medica gegründet. Die Gründerinnen von Medica hatten dabei einen anderen Blickwinkel: den auf die *geographische Zufälligkeit.* Diese hat Frau X zum "Opfer" und Frau Y zur "Betreuerin des Opfers" bestimmt. Frauen *wissen,* daß diese Zufälligkeit weit über dieses (bosnische) Beispiel hinausgeht es könnte jede Frau an jedem Platz der Erde sein. Deswegen ist das Ziel von Medica mondiale: Unterstützung der Überlebenden, Benennen der Verbrechen und der Täter, Veränderung der Verhältnisse und politische Einflußnahme.

Medica Zenica und Medica Köln bestehen nun seit fünf Jahren und es schien uns an der Zeit, die verschiedenen Erfahrungen des von uns vertretenen ganzheitlichen, interdisziplinären Ansatzes konzentriert zusammenzuführen.

In Zenica haben 65 bosnische Frauen jahrelang unter Extrembedingungen gearbeitet. Der Beginn war gekennzeichnet von einer großen Kraft, unendlichem Engagement und eingeschränktem Fachwissen. Die überlebenden Frauen brauchten sofort umfassende Unterstützung und Krisenintervention, die Trauma-Fortbildungen mußten warten. Es gab weder Lehrmaterial noch Vorbilder. Sowohl durch die situative und kontinuierliche Arbeitsintensität, als auch durch die spätere theoretische Aneignung von Wissen über Traumata, haben die Mitarbeiterinnen über die Jahre hinweg eine grosse Kompetenz erworben. Dieses wertvolle Expertinnenwissen sollte gerade aus der Anfangserfahrung heraus international zur Verfügung gestellt werden. Des weiteren hatten wir das Bedürfnis, diese Erfahrungen im Hinblick auf eine erweiterte Konzeptionierung auszuwerten.

Analyse, kreativer Austausch und (Weiter-)Entwicklung neuer Ansätze frauenbezogener Traumaarbeit waren daher die Schwerpunkte der hierzu organisierten Fachtagung. Mit dieser Dokumentation soll das Wissen von Fachfrauen aus den unterschiedlichen Disziplinen und Ländern festgehalten und zugänglich gemacht werden. An vielen Orten wird auf diesem Feld gearbeitet und unter Respektierung der Verschiedenheiten wird gemeinsam an einem umfassenden interdisziplinären (therapeutischen, medizinischen, juristischen, soziologischen und politischen) Strang gezogen.

Nicht um *über* die Opfer zu reden, sind wir zusammengekommen, sondern um die eigene Arbeit zu reflektieren, im Wissen um die eigene Betroffenheit und Parteilichkeit. Diese verpflichtet uns, ein frauenbezogenes Traumakonzept zu erarbeiten, welches die Überlebende im Zentrum hat mit all ihren Schmerzen und Ressourcen. Wir haben das Ziel, die bestehenden frauenverachtenden Verhältnisse zu verändern: durch eine kraftvolle Vernetzung und soziale, fachliche und politische Einmischung.

Diese Dokumentation soll dazu ein Beitrag sein.

Grußwort
Prof. Dr. Jutta Limbach
Präsidentin des Bundesverfassungsgerichts

Sehr geehrte Mitglieder von Medica mondiale,

der Krieg im ehemaligen Jugoslawien hat nicht nur zerstörte Häuser und verwüstete Landschaften hinterlassen, sondern auch und vor allem Tote, Verletzte, zerrissene Familien und seelische Schäden bei unzähligen Menschen. All diese Folgen sind noch lange nicht bewältigt, und werden es auch noch nicht sein, wenn das Kriegsgebiet aus dem Blickfeld der Medien wieder verschwunden ist. Um so mehr freue ich mich über Ihr dringend notwendiges Engagement für die Menschen dort und in anderen Krisengebieten und habe deshalb gern die Schirmherrschaft über Ihre Tagung "Krieg, Geschlecht und Traumatisierung" übernommen.

Besonderer Unterstützung bedürfen die vielen Frauen und Mädchen, die Opfer sexueller Gewalt im Krieg wurden. Mehr als nur unser Mitgefühl benötigen sie umfassende Hilfe, Beratung und Betreuung auf medizinischem und psychotherapeutischem Gebiet. Einen wichtigen und anerkennenswerten Beitrag dazu leistet Ihr Zentrum "Medica Zenica", zu dessen fünfjährigem Bestehen ich Sie beglückwünschen darf.

Ihre praktische Hilfe und Ihr nachdrückliches Eintreten für die Rechte der Frauen sind auch insofern besonders wichtig, damit das Schicksal der Betroffenen nicht in Vergessenheit gerät. Sexuelle Gewalt – sowohl im Krieg als auch in Friedenszeiten – darf kein gesellschaftliches Tabu sein. Ich bin zuversichtlich, daß Ihre Tagung mit dazu beiträgt, das Thema im Bewußtsein der Öffentlichkeit stärker zu verankern. Der Gedankenaustausch und die Diskussion werden Ihrer täglichen Arbeit neue Impulse und Perspektiven geben. In diesem Sinne begrüße ich alle Teilnehmerinnen und Teilnehmer herzlich und wünsche Ihnen ein aufschlußreiches, ermutigendes und erfolgreiches Wochenende in Bonn.

Freundlich grüßt Sie

Ihre Jutta Limbach

Grußwort
Deutsches Rotes Kreuz – Generalsekretariat
Bernhard Döveling

Zur Fachtagung "Krieg, Geschlecht und Traumatisierung" von Medica mondiale e.V., vorbereitet und durchgeführt in Zusammenarbeit mit dem Gustav-Stresemann-Institut e.V., übermittelt das Deutsche Rote Kreuz (Generalsekretariat, Bonn) den Veranstaltern und Teilnehmern seine besten Wünsche um Erfolg und nachhaltige Wirkung in der alltäglichen oder auch politischen Arbeit aller, die sich der Linderung des Leides traumatisierter Frauen und deren Angehörigen in den Kriegs- und Krisengebieten in dieser Welt verpflichtet fühlen oder verpflichtet sein sollen!

Nur zu gut erfährt die weltweit wirkende Bewegung des Roten Kreuzes/des Roten Halbmondes nahezu täglich, wie sehr es insbesondere Frauen sind, die unter der gnadenlosen Wut und Gewalt kriegslüsterner Menschen leiden und mit Blick auf Familie und Kinder, deren sich gerade auch diese Frauen verbunden fühlen, keine Gelegenheit besitzen oder nehmen, um sich diesem Leiden entziehen zu können. Allzuoft auch geht der Blick der Öffentlichkeit an diesen Frauen und deren spezifischen Nöten vorbei; das Schicksal von Frauen und Mädchen, geschlagen von Gewalt und Krieg, geht gleichsam im Lärm der von Männern geführten Schlachten und von diesen ausgeübter Gewalt unter.

So ist es gut und richtig, wenn Initiative ergriffen wird, um über den Austausch von Erfahrungen und die Reflexion in der Arbeit mit traumatisierten Frauen in Kriegs- und Krisengebieten den Versuch zu unternehmen, die Aufmerksamkeit der gesellschaftlich und politisch Verantwortlichen auf Frauen und Mädchen zu lenken und wachzuhalten, die in besonderer Weise Opfer brutaler Gewalt geworden sind, Opfer nicht nur zum Zeitpunkt der von ihnen konkret erlebten Gewalt, sondern weit darüber hinaus unter den Folgen der Traumatisierung leiden.

Gewiß wird und kann diese Fachtagung nicht ein Ende aller Gewalt in unserer Welt bewirken; wohl aber kann und wird sie einen wichtigen Beitrag erbringen, um Gewalt mit jener Haltung zu begegnen, die sie verdient: Verachtung und Ächtung!
Bonn, im Oktober 1998

Bernhard Döveling
Bereichsleiter für Gesundheitsdienste
und Wohlfahrtspflege, DRK-Generalsekretariat

Brief einer Überlebenden aus Bosnien-Herzegowina[1]

Liebe Frauen,

ich möchte mich nicht mit offiziellen ausgewählten Worten an Sie wenden. Ich möchte, wenn ich schon diese Zeilen aufschreibe, meinen jetzigen Gefühlen folgen. Sie wissen, daß in meinem Land, in Bosnien und Herzegowina, Krieg war. Ein schwerer, schrecklicher, unlogischer Krieg, wie es auch jede Aggression und Zerstörung ist.

Ich erinnere mich an ein vor langer Zeit gelesenes Buch mit dem Titel "Der Wind kann nicht lesen", in dem es um ein fernes Land ging (ich erinnere mich nicht mehr um welches), in dem in einem rücksichtslosen Krieg eine kluge und zerbrechliche Frau stirbt. Das Buch hat ein Mann geschrieben, der sie liebte. An die weiteren Details kann ich mich nur schlecht erinnern. Aber damals, als ich es gelesen habe und als ich noch ins Gymnasium ging, habe ich den Leitgedanken dieses Buches in Erinnerung behalten. Und dieser lautete:

Jemand schrieb:
Zerstören Sie diese Blumen nicht!
Aber das gilt nicht für den Wind, denn er kann nicht lesen.

Das Leid in meinem Land (vor allem das Leid der Zivilbevölkerung) verursachte weder ein Sturm, noch ein Vulkanausbruch, noch irgendein anderes Unwetter, sondern (Un-)Menschen. Und wahrscheinlich sind darum die Wunden tiefer, heilen und vernarben langsamer. Wunden, vor allem wegen jener Unschuldigen, die leider nicht überlebt haben, aber auch die Wunden der Überlebenden.

Die Organisatorinnen Ihrer Tagung und Ihres freundschaftlichen Zusammentreffens hatten, so sagten sie mir, den Wunsch und die Idee, daß Ihnen eine Überlebende aus Bosnien-Herzegowina aus dem Medica Zentrum diesen Brief schreibt.

Das Wort Überlebende kann vor dem Namen jeder Frau hier in diesem Land stehen, aus dem Sie dieser Brief erreicht. Denn jede von uns hat etwas Schweres überlebt. Der Krieg ist im übrigen ein Unglück, bei dem niemand weiß, ob er oder sie das Böse wirklich überleben wird.

Wenn ich über all das nachdenke, drängt sich mir der Gedanke auf, daß jeder Mensch, jede Frau aus dieser Zeit eine Geschichte, ein Roman oder ein Drama für sich ist.

Und obwohl ich nicht weiß, wie Geschichte geschrieben wird, glaube ich aber, daß die Geschichte dieses großen kollektiven Traumas und dieser großen kollektiven Leiden vollständig sein würde, wenn die Bekenntnisse von uns allen aufgezeichnet und verstanden würden. Wenn ich unter jenen wäre, die diese aufschreiben, würde ich der Wahrheit wegen meine Geschichte vielleicht erst als letzte aufschreiben, und so allem anderen Leid den Vorrang geben und es im übrigen ebenso schätzen wie mein eigenes. Aus diesem Grund hat auch dieser Brief nicht die Form eines Bekenntnisses.

Ich erinnere mich an den Ausspruch einer alten Bosnierin aus meiner Gegend, die gesagt hat: Armut und Leid, mein Kind, werden erst von dieser Welt verschwinden, wenn die Menschen die Not der anderen als ihre eigene verstehen.

Dies scheint uns schier unmöglich, nicht wahr? Denn keiner lebt in der Haut des anderen und jeder fühlt sich seiner eigenen Not "am nächsten", heißt es in einem anderen bosnischen Zitat. Sie wissen wohl, daß in den Erzählungen traumatisierter und verletzter Frauen (Menschen) Emotionen auftauchen, die sie geradezu überschwemmen und die niederzuschreiben schlechthin unmöglich ist. Einzelheiten und Emotionen, die nicht ausgesprochen oder erzählt werden können.

Aber das, was dem zugrundeliegt, ist tief, eine offene Wunde und schweres Leid. Und wieder erinnere ich an die vor langer Zeit, in einer noch sorglosen und frühen Jugend gelernten Verse eines Dichters:

Jemand geht mit seinem Schmerz umher wie mit einer offenen Wunde: damit alle ihn sehen.

Andere halten ihn fest in sich zusammengedrückt, damit er nicht zu Tränen und Worten wird.

Sie werden, davon gehe ich aus, auf Ihrer Tagung auch darüber sprechen: über das Dilemma zwischen Sprechen und Schweigen. Wann Frauen sprechen und warum und wann sie schweigen? Mir scheint, als sei das Gefühl, auf ehrliche und vollkommene Art und Weise verstanden zu werden, der wichtigste Aspekt für einen Ansatz zur Heilung der Wunden und Traumata. Wenn ich in mein Selbst hineinhorche und es im Kontakt mit der Außenwelt beobachte, so scheint für mich das Wichtigste und Heilendste gewesen zu sein: mich selbst zu verstehen und zu erkennen, mich wahrzunehmen, aber auch von anderen verstanden zu werden. Und das ist gar nicht so einfach und leicht, denn allein das Gefühl, daß jemand Sie nicht verstehen möchte oder nicht verstehen kann, verdrängt den Schmerz in Ihnen. Der ganze Schmerz wird zum Schweigen oder zu Tränen und entführt Sie in die Einsamkeit.

Auf einem Symposium in meinem Land, von dem ich im Radio gehört habe, hat sich ein Satz in mein Gedächnis eingeprägt: *Wir sind Kranke aufgrund unserer Erinnerungen und darum brauchen unsere Erinnerungen auch einen medizinischen Ansatz.* Ich glaube, daß dies vollkommen richtig ist, und mir scheint, daß Ihre Tagung ein Beitrag zu diesem Ansatz ist. Ein Trauma vergißt man auch nicht so leicht, eben wegen der Folgen, die es für den Menschen hat. Was ich im Medica Zentrum kürzlich gehört habe, beschreibt eine der schwerwiegendsten Folgen: Ein traumatisierter Mensch lebt oft in einer schrecklichen Vergangenheit, aber aufgrund der traumatischen Erfahrung auch in der projizierten schrecklichen Zukunft, aber er lebt niemals in der Gegenwart.

Und wenn Sie das erleben, dann haben Sie das Gefühl, daß die Zeit verrinnt und daß Sie wie eine Pflanze dahinvegetieren. Ich bräuchte viel Platz in diesem Brief, wenn ich beschreiben wollte, wie meine Genesung verlaufen ist und daß ich mich heute, so hoffe ich, nicht mehr wie eine Pflanze fühle.

Einen Wendepunkt in meinem Genesungsprozeß bedeutete zweifellos die Begegnung mit Medica. Parallel zur Entwicklung meines Therapieprozesses, den eine starke und originelle Frau, meine Therapeutin, geleitet hat, habe ich die anderen Teile dieses Projektes kennengelernt. Dennoch muß ich sagen, daß ich meine Therapeutin gewissermaßen aus dem System von Medica herausnehme und sie darüberstelle (denn sie hat gemeinsam mit mir alle ihre Kräfte aufgewandt und sich so für meine Genesung eingesetzt), während das Projekt selbst eine umfassende (sozusagen) logistische Unterstützung für die Entwicklung des Therapieprozesses war.

Außerdem war Medica für mich eine neue Erfahrung. Was ich in diesem Haus gelernt und erfahren habe, könnte man als eine Art besonderen Überbau über mein damaliges Verständnis meiner selbst als Frau und der Welt, in der ich lebe, beschreiben. Nach meiner Begegnung mit Medica sehe ich, so scheint es mir, Filme anders, lese Bücher anders und betrachte die Welt um mich herum anders, wobei ich mehr auf die Frau und ihre Rolle in dieser Welt achte.

Medica bietet einer Frau, die sich mit der Bitte um Hilfe oder Unterstützung an sie wendet, wirklich viel, wobei auch die Individualität und Besonderheit ihrer Persönlichkeit geschätzt wird. Ich kenne einige Klientinnen von Medica, für die Medica in einem bestimmten Lebensabschnitt buchstäblich alles war: ein Zuhause, Überleben, Gesundung, Arbeit, ein Ort für neue Bekanntschaften und Freundschaften, ein Ort des Zusammentreffens. Aus diesem Grund möchte ich bei dieser Gelegenheit auch den Mitgliedern von Medica, die dort unter Ihnen sitzen, mitteilen: Halten Sie an diesem Projekt, dessen Teil Sie sind, fest und bleiben Sie dabei.

Nur so, mit all dem, was Medica auch ihnen gegeben und bedeutet hat, werden sie zu dem besseren und humaneren Teil der Welt gehören.

Ich sage oft, daß mein Erleben von Medica persönlich ist, und daß ich aus diesem Grunde vielleicht nicht vollkommen objektiv sein kann.

Aber ich hoffe, daß die derzeitigen und ehemaligen Klientinnen von Medica ausreichend Gründe für ein affirmatives Verhältnis zu diesem Haus haben, das auch mich vorübergehend gestärkt und mir viel Gutes gebracht hat.

Und jetzt möchte ich als Frau danke sagen, auch Ihnen, die Sie sich hier versammelt haben und den Willen und die Kraft haben, sich, so hoffe ich, aus den humansten und edelsten Beweggründen heraus, mit der Seele des Menschen (oder) der Frau zu beschäftigen, denn das Zerbersten der Seele ist hier in Bosnien ebenso schmerzhaft, wie überall auf diesem unserem gemeinsamen Planeten. Ich wünsche Ihnen ein angenehmes Arbeiten und ein freundschaftliches Beisammensein!

P.S.: Ich hatte nicht die Absicht, einen poetischen oder einen pathetischen Brief zu schreiben. Er ist eben einfach so, wie er ist, erwachsen aus einem Augenblick heraus. Wahrscheinlich ist es nur der Brief einer Frau. Ich weiß, daß ich Ihnen nichts besonders Neues erzählt habe. Es gibt viele Klientinnen von Medica, die Ihnen einen viel authentischeren Brief hätten schreiben können, der sich vielleicht besser in den Inhalt und die Art Ihrer Tagung eingefügt hätte. Und bevor ich, der Frauen wegen, zugestimmt habe, mich an Sie zu wenden, habe ich persönlich vorgeschlagen und mir gewünscht, daß jemand anderes diesen Brief schreibt.

Herzliche Grüße.

[1] *Aus dem Bosnischen übersetzt von Valentina Vincic.*

Einführung zur Tagung
Krieg, Geschlecht und Traumatisierung

Marlies W. Fröse

Sehr geehrte Damen und Herren,
liebe Kolleginnen und Kollegen,
liebe Freundinnen,

zuerst einmal möchten wir Sie, liebe Teilnehmerinnen und Teilnehmer und Referentinnen aus dem In- und Ausland und insbesondere die Frauen von Medica Zenica aus Bosnien-Herzegowina ganz herzlich begrüßen. Über die zahlreichen Anmeldungen zu dieser Tagung haben wir uns sehr gefreut. Ganz besonders stolz sind wir über das breite Interesse, daß diese Tagung im Ausland gefunden hat. So darf ich insbesondere die Teilnehmerinnen aus Bosnien, Kroatien, Uganda, USA, Sri Lanka, Großbritannien, Schweiz, Norwegen, Irland, Afghanistan, Österreich und der Türkei begrüßen. Ich hoffe, ich habe jetzt niemanden vergessen. So können wir in den kommenden Tagen auf einer breiten internationalen Basis das Thema *Krieg, Geschlecht und Traumatisierung – Erfahrungen und Reflexionen von traumatisierten Frauen in Kriegs- und Krisengebieten* bearbeiten. Bevor ich jedoch mit der Einführung beginne, möchte ich Ihnen das uns vor einigen Tagen zugesandte Grußwort der Präsidentin des Bundesverfassungsgerichts Frau Professorin Dr. Jutta Limbach verlesen. Leider kann sie an dieser Tagung nicht teilnehmen. Trotz ihrer Abwesenheit haben wir uns seitens Medica mondiale über diese ideelle Form der Unterstützung sehr gefreut. Ich denke, sie unterstreicht den Stellenwert unserer Arbeit. Ein zweites Grußwort ist vom Deutschen Roten Kreuz eingegangen, das zudem unsere Tagung finanziell unterstützt. Diese Medica mondiale-Tagung ist allen traumatisierten Frauen in Kriegs- und Krisengebieten gewidmet. Stellvertretend für die traumatisierten Frauen wird anschließend der Brief einer Überlebenden vortragen werden.

Bevor wir nun mit dem inhaltlichen Teil beginnen, möchte ich noch einige Vorbemerkungen über die Anlässe machen, die zum Entstehen dieser Tagung beigetragen haben. Grundlage unserer Arbeit seit vielen Jahren ist die Kernaussage: Krieg ist Zerstörung, Zerstörung von physischer Existenz, von psychischer Integrität, von Lebens- und Arbeitszusammenhängen und von kultureller Identität. Die Entpersönlichung und Entmenschlichung, die die traumatisierten Frauen in Kriegs- und Krisengebieten erlebt haben, löst tiefe Verzweiflung und ein Gefühl existenzieller Sinnlosigkeit aus, mit oft lebenslangen psychischen und physischen Folgen. Das Thema *Krieg, Geschlecht und Traumatisierung* ist umfangreich. In jedem dieser Begriffe steckt viel Geschichte, Erfahrung, Diskussion, politische Auseinandersetzung, Tränen und Verzweiflung. Eine Vielzahl von wertvollen Arbeiten und Studien werden wir in den nächsten Tagen diskutieren.

Anlaß der Tagung:

Um den seit Jahren offenen Fragen in unserer eigenen Disziplin einen gebührenden Raum für eine wissenschaftliche und praxisbezogene Diskussion zu geben, hat sich Medica mondiale dazu entschlossen, Ihnen den Rahmen zu bieten, obwohl die finanzielle Situation für Medica mondiale nach wie vor sehr schwierig ist. Verschiedene Gründe waren dafür ausschlaggebend:

Erstens: Medica mondiale hat in diesem Jahr 1998 ihren *fünfjährigen Geburtstag*. Damals wurden Medica mondiale und Medica Zenica mit viel Engagement und Idealismus von der Ärztin Monika Hauser gegründet. Es war zu der Zeit einfach notwendig, zu handeln. Mitten im Krieg im ehemaligen Jugoslawien wurde ein medizinisches, gynäkologisches, psychosoziales und psychotherapeutisches Frauentherapiezentrum in Bosnien-Herze-gowina aufgebaut. Wir und vor allem die Kolleginnen von Medica Zenica können stolz auf den Erfolg dieser Einrichtung sein. Mehr als 50.000 Frauen haben dort in den vergangenen Jahren die Möglichkeit zur medizinischen und psychotherapeutischen Beratung und Behandlung erhalten. Dabei wollen wir aber nicht stehen bleiben.

Zweitens: Es hat sich herausgestellt, daß die von uns initiierte Arbeit weltweit wichtig ist. Unser Ziel ist es deshalb, daß wir die Arbeit von Medica mondiale international und breiter ausrichten wollen. Daher – und dies war ein weiterer Grund für die Tagung – wollten wir die *Erfahrungen und die zukünftige Ausrichtung der Arbeit zur Diskussion* stellen, um diese menschen- und frauengerecht auch gut weiterentwickeln zu können. Wir wollen darauf aufmerksam machen, daß vergleichbare Frauenprojekte in anderen Ländern aufgebaut und unterstützt werden müssen. Der Bedarf ist offensichtlich, Nachfragen erhalten wir täglich.

Drittens: Seit einigen Jahren wird das Thema *Traumatisierung* von den verschiedenen nationalen und internationalen Organisationen aufgegriffen. Diese Entwicklung betrachten wir zur Zeit etwas skeptisch. Zum einen scheint es eine Art Modethema geworden zu sein. Kurzfristige Ausbildungen und Crashkurse zum Traumaexperten werden angeboten. Dafür sprechen mittlerweile auch die vielfachen Veröffentlichungen und jüngsten

Trauma-Tagungen in Köln, Göttingen oder den Niederlanden. Zum anderen wissen wir aber, daß die *qualifizierte Bearbeitung und Weiterentwicklung der Traumaarbeit* und *frauenbezogenen Traumaforschung* dringend notwendig ist.

Viertens: Gleichzeitig müssen wir jedoch feststellen, daß die *sexualisierte Gewalt* im Kontext von Gewalt und Folter nur unzureichend im internationalen Rahmen thematisiert wird. Auf den von uns besuchten Tagungen und in den bekannten Veröffentlichungen findet meist eine Negierung der sexualisierten Gewalt statt. Dies ist für uns nicht neu! Passiert nicht vergleichbares seit vielen Jahren mit der Frauenforschung zum Thema "Gewalt gegen Frauen"? "Vergewaltigte Frauen, traumatisierte Frauen, sexualisierte Gewalt an Mädchen und Frauen" werden gerne als Fallbeispiele genutzt, anstatt gezielt Konzepte zu entwickeln, damit eine frauengerechte adäquate Beratung, Betreuung und Behandlung traumatisierter Frauen in Kriegs- und Krisengebieten stattfinden kann.

Fünftens: Aufgrund dieser Erkenntnisse dürfen wir nicht nur auf der psychotherapeutischen und psychosozialen Ebene stehenbleiben. Traumatisierung ist ein politisches Thema. *Sexualisierte Gewalt*, Übergriffe an Mädchen und Frauen, finden weltweit – tagtäglich – statt; eingesetzt als ein systematisches Kriegsinstrument – in Kambodia, Ruanda, Uganda, Zaire oder im Kosovo. Sexualisierte Gewalt wird systematisch in Kriegen, in Zeiten der Unruhen oder in Bürgerkriegen eingesetzt, um ein Volk, um Frauen zu erniedrigen und zu ermorden. Die Analysen zur sexualisierten Gewalt in Kriegs- und Krisengebieten werden jedoch von den politisch Verantwortlichen ebenfalls negiert. Dies gilt leider auch nahezu für die gesamte Wissenschaft, die offenbar auch die Konsequenzen scheut, die sich mit einer solchen Fachrichtung und Analyse letztendlich ergeben. Die Auseinandersetzung mit Krieg und Gewalt hat auch hier nur einen relativ geringen Stellenwert. Gewalt, erst recht sexualisierte Gewalt, ist ein totgeschwiegenes Phänomen innerhalb des politischen Handelns, ob nun in totalitären Herrschaftsformen oder in neu entstehenden anscheinend modernen Nationalstaaten wie Serbien, die das Gewaltmonopol für sich beanspruchen und moderne technische Gewaltmittel benutzen. Wir benötigen dringend eine Aufarbeitung der Kriegsideologien aus feministischer Sicht. Sexualisierte Gewalt, Vergewaltigung von Mädchen und Frauen, ist eines der unfassbaren Probleme und grausamsten Verbrechen auch in der heutigen Zeit.

Sechstens: Der Zusammenhang von *Traumatisierung und Politik* wird auch im Kontext der Situation von Flüchtlingsfrauen bzw. traumatisierten

Frauen und Migrantinnen in der BRD deutlich. Denn die Probleme setzen sich für die traumatisierten Flüchtlingsfrauen im Einwanderungsland fort: Arbeitsverbote, Ausbildungsschwierigkeiten oder Abschiebungsgefahr. Sie leben oftmals in schlechten Unterkünften, eng mit Menschen aus unterschiedlichen Kulturen zusammen. Konflikte sind vorprogrammiert. Medizinische und psychosoziale Versorgung stehen aufgrund der Verschärfung des Asylbewerberleistungsgesetzes fast nicht zur Verfügung. Das Ende des Krieges beispielsweise in Bosnien bedeutet jedoch kein Ende der Traumatisierung für die Frauen. Denn angesichts der drohenden Abschiebung wächst die Angst stetig, in die ungeklärten und traumaauslösenden Verhältnisse zurückkehren zu müssen, ohne daß eine Basis für ein menschengerechtes Leben gelegt worden ist. Schon seit vielen Jahren fordern Frauen- und Flüchtlingsorganisationen wirksame Gesetzesänderungen: Frauen, die Opfer sexualisierter Gewalttaten und anderer Formen physischer und psychischer Gewalt, Folter und Verfolgung wurden, müssen durch unsere bundesrepublikanische Gesetzgebung ausreichend geschützt werden. Die Anerkennung geschlechtsspezifischer Verfolgung als Asylgrund ist weltweit eine unbestrittene Forderung.

Siebtens: Wenn wir über traumatisierte Flüchtlingsfrauen oder Migrantinnen reden, ist es für mich wichtig, daß wir keine neuen *"Opfer"* kreieren; wie dies auf verschiedenen Konferenzen leider häufig stattgefunden hat. Es muß möglich sein, traumatisierte Frauen und Migrantinnen als Subjekte einer widersprüchlichen Lebenswelt wahrzunehmen. Sie dürfen einerseits nicht mit wissenschaftlicher Akribie unwürdig vorgeführt werden, und andererseits nicht auf System-Marionetten reduziert werden. Idealisierungen, Stereotypisierungen und Ethnisierungen müssen vermieden werden. Stattdessen muß die Innenperspektive der Betroffenen im Mittelpunkt stehen. Diese Binnensicht kann als Korrektur für unsere Arbeit dienlich sein. Flüchtlingsfrauen und Migrantinnen sind aktiv handelnde Personen. Sie bringen ihre jeweiligen kulturellen Kompetenzen und Erfahrungen ein, die oft außerhalb unseres Denken liegen.

Dies wissen wir aus unserer Kooperation mit Medica Zenica. Seit fünf Jahren arbeiten mehr als 60 Frauen in Medica Zenica. Sie haben dieses Projekt aufgebaut und getragen, mit viel Engagement und mit stetiger eigener Weiterentwicklung, mit Mut und auch Liebe, um traumatisierten Mädchen und Frauen Behandlungsmöglichkeiten zur Verfügung zu stellen.

Achtens: Für uns ist der in Medica Zenica praktizierte Ansatz der Ganzheitlichkeit von medizinischer, psychosozialer und psychotherapeutischer Behandlung zentral. Damit meinen wir auch, daß der Zusammenhang von Krieg, Geschlecht und Traumatisierung auf den verschiedenen Ebenen "thematisiert" werden muß. Traumatisierte Frauen müssen Orte finden, therapeutisch gesicherte Schutzräume, in denen sie nicht nur medizinisch, psychologisch behandelt werden, sondern wo gleichzeitig die in der Gesellschaft "legitimierte und normierte" sexualisierte Gewalt angeprangert wird. Dieser Versuch, die Ganzheitlichkeit in den Mittelpunkt zu stellen, soll sich in diesem Tagungskonzept durch die Beiträge der verschiedenen Referentinnen aus den unterschiedlichen Ländern widerspiegeln. Die Absicht dabei ist, die Isoliertheit von Frauen, von Frauenleben aufzubrechen.

Diese Tagung hat das Ziel, diese Erfahrungen aufzugreifen und weiterzuentwickeln, um sie in einen frauenbezogenen, feministischen Diskurs zu setzen. Denn sexualisierte Gewalt ist kein bosnisches Phänomen. Wie können wir frauengerechte Formen der Behandlung, Beratung und Betreuung entwickeln? Was brauchen wir dafür? Was können wir aus der Vergangenheit – auch unserer eigenen deutschen Geschichte lernen? Wie setzt sich die Traumatisierung im Leben von anderen Generationen durch? Was können wir lernen für die Arbeit in Bosnien, aber auch für unsere alltägliche politische Arbeit hier in der BRD und anderswo? Wie können wir uns vernetzen? Und wie können wir die politisch Verantwortlichen zum Handeln bringen? Viele Fragen werden im Rahmen dieser Tagung in den einzelnen Vorträgen und Foren diskutiert werden, damit wir strukturelle und gesellschaftliche Veränderungen schaffen können.

Nunmehr haben sich mehr als 110 Frauen zu dieser Tagung angemeldet. Vorträge und Foren sind eine Möglichkeit, uns zu vernetzen, miteinander zu lernen und auszutauschen. Frauen aus den verschiedenen Ländern stellen dafür ihre Erfahrungen und ihr Wissen zur Verfügung. Wir können dieses Wissen verwenden, wir können damit experimentieren, um gemeinsam neue Wege zu finden. Um dies zu ermöglichen, ist gegenseitige Offenheit, Zuhören und auch Neugierde wichtig. Wir – die Organisatorinnen – haben Euch und uns den Rahmen zur Verfügung gestellt.

Denn nach wie vor entspringt unsere Arbeit sowohl humanitären als auch demokratischen und feministischen Idealen. Sie ist darauf ausgerichtet, menschlicher Not zu begegnen und auf die Entfaltung menschlicher Möglichkeiten und Ressourcen hinzuwirken. Sie soll aber auch eine Arbeit sein, die dem Zweck dient, soziale Veränderungen in der Gesellschaft allgemein oder bei ihren Mitgliedern herbeizuführen. Grundlegende politische Fragen dürfen deshalb nicht vernachlässigt werden. Bereits Hannah Arendt thematisierte Anfang der 50er Jahre Fragen, die meines Ermessens auch für unsere Arbeit relevant sind, wie etwa: "Wie kann der Einzelne urteilen und handeln in einer Welt, die die moralischen Maßstäbe aufgegeben hat und wie kann ich Recht von Unrecht unterscheiden, wenn die Mehrheit oder meine gesamte Umgebung die Frage schon vorentschieden hat?"

Um so mehr ist die Einmischung in alle gesellschaftlichen Bereiche notwendig. Wir wollen uns einmischen. Wir wollen diese Greueltaten öffentlich machen, sichtbar machen, um auf das Furchtbare und Schreckliche, das auch unsere Gesellschaft nach 50 Jahren immer noch zu verantworten hat, aufmerksam zu machen. Sexualisierte Gewalt gegen Frauen in Kriegs- und Krisengebieten darf nicht durch Tabuisierung in ein kollektives Nichtwahrnehmen bzw. Vergessen übergehen, so wie es nach dem Holocaust geschehen ist, als die Frauen in ihrer Not alleine waren. In Korea haben die Frauen erst Ende der 80er Jahre – mehr als 40 Jahre nach der japanischen Zwangsherrschaft begonnen, über sexualisierte Gewalt zu reden. In Bosnien-Herzegowina haben die Frauen direkt nach den Greueltaten begonnen, darüber zu reden. Doch das Schweigen breitet sich schon wieder aus: Seit Kriegsende in Bosnien ist in der internationalen Öffentlichkeit die Traumatisierung kein Thema mehr. Dieses Schweigen muß durchbrochen werden. Deshalb wollen wir gemeinsam Perspektiven entwickeln, damit die unverzichtbare gesellschaftliche und politische Verantwortung endlich übernommen wird.

Ich will mit einem weiteren Zitat von Hannah Arendt diese Einführung beenden: "Unter solchen Umständen ist wirklich mehr erforderlich als ein Auge, das nicht blind, und ein Herz, das nicht versteinert und verdorben ist, wenn man die Unrechtmäßigkeit von Handlungen genau erkennen soll. [...] Wenn wir diese Fragen durchdenken, könnten wir ein gewisses Maß an Selbstvertrauen und sogar Stolz zurückgewinnen – das, was frühere Zeiten die Würde oder die Ehre, vielleicht nicht der Menschheit, so doch des Menschen, genannt haben."

Mit diesen Worten als Erinnerung möchte ich die Tagung eröffnen. Ich wünsche Ihnen liebe Teilnehmerinnen und Teilnehmer eine spannende, konstruktive und kreative Tagung. Wir hoffen, daß genügend Zeit und Raum für Gespräche und Vernetzungen zur Verfügung stehen. Mit dem Begleitprogramm hoffen wir, daß auch andere Sinne genügend Platz finden.

Wie üblich gehört zum Rahmen der Einführung ein großes Dankeschön. Ohne die finanzielle Unterstützung von unterschiedlichen Organisationen hätten wir diese Tagung nicht realisieren können. Denn es war unser Anspruch, so wenig wie möglich die Spendenmittel, die den traumatisierten Frauen in Bosnien-Herzegowina zustehen, zu verwenden. Mit dieser finanziellen Unterstützung war es uns unter anderem auch möglich, die Reisekosten von Frauen u.a. aus Bosnien und Kroatien zu finanzieren.

Zu nennen sind an dieser Stelle: Hamburger Stiftung zur Förderung von Wissenschaft und Kultur mit dem Förderer Jan Philip Reemtsa; Heinrich-Böll-Stiftung, insbesondere die Afrika- und Mittel- und Osteuropa-Abtei-lung; Deutsches Rotes Kreuz; die Stiftung Fraueninitiative aus Köln; die Stiftung Mitarbeit aus Bonn; der Internationale Solidaritätsfond und die Bundestagsfraktion Bündnis 90/Die Grünen.

Ich freue mich über die gute Zusammenarbeit mit dem Gustav-Stresemann-Institut, das uns sein Haus für diese Zeit zur Verfügung gestellt hat und danke insbesondere Monika Löffler. Danken möchte ich auch an dieser Stelle dem Vorstand von Medica mondiale in Köln. Vor allem möchte ich mich bei meinen Kolleginnen Kirsten Wienberg, Martina Grantz, Elke Schell-Fischer, Kathinka Faulkner bedanken, die uns neben dem Alltagsgeschäft im Kölner Medica mondiale-Büro mit unermüdlichem Engagement unterstützt haben. Mein ganz besonderer Dank gilt Ina Volpp-Teuscher. Sie hat die gesamte Organisation dieser Tagung realisiert. Die konstruktive und kreative Zusammenarbeit habe ich sehr geschätzt. Vielen herzlichen Dank an alle!

Köln, den 1. Oktober 1998

Die Initiatorinnen/Organisatorinnen der Tagung: Ina Volpp-Teuscher und Marlies W. Fröse

Sexuelle Gewalt in Kriegs- und Verfolgungszeiten: Biographische und transgenerationelle Spätfolgen bei Überlebenden der Shoah, ihren Kindern und EnkelInnen[1]

Gabriele Rosenthal

1. Tabuisierung und sekundäre Traumatisierung

"Versucht, eure schrecklichen Erlebnisse zu vergessen" oder "Konzentriert euch auf die Gegenwart und die Zukunft und denkt nicht an die Vergangenheit" – dies waren immer wieder die Botschaften an Überlebende der Shoah unmittelbar nach der Befreiung, und sie halten bis heute an. Auch wenn dies nicht immer so explizit ausgedrückt wurde und wird, so hat sich doch im Dialog mit Überlebenden ein Schweigen über die Vergangenheit etabliert. Nur selten wird im alltagsweltlichen Gespräch auf die traumatische Vergangenheit der Überlebenden eingegangen, und selten werden diese bei der Thematisierung ihrer Gewalterlebnisse unterstützt. Immer wieder treffe ich auch auf KollegInnen aus therapeutischen und sozialen Berufen, die meinen, es genüge doch, wenn man von der Vergangenheit der KlientInnen ganz global wisse, man müsse sie doch nicht auch noch zur Erzählung der Einzelheiten auffordern. Beziehen sich die erlebten Traumata auf sexuelle Gewalterfahrungen, dann setzt diese Tabuisierung noch viel stärker ein. Oft wird dabei die eigene Abwehr einer Konfrontation mit den traumatischen Erlebnissen auf die Überlebenden projiziert: Man glaubt, sie durch Vermeidung von Fragen vor ihren belastenden Erinnerungen oder gar dem psychischen Zusammenbruch zu schützen. Doch wenn wir uns als ZuhörerInnen im Gespräch mit traumatisierten Frauen und Männern nicht den schmerzhaften Details stellen, vielmehr nur in einer abstrakten, allgemeinen Weise darüber sprechen oder gar das Gespräch auf weniger belastende Themen lenken, dann tragen wir zur weiteren Verfestigung oder Institutionalisierung der Sprachlosigkeit bei. Damit haben wir Anteil an einer sekundären Traumatisierung der Überlebenden, die auf der Interaktion mit Überlebenden beruht und zur ersten Traumatisierung hinzukommt (vgl. Danieli 1984; Dasberg 1992).

Nach mehr als 50 Jahren therapeutischer und sozialtherapeutischer Arbeit mit Überlebenden und ebenso mit ihren Nachkommen wissen wir mittlerweile, wie heilsam das Sprechen über die Vergangenheit[2] und wie nachhaltig traumatisierend das auferlegte Schweigen sein kann. Es hat sich allmählich die Einsicht etabliert, daß Holocaust-Überlebende Unterstützung bei der Verbalisierung ihrer Erlebnisse, oder anders formuliert: bei der sprachlichen Übersetzung der ihnen buchstäblich die Sprache raubenden traumatischen Erfahrungen benötigen. Darüber hinaus zeigen die Erfahrungen aus der Psychotherapie[3] und die Erkenntnisse aus sozialwissenschaftlichen Studien[4], daß auch die Nachkommen von Überlebenden Unterstützung bei der Thematisierung ihrer mit der Verfolgungsvergangenheit zusammenhängenden qualvollen Phantasien wie auch bei der Aufdeckung der verschwiegenen Anteile der Familienvergangenheit benötigen. Erst in den letzten Jahren hat sich eine breitere Einsicht in die Gegenwärtigkeit der traumatischen Vergangenheit nicht nur für die Überlebenden selbst, sondern auch für ihre Kinder und EnkelInnen entwickelt. Die bedrohliche Vergangenheit kann nur dann etwas von ihrer Gegenwärtigkeit verlieren, wenn sie in der Gegenwart bearbeitet wird. Für eine solche Bearbeitung ist es hilfreich, wenn die Nachkommen nicht nur auf Vermutungen und Phantasien über die Vergangenheit angewiesen sind, sondern genauere Kenntnis davon haben, wenn sie vor allem ihre Ahnungen, Phantasien, Tag- und Nachtträume in Sprache übersetzen können, ohne daß ihnen von anderen deren möglicher Realitätsgehalt abgesprochen wird.

Es ist zu hoffen, daß die Fehler sowohl im öffentlichen Diskurs als auch in der psychosozialen Betreuung von Überlebenden der Shoah und ihren Nachkommen in der Arbeit mit Überlebenden von Gewalterfahrungen aus derzeitigen Kriegs- und Krisengebieten nicht weiterhin wiederholt werden. Vielmehr sollten wir die sozial- und psychotherapeutischen Erfahrungen und sozialwissenschaftlichen Erkenntnisse nutzen.

In meinem Beitrag werde ich mich insbesondere auf die Spätfolgen sexueller Gewalt bei Frauen, ihren Kindern und EnkelInnen konzentrieren. Meine Ausführungen beruhen auf einer zwischen 1992 und 1996 durchgeführten Studie zu Drei-Generationen-Familien von Überlebenden der Shoah (Rosenthal 1997).[5] Wir befragten in Israel, in West- und in Ostdeutschland 26 Familien mit jüdischen Angehörigen und sprachen jeweils mit mindestens einem Angehörigen jeder Generation. In den biographisch-narrativen Einzelinterviews beschränkten wir uns keineswegs auf das Thema der Verfolgungsvergangenheit, sondern baten unsere GesprächspartnerInnen um die Erzählung ihrer gesamten Familien- und Lebensgeschichte.[6] Nachdem wir innerhalb einer Familie mehrere Einzelinterviews geführt hatten, luden wir einige der Familienangehörigen zu einem Familiengespräch ein, bei dem in der Regel zwei bis drei Generationen einer Familie anwesend waren. Neben dem sozialtherapeutischen Anliegen, den Familien eine Hilfestellung bei der Öffnung des Dialogs anbieten zu können, erhielten wir mit diesen Gesprächen Einblick in die Interaktionsprozesse zwischen den Generationen.

Viele der von uns interviewten Frauen – die Großmütter in den Familien – sprachen über sexuelle Gewalterlebnisse während der Verfolgungszeit und unmittelbar nach der Befreiung. Sie berichteten über Vergewaltigungen durch deutsche Wehrmachtssoldaten oder SS-Angehörige beim Überfall auf die osteuropäischen Länder[7] und in den Ghettos sowie nach der Befreiung durch sowjetische Soldaten, über sexuelle Ausbeutung durch Aufseherinnen, einen KZ-Arzt in Auschwitz, Wehrmachtssoldaten oder KZ-Häftlinge und über erzwungene Prostitution in Lager-Bordellen für die SS oder für Häftlinge in privilegierten Positionen[8] sowie in Bordellen für Wehrmachtssoldaten[9]. Obwohl die Frauen zumeist von anderen Frauen erzählten, die dies erleben mußten, deutet die Feinstruktur ihrer Erzählungen immer wieder darauf hin, daß sie auf diese Weise über ihre eigenen Erlebnisse sprechen. Da jedoch das Thema sexueller Gewalterfahrungen im Zusammenhang mit der Verfolgungsvergangenheit mit einem – sowohl im privaten als auch im öffentlichen Diskurs – enormen Tabu belegt ist, hat sich über die Jahre hinweg ein Schweigen und Verleugnen etabliert, das für die Überlebenden und auch für ihre Nachkommen nur noch schwer zu überwinden ist. Wir können auch davon ausgehen, daß die immer wieder zu beobachtende Tendenz der gesellschaftlichen Ausgrenzung von Überlebenden kollektiver massiver Gewalt und der Vermeidung von Begegnungen mit Menschen, die als mit Tod und massiven Gewalterfahrungen belastet angesehen werden (u.a. Danieli 1982; Dasberg 1992; Klein 1986), sich bei Überlebenden von sexueller Gewalt im Kontext von Krieg und Verfolgung noch verstärkt.

Während die Lebenserzählungen von überlebenden Frauen entweder explizite Erzählungen über oder Hinweise auf sexuelle Gewalterlebnisse und auf das Eingehen sexueller Kontakte für Brot sind, zeichnet sich die Literatur über die Shoah durch eine fast völlige Abstinenz zu diesem Thema aus. Eine Ausnahme hierzu bildet die literarische Aufarbeitung des überlieferten Tagebuchs des 14jährigen jüdisch-polnischen Mädchens Daniella, das in einem Wehrmachtsbordell mißhandelt wurde und nicht überlebte. Der Autor bzw. Herausgeber dieses durch eine Freundin von Daniella überlieferten Tagebuches: "Das Haus der Puppen", das seit 1956 immer wieder neu aufgelegt und in viele Sprachen übersetzt wurde, ist ihr Bruder Jehiel Dinur. Er gehört zu den bekanntesten israelischen Schriftstellern im Bereich der KZ-Literatur und publiziert unter dem Namen "Ka-Tzetnik 135633". Doch ebenso wie Dinur zunächst anonym bleiben wollte, erwähnt er in dieser Publikation nicht, daß es sich um das Tagebuch seiner

Schwester handelt.[10]

Ebenfalls nicht unerwähnt bleiben darf das in Israel so viel zitierte Essay von 1946: "Meine kleine Schwester" von Jizchak Sadeh, einem Kommandeur der Palmach-Elitetruppe, das der sexuell mißhandelten Frau einen Ehrenplatz in der israelischen Gesellschaft geben sollte. Sadeh schildert die Begegnung zwischen ihm und einer jungen Frau, die auf ihren Körper die Worte "NUR FÜR OFFIZIERE" tätowiert hatte.[11] Sie selbst stellt ihr Überleben in Frage, und Sadeh antwortet ihr: "Sei unsere Schwester, sei unsere Braut, sei unsere Mutter" (zitiert nach Segev 1995:243). Hierbei gilt zu bedenken, daß gerade auch eine solche "Überhöhung" zur Tabuisierung der erlittenen Gewalt führen kann.

Spricht man nun überlebende Frauen auf das Thema "sexuelle Gewalt in der Shoah" an, so bestätigen nach meiner Erfahrung viele auch explizit, etliches davon gehört oder miterlebt zu haben. Darauf folgt dann häufig die Einschränkung: "Ich hatte Glück, mir selbst ist es nicht passiert". Wir können also davon ausgehen, daß es ein Wissen über diesen Teil der Vergangenheit gibt, das von den überlebenden Frauen und Männern, aber auch von den Tätern und Täterinnen geteilt wird, daß aber andererseits dieses Thema im Bereich des Schweigens verharrt und nur wenige zugestehen können, daß es ihnen selbst widerfahren ist. Die Institutionalisierung des Schweigens beruht also sowohl auf dem Schweigen der Überlebenden und der TäterInnen als auch auf den gesellschaftlichen Wirklichkeiten, ob nun in den Nachfolgegesellschaften des Dritten Reiches, der BRD und der DDR oder in anderen Gesellschaften, wie etwa in der israelischen (Völter/ Dasberg 1997; Völter 1997). Während man sich in Deutschland nicht dem Ausmaß der von Deutschen begangenen Verbrechen und vor allem der Konfrontation mit den Tätern und Täterinnen stellen wollte und will,[12] so konnte und kann man sich in Israel nur schwer dem Ausmaß des Erlittenen, der Ohnmacht und der Hilflosigkeit der Opfer stellen. Und insbesondere die Themen "Vergewaltigungen durch deutsche Männer" und "Zwangsprostitution für Wehrmacht und SS" werden – aus ganz unterschiedlichen Gründen und mit unterschiedlichen Funktionen – von den Tätern und ihren Nachkommen wie auch von den Überlebenden und ihren Nachkommen tabuisiert. Für die Überlebenden sexueller Gewalt während der Shoah hat die sekundäre Traumatisierung oder "sekundäre Viktimisierung" ein besonderes Gewicht: Über den Vorwurf hinaus, "als passive Lämmer zur Schlachtbank" gegangen zu sein, trifft sie – und besonders die Frauen – das zusätzliche Stigma, "entehrt" und "geschändet" worden zu sein.

Wir können davon ausgehen, daß die überlebenden Frauen ihre Erlebnisse häufig auch ihren Ehemännern verschwiegen haben, weil sie Angst hatten, von ihnen abgelehnt zu werden.[13] So versicherte bei einem Interview mit einer überlebenden Frau, in dem sich eine über längere Zeit anhaltende sexuelle Ausbeutung durch eine SS-Aufseherin andeutete, gleich zu Beginn des Gesprächs der anwesende Ehemann: *"Meine Frau kam als Jungfrau aus dem Lager"*. Doch wie sollte eine Frau, die ihre Jungfräulichkeit durch Vergewaltigung verloren hat, insbesondere wenn sie aus einer traditionellen oder orthodoxen Familie kam, ihrem späteren Ehemann ihre Defloration erklären? Wollte sie die erlittene Vergewaltigung verschweigen, so war sie mehr oder weniger zu Notlügen gezwungen.

Damit die überlebenden Frauen dieses mittlerweile verfestigte Schweigen brechen, über die sie belastenden Erlebnisse sprechen und sich auch von damit zusammenhängenden Notlügen und biographischen Rechtfertigungskonstruktionen befreien können, bedürfte es sowohl einer Enttabuisierung dieses Thematik im öffentlichen Diskurs als auch einer unterstützenden und zum Sprechen ermutigenden Gesprächsführung. Hier jedoch sind wir in der Konzeptentwicklung noch ganz am Anfang: Nicht nur liegen zu den massiven Traumatisierungen durch sexuelle Gewalterfahrungen, durch Vergewaltigungen oder erzwungene Prostitution bisher kaum Untersuchungen vor (vgl. Ringelheim 1994), vielmehr handelt es sich dabei auch um ein Thema, das auch im psychotherapeutischen Diskurs vermieden oder massiv abgewehrt wird. Joan Ringelheim (1998:340f) berichtet über ein 1978 im Kontext einer Tagung geführtes Gespräch mit TherapeutInnen und ForscherInnen, in dem diese die von Angehörigen der zweiten Generation immer wieder geäußerten Vermutungen über sexuelle Gewalterlebnisse ihrer Mütter ins Reich der Phantasie verwiesen. An dieser Einstellung hat sich bis heute nicht viel geändert. Die Ahnungen der Kinder über die Vergangenheit ihrer Mütter werden damit abgetan, daß sie eben mit der Frage beschäftigt seien: "Wie war das Überleben meiner Eltern möglich?" So zweifelt z.B. Ilany Kogan (1998:48) bei einer ihrer Patientinnen keineswegs am Realitätsgehalt der überlieferten Geschichte, daß die Mutter der Patientin sich im Wald versteckt habe und in dieser Zeit von einem deutschen Soldaten so heftig gegen den Fuß getreten worden sei, "daß sie für immer verkrüppelt blieb". Dagegen verweist sie die Vorstellung, die Mutter sei vergewaltigt worden, ins Reich der Phantasie ihrer Patientin: "Ihr Unbewußtes übersetzte den brutalen Akt des Tretens in einen Akt sexuellen Mißbrauchs, und sie bildete sich ein, daß ihre Mutter auf der

Flucht durch den Wald von deutschen Soldaten vergewaltigt worden war" (Kogan 1998:48).

Auch wenn im familialen, öffentlichen und wissenschaftlichen Diskurs nicht darüber gesprochen wird, so ist das Thema sexuelle Gewalt im Zusammenhang mit Verfolgungserfahrungen dennoch in Andeutungen vorhanden. Während die überlebenden Frauen und auch Männer diese Andeutungen verstehen, sind andere, wie ihre Kinder und EnkelInnen, auf Ahnungen und Phantasien angewiesen. Auf diesen Mechanismus der Andeutungen, der vorsprachlichen Vermittlung der traumatischen Erfahrungen, und auf die Folgen dieser Familiengeheimnisse für die Kinder und EnkelInnen möchte ich im folgenden genauer eingehen. Dazu werde ich ausführlich ein Fallbeispiel vorstellen. Doch zunächst einige Bemerkungen zu einigen empirischen Ergebnissen zu den transgenerationellen Folgen der Verfolgung.

2. Familiengeheimnisse und ihre transgenerationellen Folgen

Die Analysen unserer Gespräche in Drei-Generationen-Familien zeigten sehr deutlich, wie sehr der Dialog und die Beziehungsdynamik innerhalb der Familie, aber auch die Biographien der einzelnen Familienmitglieder von Familiengeheimnissen bestimmt sind. Die Geheimnisse sind dabei oft verbunden mit Erlebnissen sexueller Gewalt, aber auch mit der Ermordung der eigenen Kinder.[14] Generell können wir davon ausgehen, daß diejenigen Bestandteile der Verfolgungsvergangenheit, die nicht erzählt werden, die jedoch zentral für die Traumatisierung der Überlebenden sind, zu den wirksamsten Mechanismen beim Fortwirken traumatischer Familienvergangenheiten gehören.[15] Sie nehmen in den Familien den Status von Geheimnissen ein, die zwar von den Familienangehörigen geahnt werden, über die jedoch nicht gesprochen werden darf und die von der Angst vor Enthüllung umgeben sind (vgl. Bradshaw 1995; Imber-Black 1995; Karpel 1980). Im Falle von sexueller Gewalt können wir davon ausgehen, daß die überlebenden Frauen dieses Geheimnis mit keinem anderen Familienmitglied oder nur stillschweigend mit ihrem Ehepartner teilen, und daß dadurch eine Grenze zwischen ihnen, teilweise ihren Ehemännern und ihren Kinder besteht. In der Familie bleiben sie so in gewisser Weise mit ihren Traumata isoliert.[16] Die Verheimlichung belastender Erlebnisse und Erinnerungen verstärkt zum einen die psychischen Folgen der Verfolgung für die Überlebenden selbst, zum anderen aber wirken sich die verheimlichten Bestandteile der Verfolgungsvergangenheit auf die Kinder und EnkelInnen weit nachhaltiger aus als die erzählten Bestandteile. Damit wiederum hat gerade auch die Vergangenheit desjenigen Elternteils, das über die Verfolgungsvergangenheit schweigt, stärkere Auswirkungen auf die Nachkommen als die des sprechenden. Immer wieder konnten wir in Ehen zwischen Überlebenden die Konstellation eines sprechenden und eines schweigenden Partners beobachten. Der/die schweigende Partner/in leidet, ohne die traumatischen Erlebnisse sprachlich zu vermitteln, was sich in deutlichen psychosomatischen Symptomen, in Alpträumen, Nervenzusammenbrüchen und Depressionen ausdrückt. Nach unseren Beobachtungen sind die Schweigenden in vielen Fällen die Ehefrauen. Dies könnte mit den Folgen der Tabuisierung von sexueller Gewalt, die häufiger Frauen trifft, zusammenhängen, und mit der Zeugenschaft bei der Ermordung der eigenen Kinder. Wie Beobachtungen aus klinischen Settings zeigen (z.B. Davidson 1980:13), sind die Frauen auch diejenigen, die stärker die Symptome des sogenannten Überlebens-Syndroms aufweisen, während ihre Ehemänner eher durch erhöhte außerfamiliale Aktivitäten auffallen. Da diese Frauen über ihre leidvollsten Erlebnisse nicht sprechen können, die dennoch auch ihre Gegenwart bestimmen, finden sie Ausdruck in vorsprachlichen Gesten, Andeutungen und wiederkehrenden Gesprächsabbrüchen bei bestimmten Themen.

Wenn Überlebende von Verfolgung und sexueller Gewalt über ihr Leben vor der Befreiung sprechen, bleiben die Erzählungen zumeist recht bruchstückhaft; vor allem springen sie in der zeitlichen Abfolge, so daß für die Zuhörerinnen die Chronologie der Erlebnisse wie auch die Handlungsabfolge eines Ereignisses nur schwer nachvollziehbar sind. Um die Erinnerungsfragmente zu verstehen, sind die Zuhörerinnen geradezu aufgefordert, die Lücken mit eigenen Phantasien zu füllen. Auch die konkreten Verhaltensweisen von Überlebenden, sei es nun die Angst, beim Duschen beobachtet zu werden, die permanente Sorge, es könnte zu wenig Brot im Haus sein, oder die in vielen Familien Überlebender zu findende Befürchtung, die Kinder und Enkel seien vom Hungertod bedroht, weil sie zu wenig äßen, geben den Nachgeborenen Hinweise auf die Verfolgungsvergangenheit. Situationen im Zusammenhang mit Essen gehören mit zu den Situationen in Familien von Überlebenden, in denen die Verfolgungsvergangenheit ihren prägnantesten Ausdruck findet. In den Gesprächen mit Frauen, die sich zwangsprostituierten (und aus ihrer Perspektive war dies meist eine intentionale Handlung), zeigt sich immer wieder eine Verknüpfung der Themen "Prostitution" und "Essen". Unbewußt oder auch bewußt assoziieren diese Frauen – u.a. durch einen teilweise massiven und oft schon gewaltsamem Zwang zu essen, den sie ihren Kindern und Enkeln auferlegen –, daß sie für ihre Zwangsprostitution Nahrung erhielten und dadurch im Unterschied zu vielen anderen Frauen überlebten. Diese Verknüpfung der Themen "Prostitution; Kollaboration mit den Nazis" und "Nahrung" zeigte sich u.a. deutlich bei einer Familie, in der Großvater und Großmutter als Funktionshäftlinge überlebt hatten (Gilad u.a. 1997).

Auch in der Familie Goldstern – wie auch in der im folgenden detailliert dargestellten Familie Steinberg – nimmt das Thema Essen eine enormen Raum im Familiendialog ein.[17] Beide Söhne des Ehepaares Goldstern, das die Vernichtungslager überlebte, erzählen davon, wie sehr sie von der Mutter zum Essen gezwungen wurden. Noch heute fühlen sich die Brüder von diesem Essenszwang verfolgt, der für beide deutlich mit der Verfolgungsvergangenheit verknüpft ist. So sagt Joel, der ältere Sohn: "*Meine Eltern waren immer in Sorge, daß wir auch essen, weil wenn wir nicht essen würden, könnten wir sterben*". Bei Joels Sohn Ronen schließlich finden wir Spuren dieses Essenszwangs in Verbindung mit dem Todesthema wieder. Ronen berichtet, wie sein Versuch, Hühner zu züchten, daran scheiterte, daß die Tiere an Überfütterung eingingen.

Noam, der jüngere Sohn von Amos und Lena, erzählt nun über eine Essenssituation in der Kindheit folgendes Erlebnis: Er ist ungefähr vierzehn Jahre alt und streitet sich mit seiner Mutter, weil sie ihn wieder zum Essen zwingen will. Er wirft der Mutter vor, sie würde ihn mästen und vollstopfen. Die Mutter erregt sich laut, schimpft; und beginnt, als der Sohn stur bleibt, hysterisch zu schreien, redet von Auschwitz und den Ärzten dort und schlägt schließlich auf den Sohn ein. Entsetzt über ihr Handeln hält sie dann inne, läuft ins Schlafzimmer und bricht ohnmächtig auf dem Bett zusammen. Noam ruft den Vater von der Arbeit, ein Arzt wird geholt, die Mutter erhält Beruhigungsmittel und ist dann einige Zeit in psychiatrischer Behandlung.

Noam, dem damals die Schuld an diesem Vorfall gegeben wurde, meint im Interview rückblickend zu diesem Vorfall: *"sie hat es seit x Jahren unterdrückt und es mußte irgendwann heraus". "Es kam heraus",* doch in erster Linie vorsprachlich, durch Schreien und Weinen und in einigen Satzfragmenten. Noam macht im Interview auch die Bemerkung: "*und dann kam die ganze Geschichte über Ärzte".* Anhand unserer Fallanalyse können wir davon ausgehen, daß Noam auf der bewußten Ebene nicht so recht weiß, was es mit der "Geschichte über Ärzte" auf sich hat. Im Interview mit seiner Mutter, die nur sehr fragmentarisch und für die Zuhörerinnen nur mühsam nachvollziehbar über die Vergangenheit spricht, gibt es deutliche Hinweise auf sexuelle Gewalterfahrungen, die sie in den sechs

oder sieben Monaten, in denen sie im Krankenrevier eines Außenlagers von Auschwitz lag, erleiden mußte. In vielen Andeutungen erzählt sie, wie ein Arzt ihr gedroht habe, sie zu töten, falls sie schreien sollte. Wir Interpretinnen nehmen anhand des Textes an, daß dieser Arzt sie sexuell mißhandelte. Doch darüber wird in der Familie nicht gesprochen, wie auch insgesamt Lenas Verfolgungsvergangenheit im Unterschied zu der ihres Mannes Amos ein Familiengeheimnis ist. Dennoch ahnen ihre Söhne etwas davon, ohne sich darüber bewußt zu sein. Verlegen und sehr einfühlend spricht Noam über die Verfolgungsvergangenheit seiner Mutter als junges Mädchen:
"*Ich weiß, sie hat Erlebnisse durchmachen müssen, die nicht sehr schön waren und darum vielleicht wollte sie nicht darüber sprechen (4 Sekunden Pause). Weil sie den Holocaust so jung durchleben mußte, war ein Kind, vierzehn, fünfzehn, das seine ganze Jugend dort verloren hat, in einem Alter, wo sie doch langsam eine Frau wurde; was sie erlebt hat, war nicht schön. Ich glaube ein Kind, das heißt eine Jugendliche, ich glaube, wenn man ein vierzehnjähriges Mädchen nimmt und stellt sie hin, zieht ihr die Kleider aus und rasiert ihr die Haare vom Kopf vor einer Horde von Irren; das ist nicht gerade eine Situation, aus der ein Mensch mit gesundem Verstand hervorgehen kann.*"

Das Bild, wie sich seine Mutter und die anderen Mädchen und Frauen in Auschwitz entkleiden mußten, beschäftigt Noam besonders. Dieses gehöre zu den wenigen Fragmenten, die die Mutter erzählt habe; allerdings sei sie nie in Details gegangen, vermutlich weil sie sich dessen schäme. Wir nehmen an, daß Noam auch etwas von den schambesetzten Erlebnissen der Mutter im Krankenrevier spürt. Doch fürchtet er sich, wie auch sein Bruder, mehr über diese Vergangenheit zu erfahren, und gesteht dies ganz offen ein: "*In Wirklichkeit habe ich Fragen gestellt und Antworten bekommen, aber ich erinnere mich nicht.*"

An diesem Beispiel wird deutlich, in welcher Weise bedrohliche Teile der Vergangenheit, gerade wenn sie nicht erzählt werden, dennoch durch Botschaften zwischen den Zeilen an die Nachgeborenen weitergeben werden. Die Nachgeborenen füllen dann die nicht-erzählten Geschichten mit Phantasien (vgl. Auerhahn/ Prelinger 1983), die nicht selten das tatsächlich erlebte Leiden der Eltern oder auch Großeltern noch übersteigen (vgl. Gampel 1992:120), oder sie versuchen mit viel Energie, der erahnten Vergangenheit auszuweichen. Unsere biographischen Fallrekonstruktionen haben jedoch auch ergeben, daß die Phantasien der zweiten und dritten Generation in ihren inhaltlichen Ausprägungen auffallende Übereinstimmungen mit den konkreten Erfahrungen in der verhüllten Familiengeschichte aufweisen. Wenn sich etwa die Phantasien Nachgeborener immer wieder auf die Vorstellung konzentrieren, wie ein Kind einer Frau entrissen und ermordet wird, oder auf die imaginierte Szene, man stehe nackt im Schnee oder befinde sich selbst auf dem Todesmarsch von Auschwitz, so hat dies oft einen Zusammenhang mit der konkret erlebten Vergangenheit der überlebenden Familienangehörigen, gerade wenn diese nicht erzählt wird oder wesentliche Bestandteile davon verschwiegen werden. Meist ist den Betroffenen selbst jedoch ein Zusammenhang zwischen ihren Phantasien und tatsächlichen Begebenheiten im verborgenen Bereich der Familiengeschichte nicht bewußt.

Die nicht-erzählten Bestandteile der Familiengeschichte wirken sich auch auf die Lebensgeschichte der Kinder und Enkel aus, ohne daß dies von ihnen erkannt würde. Ganz allgemein formuliert: Je weniger sie über die Verfolgungsvergangenheit ihrer Eltern oder Großeltern wissen, um so stärker sind sie in ihrem Leben, in ihrem psychischen Befinden und vor allem auch in ihren biographischen Entscheidungen, etwa ihrer Berufswahl, ihrer Partnerwahl oder der Wahl des Landes, in dem sie leben, von dieser Vergangenheit bestimmt. Dies kann eine Wiederholung der Traumata der Eltern oder Großeltern bedeuten, und damit die Gefahr einer nur eingeschränkten Autonomieentwicklung und Aufbaus eines eigenen Lebens (vgl. Laub u.a. 1995). Es kann damit aber auch eine biographische Bearbeitung[18] der Traumata einsetzen, wie es sich in unserer Untersuchung etwa in den Ehesystemen der zweiten Generation gezeigt hat (Rosenthal 1998). Insgesamt aber können wir beobachten: Die Folgen der Vergangenheit werden in der Abfolge der Generationen nicht etwa schwächer, sondern sie werden in der dritten Generation sichtbarer: Die Enkel und Enkelinnen agieren die Folgen der Vergangenheit deutlicher aus.

3. Die Familie Steinberg: Enge Bindungen, diffuse Generationsgrenzen und abgewehrte Anklage

Ich werde nun im folgenden anhand der Familie von Nurit Steinberg auf die Tabuisierung des Themas sexueller Gewalt im Familiendialog, auf die Weitergabe der nicht-erzählten Bestandteile an die Nachgeborenen und die Auswirkungen auf deren Biographien genauer eingehen.

Nurit Steinberg und die Familie ihrer Tochter leben in Israel.[19] Mit Nurit sprach ich bereits im Frühjahr 1991 zur Zeit des Golfkrieges. 1993 stellte sie dann für unsere Studie über Drei-Generationen-Familien den Kontakt zu ihrer Tochter Gila und ihren beiden Enkeln her, die von Noga

Gilad und Tamar Zilbermann zwischen 1993 und 1994 interviewt wurden. Im März 1996 fand noch ein gemeinsames Gespräch mit Gila und ihrer Tochter Debbi statt, das von Noga Gilad und mir geführt wurde.

Nurit Steinberg, die Großmutter dieser Familie, kam 1920 in Bratislawa in der Tschechoslowakei als erstes Kind ihrer Eltern zur Welt; später wurden noch drei Brüder geboren. Die Verfolgung überlebte Nurit als einzige – ihre Eltern, ihre Brüder und ihr erster Mann Micha wurden in den Konzentrationslagern ermordet.

In Nurits Interview werden wiederholt Erlebnisse sexueller Gewalt angedeutet: Es gibt Andeutungen und Hinweise auf eine mögliche Zwangsprostitution für SS-Männer im Lager, auf Vergewaltigungen, auf sexuelle Gewalt als Bestandteil von Verhören und Folter und auf die Einwilligung zu einer sexuellen Beziehung mit einem sowjetischen Offizier, um Vergewaltigungen durch sowjetische Soldaten zu entgehen.

Unsere Gespräche in dieser Familie verdeutlichten, daß einige der Andeutungen, die Nurit im Interview macht, auch Bestandteile des familialen Dialogs sind. Bestimmte Themen und auch Erlebnisse der Großmutter, die eine herausragende Bedeutung haben, werden unterschiedlich und vor allem widersprüchlich und fragmentarisch erzählt bzw. angedeutet. Diese Widersprüche und Fragmente möchte ich nun aber eben nicht auflösen, um aus ihnen eine verständliche, kohärente Geschichte zu machen. Die Fragmentierung und die Widersprüchlichkeit der Darstellung gehören vielmehr zur Struktur des Dialogs in dieser Familie. Sie sind zum einen Folge der Traumatisierung Nurits während der Verfolgung, zum anderen sind sie jedoch auch Folge der Tabuisierung dieser Erlebnisse im privaten und öffentlichen Dialog. Wenn Sie als Leserin oder Leser die Fragmente dieses Dialogs auf sich wirken lassen, werden Sie vermutlich einen ihnen gemeinsamen, verborgenen Erfahrungshintergrund erahnen. Diese Fragmente sind:

- diverse Situationen, in denen Nurit von Männern (einem Kapo, einem SS-Mann, einem jüdischen sowjetischen Offizier) gerettet wurde,
- diverse Situationen, in denen Nurit von den Männern, die sie retteten, in den Magen getreten wurde,
- das Treten in den Magen im Zusammenhang mit einem Verhör unter Folter,
- das Treten in den Magen durch SS-Frauen, als Nurit Kartoffelschalen zum Essen aufhob.

Bedeutsam im Familiendialog ist zudem das unterschiedlich erzählte Fragment einer Situation, in der Nurit Kartoffelschalen aß, auf die SS-

Männer uriniert hatten. Diese Geschichte bzw. dieses Fragment eines traumatischen Erlebnisses wurde in der Familie auch in dem Zusammenhang erzählt, daß Nurit ihre Tochter und später ihre Enkel zum Essen zwang. Die Themen sind also: Rettung durch Männer, in den Magen getreten werden, das Essen von durch SS-Männer mit Urin verunreinigten Kartoffelschalen.

Betrachten wir zunächst Nurits Darstellung: Gleich zu Beginn des Interviews und dann immer wieder erwähnt Nurit, daß sie als "Judenhure" beschimpft worden sei. In welchem Kontext, zu welcher Zeit und durch wen dies geschah, wird allerdings an keiner Stelle explizit gemacht. Überhaupt ist Nurits Lebenserzählung davon gekennzeichnet, daß sie in ihrer Erzählung sowohl in der Chronologie der Ereignisse als auch zwischen Vergangenheit und Gegenwart hin und her wechselt. Ebenfalls hält sie kaum die Erzählung eines Ereignisses aufrecht, sondern springt auch hier immer wieder auf Fragmente anderer Erlebnisse. Eine solche Erzählstruktur findet sich insbesondere bei Frauen, die sexuelle Gewalt erleben mußten, und kann auch als eine Folge davon gedeutet werden, daß sie den Bestandteil der Verfolgung, unter dem sie am meisten leiden, verschweigen, verleugnen und uminterpretieren müssen.

Wir erfahren von Nurit, daß sie gemeinsam mit ihrem ersten Mann Micha, einem Arzt, im Untergrund in Ungarn und der Slowakei gekämpft habe. Wie sie berichtet, seien beide 1944 wegen Verdachts der Beteiligung an einem Attentat auf den Präsidenten Tiso in der Slowakei verhaftet worden. Sie erzählt von einem Verhör, bei dem sie, um die Namen anderer Untergrundkämpfer preiszugeben, mit brennenden Zigarren gefoltert und wiederholt in den Magen getreten worden sei. Danach sei sie – so ihre Erzählung – nach Auschwitz abtransportiert worden; wohingegen ihr Mann zunächst in eines der drei Haupt-Arbeitslager in der Slowakei nach Sered kam und – wie Nurit erzählt – später nach Auschwitz verschleppt und dort ermordet wurde.

Nurit versichert im Interview immer wieder, sie sei als politischer Häftling und nicht als Jüdin nach Auschwitz gekommen. Dies sei auch der Grund gewesen, weshalb sie nicht in Auschwitz hätte bleiben müssen, sondern nach wenigen Tagen in das Straflager des Konzentrationslagers Ravensbrück gebracht worden sei. Sie erzählt:
"*Und in Ravensbrück, es muß vier Uhr früh gewesen sein, sind wir raufgebracht worden und eine SS-Frau hat uns abgegeben und sie hatte eine Peitsche, wie Schuhriemen, war das so dünn und sie hat gesagt: 'sechzehn*

Huren hab ich dir gebracht, ich hol sie in einer Stunde'."
Es folgt eine schwer verständliche Geschichte darüber, wie Nurit und die anderen Frauen versehentlich bereits nach elf Tagen in einen Transport von "Zigeunern" geraten und in ein mecklenburgisches Arbeitslager transportiert worden seien. Dort sei es ihr dann wesentlich besser gegangen, erzählt sie:
"*Ganz kurz, wieviel Monate ich in dem Lager war, weiß ich nicht, aber sicher bis die Russen nach Deutschland kamen. Denn jetzt beginnt die richtige Geschichte noch. Dort hab ich fast nichts gelitten in diesem Lager, denn Brot hatt ich jeden Morgen. Dieser Kapo war anständig zu mir, ich war Zimmerälteste. Ich war entlaust.*"
Sie erzählt von einem SS-Mann, einem Volksdeutschen aus Ungarn, der ihr regelmäßig Brot zuschob und ihr vor allem riet, aus dem Lager zu fliehen, als es liquidiert werden sollte. Nurit gelang dann auch gemeinsam mit einer weiteren Frau kurz vor der Befreiung die Flucht.

Über die Zwangsprostitution in Ravensbrück und vor allem über die dort stattfindenen Selektionen haben etliche überlebende Frauen berichtet. Anja Lundholm scheibt in ihrem autobiographischen Bericht über eine Mitgefangene, die wochenlang täglich von SS-Männern vergewaltigt wurde, dann mit dem Vermerk "abgenützt" in die Baracke zurückkehrte und kurz danach "im Wagen mit anderen Verbrauchten vergast" wurde (Lundholm 1996:125). Erika Buchmann, die politischer Häftling und Blockälteste im Strafblock und im Tuberkuloseblock des KZ Ravensbrück war, berichtet über die Selektion von Frauen durch SS-Offiziere: die Frauen wurden nackt vorgeführt; "die minder gute Ware kam in die KZ, bessere zur Wehrmacht, die schönsten und kräftigsten Mädchen in die Häuser für die Offiziere und die SS" (Schulz 1994:139). Margarethe W. erzählt, wie sie 1943 gemeinsam mit fünfzehn weiteren Frauen aus dem Strafblock in Ravensbrück zur Zwangsprostitution ausgewählt wurde und nach einer Nacht in der Zelle "am nächsten Morgen unter Bewachung von zwei SS-Aufseherinnen in einem verschlossenen Personenwagen in das Bordell des KZ Buchenwald transportiert wurde[n]" (zitiert nach Schulz 1994:142).

Auch Nurit spricht über eine Situation, in der Frauen für die Bordelle ausgesucht wurden. Immer wieder erwähnt sie, daß sie niemals öffentlich duschen würde. Als ich sie frage, ob sie im Lager eine schlimme Situation mit dem Duschen erlebt habe, erzählt sie, wie sie gemeinsam mit vielen Frauen duschen mußte, während SS-Männer umhergingen, die Frauen auf den Busen schlugen und schließlich zwei Frauen für ein Kriegsbordell heraussuchten: "*Zwei ham sie wirklich rausgenommen. Vielleicht war das wirklich mein Glück, daß ich kam mit einer Nu-, verga- Nicht Vergasen, Straflager Ravensbrück, so stand es. Also zwei haben sie herausgenommen, eine war aus meiner Stadt, die sie in so ein Nazi-Bordell, Kriegsbordell genommen*".

Nurit berichtet weiter, daß die Frau aus ihrer Heimatstadt sich nach dem Krieg das Leben genommen habe. Sie versichert, sie selbst wäre nicht ausgesucht worden, *"vielleicht hab ich nicht genug große Brüste gehabt"*, meint sie, und über sich selbst: *"Ich hatte nicht den Mut mir das Leben zu nehmen"*.

Die Zeit in Ravensbrück jedenfalls ist für Nurit mit den traumatischsten Erinnerungen verbunden. Auf meine Frage: *"Gibt es bestimmte grausame Situationen, die Ihnen immer wieder im Gedächtnis auftauchen?"* antwortet sie: "*Das Schrecklichste ist das mit der Kartoffelschale, das ist das Schrecklichste, das muß ich schon sagen, daß ein Schmerz da ist, auch seelisch, physisch mein ich, der seelische Schmerz wird verdrängt – das ist so ein Schmerz – oder der Schlag hierher, mir hat man (1) mich hat man einmal geschlagen, ich muß bestimmt zehn Tage in Ravensbrück gewesen sein und einige Mal Appell gestanden haben...*".
Im Anschluß wechselt sie wieder unvermittelt zu einem anderen Erlebnis, bei dem einer Häftlingsfrau ein Auge ausgeschlagen worden sei. Über die Kartoffelschalen erfahren wir an anderen Stellen im Interview, daß sie einige, auf die "die SS" uriniert hatte, aufgehoben habe – sie spricht dabei von "gestohlen" –, und dann von SS-Frauen in den Magen getreten worden sei. Im Zusammenhang mit körperlichen Leiden nach der Befreiung erzählt Nurit, daß man ihr mit einem Schlagring vier Vorderzähne ausgeschlagen habe und zwar wegen des Diebstahls von Kartoffelschalen: "*mit einem Schlagring schlugen sie mich, weil ich Kartoffelschalen aufgehoben von der Erde, wie ich gestanden bin Appell (2 Sekunden Pause). Ich mein, das war ja nicht ich alleine, viele sind ja daran gestorben. Es ist ja also nicht doch nicht mein Einzelschicksal, andere haben viel mehr mitgemacht, andere hat man – hat man – hat man die Gebärmutter lebend rausgenommen ohne Injektion und alles. Mir hat man im Verhältnis noch nichts gemacht*".

Berücksichtigen wir, daß Nurits Tochter erzählt, ihre Mutter habe vor der Befreiung acht Abtreibungen ohne Betäubung erlitten, so ist es möglich, daß dieses Erleben hier zwischen den Zeilen mitgegeben ist. Auch wenn wir Nurits Erlebnisse mit den Kartoffelschalen nicht genau rekonstruieren können, so wird doch deutlich, daß sie für sie als Symbol für grausamste Mißhandlungen stehen. Und auch wenn wir nicht erfahren, in welchem Zusammenhang Nurit selbst sexuelle Gewalt erlebte, so sind die

Hinweise darauf, daß dies geschehen ist, im Interview durchgängig vorhanden. Diese Hinweise zeigen auch, daß es sich dabei um sexuelle Gewalt durch die SS gehandelt haben muß, und nicht etwa um eine Zwangsprostitution in Bordellen für Häftlinge.

Nurit erzählt einerseits immer wieder von sexualisierter Gewalt in Foltersituationen und durch die SS[20] (s.w.u.); andererseits sind für sie Sexualität und SS-Männer zwei assoziierte Themen. Auf meine Frage, wie sich ihre Verfolgungsvergangenheit auf ihre Sexualität ausgewirkt habe, erzählt Nurit mir, wie aggressiv sie nach der Befreiung auf das Begehren eines Freundes reagierte: *"Hab ich gedacht, soll der tot umfallen jetzt, also hab ich nicht gedacht wegen den SS-Männern, ich hab gedacht, weil der Micha lebt nicht mehr und ich hatte nicht – bis zu meinem Mann, der Vater von Gila, nur weil ich ein Kind wollte. Ich konnte mit niemand etwas haben, ich konnte nicht, aber nicht wegen dem SS Mann."*

Eine weitere Geschichte, die auf eine mögliche Zwangsprostitution für die SS – und nicht für Häftlinge – hindeutet, erzählt Nurit im Zusammenhang mit der Befreiung. Ein jüdisch-sowjetischer Offizier habe sie und eine andere jüdische Gefangene davor gerettet, von den Russen vergewaltigt zu werden: *"Und da hat er seine Stiefel genommen, ein Tritt uns gegeben und uns beide eingesperrt und geschrien den Soldaten zu: 'die rührt ihr nicht an die sind sicher krank, die ham mit den Nazi geschlafen'. Das hat er gesagt, um uns zu retten".*

Ich möchte nun noch etwas detaillierter auf eine Sequenz im Interview mit Nurit eingehen, in der sowohl ihre primäre als auch ihre sekundäre Traumatisierung, sowie ihr Umgang mit der Vergangenheit im Dialog in der Familie deutlich wird. Im Zusammenhang ihrer Alpträume über die erlebte Folter und Nachfragen wendet sich Nurit an mich und meint: *"Ich bin schon seit Tagen aufgeregt, daß Sie herkommen sollen. Ich weiß (sie lacht) Sie werden mir nichts glauben. Es wird nur Schmutz sein, das ich mit Ihnen spreche .... Sie haben ja auch gar nichts davon, wenn ich Ihnen alle Einzelheiten erzähle, von diesen groben Worten und von diesen furchtbaren Worten, äh äh – Sie haben ja nichts davon, wenn Sie das alles wissen (2 Sekunden Pause)".* Interviewerin: *"Aber vielleicht ist das für Sie gut, darüber zu sprechen."* Nurit unterbricht die Interviewerin und fährt fort: *"Wissen Sie immer zu hören dieses Wort 'Judenhure' und und, und und und äh, was hast du gemacht und wie, und wo ha –, furchtbar furchtbar (sie rückt ihren Stuhl hin und her)".*

Nurits Aussagen deuten an, daß ihre Beschimpfung als "Judenhure" Konnotationen impliziert, die "Schmutz sind" und über die sie keine Einzelheiten erzählen möchte. Wir können annehmen, daß sie sich dabei an Verhör und Folter erinnert. Sehen wir, wie sie weiter spricht: *"Und du weißt nicht, wie das ist, wenn wir dir – wir können dich in ein –, wir können dich –, du bist ja noch jung und knusprig, du kannst ja gehn in ein – (Nurit weint heftig; 12 Sekunden Pause). Der eine der war – (unverständlich), der andere vielleicht wollte er nur Gutes für mich damit, der hat gesagt: 'hör auf, laß noch was von ihr übrig, du weißt doch für die kann man noch gute Verwendung haben.'"*

Leider interveniere ich an dieser Stelle recht ungeschickt, indem ich aus dem Kontext dieser Situation herausgehe und frage: *"Das heißt, die SS-Männer haben Sie vergewaltigt."* Nurit weist dies nun zurück und antwortet unter Tränen: *"niemand, niemand, es war ein Wunder, niemand, sie wollten mich, weil er hat gesagt (gefaßter) er soll mich in Ruh lassen, nicht genug, denn sie können mich ja noch schicken dorthin (1 Sekunde Pause) (heftig weinend) und die Deutschen, denn sie ham mich –, mich – da –"*

Nurit geht in ihrer Erinnerung weiter, was dann die Deutschen, zu denen sie geschickt wurde, mit ihr gemacht haben. Doch dies kann sie nicht erzählen, sie betritt an dieser Stelle unsicheren Boden, bzw. denkt an jene Erlebnisse, die sie im Dialog zu vermeiden und auch aus ihrer Erinnerung abzuwehren versucht. Statt dessen geht sie nun wieder auf die eingeführte Situation zurück und damit auch auf die in dieser Situation angekündigte Zukunft: *"Sagt er: 'da kann sie noch einen Zweck erfüllen, sie kann noch ein paar von uns Deutschen einen blasen' (heftiges Weinen). Ich hab nicht gewußt, was das bedeutet, wirklich nicht. Aber vielleicht wollt er mich dadurch retten, daß ich nicht noch schlimmer – ich hab soviel gekotzt .... Ich hab so eine panische Angst, daß ich kotze, das ist, das weiß niemand von mir"*.

Es bleibt unklar, weshalb sie eine solch panische Angst vor dem Kotzen hat und weshalb sie niemanden davon erzählt. Selbst ihrem Ehemann, wie sie noch ausführt, verschweigt sie diese Angst und damit die in der Vergangenheit mit ihr verbundenen Situationen. Als Interpretinnen fragen wir uns, ob Nurit in Situationen gewesen war, in denen sie Männer befriedigen mußte (vielleicht auch oral) und es lebensgefährlich war, zu kotzen. Sie fährt fort: *"Es gibt einen Alkohol, der heißt Fernet Branca und der hilft mir, wenn ich – manchmal ich iß zuviel .... sagt mein Mann: 'kotz dich doch richtig aus'. Hab ich es ihm noch nie erzählt. Sag ich: 'nein, nein ich muß ihn trinken'. Denn das ist etwas Furchtbares dieses, diese Angst .... Vielleicht ist es doch ein Fehler gewesen, daß ich diese Dinge nicht alle so, wirklich in – das ist nichts mehr mit Behandlung etwa – ich fühle mich überhaupt psychisch irgendwie, ich fühle mich traurig manchmal. Ich liebe meine Tochter unglaublich, viel zu sehr, ich hab sehr große Angst, daß ihr was passiert, hab sie nie drunter leiden lassen "*

Nurit spricht hier an, daß es vielleicht ein Fehler war, von diesen Dingen – vielleicht in einer therapeutische Behandlung – nicht erzählt zu haben. Vielmehr, so können wir vermuten, versucht Nurit, sich mit übermäßigem Essen zu füllen und ihre Erlebnisse herunterzudrücken. Sich nicht übergeben zu können, läßt sich auch verstehen als ein Unterdrücken der Erinnerungen, die hoch- und herauskommen wollen. Es wird hier jedenfalls deutlich, daß der Zwang zum übermäßigem Essen nicht nur mit dem Hunger im Lager assoziiert ist.

Des weiteren zeigt die Textstelle, daß Nurit versucht, über ihre Liebe zu ihrer Tochter mit ihrer Angst umzugehen. Ihre Aussage, sie habe Angst um ihre Tochter, ist in zweifacher Weise zu verstehen: Zum einem wollte sie die Tochter unter ihrer Angst um sie nicht leiden lassen, zum anderen wollte sie, wie so viele Überlebende, ihre Tochter nicht mit ihrer Vergangenheit belasten.

Das Schweigen über die traumatischen Erlebnisse führt nun allerdings nicht dazu, daß die Tochter von den verschwiegenen Anteilen der Verfolgungsvergangenheit nicht belastet ist. **Gila,** ihre Tochter aus zweiter Ehe, ist Nurits einziges Kind. Ihr zweiter Mann, wie der erste ein Arzt, war wesentlich älter als Nurit und verstarb bereits 1960, als Gila zehn Jahre alt war. Gila, die 1950 geboren wurde, ist seit 1975 verheiratet, ebenfalls mit einem Arzt, der wesentlich älter ist als sie. Sie hat einen Sohn, **Micha**, der 1976 geboren wurde und nach dem ersten Mann ihrer Mutter benannt ist. Ihre Tochter **Debbi** kam 1979 zur Welt.

Wir haben Gila und ihre Kinder zunächst einzeln interviewt und boten dann ein Familiengespräch für Nurit und Gila an. Beide meinten, ein solches Gespräch führen zu wollen. Über drei Jahre hinweg wurden im Frühjahr, wenn ich für einige Monate in Israel war, immer wieder Termine vereinbart, die Nurit jedes Mal kurzfristig wieder absagte. 1996 war dann erneut ein Termin mit Nurit, Gila und Debbi vereinbart. Nurit sagte zwei Tage zuvor ab; sie könne nur zu einem anderen Termin, an dem aber ihre Tochter keine Zeit habe. Außerdem sollten wir mit ihrer Tochter sprechen, sie würde alles über ihr Leben wissen und könne uns alles erzählen. So führten meine israelische Mitarbeiterin Noga Gilad und ich das Gespräch mit Gila und ihrer Tochter Debbi. Wir interpretieren Nurits Pendeln zwischen Zusagen und Absagen zu einem Gesprächstermin so, daß Nurit einerseits den Wunsch hat, mit der Tochter einen offeneren Dialog führen zu können; andererseits aber erhebliche Angst davor, daß vielleicht jenes zur Sprache kommen könnte, von dem Gila nicht alles weiß. Heute erahne ich, daß es wohl besser gewesen wäre, ich hätte noch einige Einzelgespräche mit Nurit geführt und ihr dabei geholfen, sich auf das gemeinsame Gespräch mit ihrer Tochter vorzubereiten.

Sowohl bei Gila als auch bei ihrem Sohn Micha und ihrer Tochter Debbi ist die Beschäftigung mit der Vergangenheit der Großmutter sehr konzentriert auf die Fragen: Wie konnte die Mutter bzw. Großmutter überleben? Wie konnte sie die Lagerhaft ertragen, und weshalb hat sie sich nicht das Leben genommen? Immer wieder wird die Geschichte erzählt, die Großmutter habe sich einmal am elektrischen Zaun das Leben nehmen wollen, doch sei der Zaun in jenem Moment nicht geladen gewesen. Dagegen wird mit viel Bewunderung über Nurits ersten Mann Micha erzählt, daß er einem SS-Offizier eine Ohrfeige gegeben habe und deshalb auf der Stelle erschossen worden sei. Gila meint über Micha: *"Er war schön und charmant, die Frauen liebten ihn und er war ein Kämpfer und kein Mensch, der aufgibt."* Und der Enkel meint über den Mann, nach dem er benannt ist: *"In seinem Heroismus ohrfeigte er einen Nazi, und der Nazi erschoß ihn auf der Stelle."* Während Micha ein Held ist, mit dem man sich identifizieren möchte, ist Nurits Überleben – und damit auch das eigene Leben – für Gila und auch ihre Kinder fragwürdig. Während Gila indirekt ihre Mutter beschuldigt, überlebt zu haben, bewundert ihr Enkel Micha die Stärke seiner Großmutter und ihren Mut zu überleben. Die Enkelin Debbi hingegen beschäftigt sich sehr mit Überlegungen, daß sie sich in einer Situation wie der während des Holocaust das Leben nehmen würde.

Für Gila, Micha und Debbi ist mit der Verfolgungsvergangenheit der Großmutter in erster Linie das Thema "Essen" und der auf sie ausgeübte Zwang zum Essen verbunden. Micha beschreibt die Essenssituationen mit der Großmutter wie folgt: *"'Sie sagte, ich habe Kartoffelschalen gegessen, auf die die SS urinierte. So eß dies, ich hatte in der Shaoh nichts zu essen in der Shoah, iß jetzt' .. sie aß Kartoffelschalen auf die die Nazi gepinkelt haben, das ist nicht das Gesundeste und Nahrhafteste was man essen kann."*

Essen ist damit für Micha, wie auch schon für seine Mutter, assoziiert mit etwas von den Nazis Verunreinigtem. Micha litt sehr unter dem Zwang, bei der Großmutter so viel und vor allem alles, das auf den Tisch kam, essen zu müssen. Er forderte von seiner Mutter, Nurit zu erklären, daß sie damit aufhören solle. Die Mutter tat dies und erzielte nach seiner Aussage auch einen gewissen Erfolg. Über die Kindheit seiner Mutter erzählt Micha: *"Als sie [die Mutter] klein war, schaufelte sie [die Großmutter] ihr alles Essen in den Mund. Immer hat sie nicht genug gegessen (lacht) und so hat sie [die Großmutter] ihr immer durch den Mund alles eingefüllt, mir auch, aber mit meiner Mutter war es noch viel schlimmer. Als Mutter klein war, mußte der Teller immer sauber gegessen werden."*

Während Micha über diese von der Großmutter ausgeübte Gewalt erzählen kann, deutet seine Mutter dies nur indirekt an. Sie spricht über das Thema "Essen von verunreinigten Kartoffelschalen" immer wieder im Zusammenhang mit dem mißlungenen Suizidversuch von Nurit. Sie meint, ihre Mutter sei wegen des Verzehrs der verunreinigten Kartoffelschalen so verzweifelt gewesen, daß sie sich das Leben nehmen wollte. Es läßt sich vermuten, daß auf der unbewußten Ebene das Sprechen über die von der SS verunreinigten Kartoffelschalen assoziiert ist mit der von Nurit erlittenen sexuellen Gewalt, die aus ihrer Perspektive ihre Chance zum Überleben erhöhte.

Nurits Tochter und auch ihr Enkel erahnen etwas von diesem Teil der Vergangenheit. Dies zeigt sich u.a. in einem weiteren von ihnen behandeltem Thema: "Nurits Überleben mit Hilfe von Männern". Hierzu werden die unterschiedlichsten Geschichten erzählt. Die Enkel Micha und Debbi sprechen über die Rettung durch einen Nazi, und Micha äußert seine Zweifel daran. Gila dagegen ist mit der Rettung durch den jüdisch-sowjetischen Offizier beschäftigt und betont, dieser habe ihre Mutter geliebt. Sie spricht auch über die Selektion durch den Nazi-Arzt Mengele, der ihrer Mutter – so ihre Darstellung – einen Tritt gegeben habe: Nurit sei so auf die Seite der Überlebenden gekommen. Mengele spielt auch in Gilas Phantasien eine bedeutende Rolle. Immer wieder imaginiert sie Nurit nackt im Schnee zusammen mit Mengele, der einen Pelzmantel trägt. In diesem Bild sind keine weiteren Personen. Auch Micha beschäftigt sich mit der Phantasie: Nurit nackt im Schnee, doch in seiner Phantasie ist die Großmutter dabei allein. Als Micha im Interview darüber spricht, beginnt er zu weinen und kann kaum weitersprechen.

Während Micha die Großmutter eher in einem Bild (weißer) Unschuld sieht, drängt sich bei Gila der Täter mit ins Bild. Und sie schließt im Gespräch unmittelbar nach der Schilderung dieser Phantasie an, daß sie sich immer wieder die Frage stelle, weshalb ihre Mutter nicht nochmals einen Suizid versucht habe. Die Analyse des Interviews mit Gila verdeutlicht auch, daß sie auf der manifesten Ebene die Mutter als Heldin und als herzensgute Frau darstellt, die sie über alles liebt, zwischen den Zeilen jedoch die Mutter anklagt und andeutet, sie habe mit den Nazis kollaboriert und andere denunziert. Die Liebe ihrer Mutter zu ihr bringt sie wie folgt zum Ausdruck: "*Wenn sie könnte, würde sie das Essen für mich vorkauen.*"

Aus Gilas teilweise recht widersprüchlichen Erzählungen über Erlebnisse der Mutter, insbesondere deren Rettung durch Männer, wird deutlich, daß sie fragmentarisch und unbewußt Phantasien über eine mögliche Prostitution der Mutter hat. Tauchen derartige Fragmente in ihrem Bewußtsein auf, darf sie dies jedoch nicht zulassen. So meint sie z.B.: *"Sie [die Mutter] hat mir erzählt, daß sie Ungarisch im Bordell lernte, im Gefängnis war sie mit Huren zusammen."*

Auf die Frage, was ihr die Mutter über ihre Ehe mit Micha erzählt habe, antwortet Gila: *"Sie hat mir einmal erzählt, sie hatte acht Abtreibungen ohne Betäubung, in der Hochzeit, äh im im im Krieg (2 Sekunden Pause). Sie sagte sie hätte schreckliche Schmerzen gehabt und war sich sicher, sie würde nie wieder ein Kind bekommen."*
Gila beginnt nun zu überlegen: War dies vor der Lagerzeit oder erst im Lager? Sie wird immer konfuser und ist selbst erstaunt über ihre nun auftauchenden Fragen. Sie verheddert sich immer mehr in ihren Überlegungen, ob es auch Abtreibungen im Lager gegeben habe und daß da doch keine Männer waren. Dann schlußfolgert sie, es müsse wohl vor der Lagerzeit gewesen sein, da die Mutter im Lager keine Menstruation mehr gehabt hätte. An dieser Stelle sei an Nurits Angst vor dem Übergeben erinnert, und wir können uns fragen, ob dies vielleicht auch im Zusammenhang mit Schwangerschaften während der Verfolgungszeit stehen könnte.

Wie beeinflußt nun die Verfolgungsvergangenheit ihrer Mutter und vor allem ihr Umgang mit dieser Vergangenheit Gilas eigene Biographie?
Gila selbst versteht ihre ausgeprägte Klaustrophobie, die u.a. zur Folge hat, daß sie keine Aufzüge benützen kann, und vor allem ihre symbiotische Bindung an die Mutter als Folge der Verfolgungsvergangenheit. Auch wenn die bei vielen Kinder und auch Enkeln von Überlebenden zu beobachtende starke Bindung an die Eltern bzw. Großeltern und die damit verbundenen Schwierigkeiten in der Autonomieentwicklung als eine der durchgängigen und wesentlichen Auswirkungen der Verfolgungsvergangenheit auf die Nachkommen betrachtet werden kann, fällt in dieser Familie die besondere Symbiose zwischen Gila und ihrer Mutter, aber auch zwischen Nurit und ihrem Enkel Micha auf.

Zunächst zu **Gila**, die zum Zeitpunkt des Interviews 43 Jahre alt ist: Sie kann kaum einen Satz über sich selbst sagen, ohne zugleich wieder über die Mutter zu sprechen. Gila bezeichnet ihre Mutter auch als ihre beste Freundin. Bereits als Kind und Jugendliche habe sie keine gleichaltrigen Freunde gehabt. Sie erklärt dies damit, daß es mit Gleichaltrigen immer Eifersüchteleien gebe, nicht aber mit ihrer Mutter. Auch habe sich nach dem Tod ihres Vaters, als sie zehn Jahre alt war, die enge Symbiose mit der Mutter noch verstärkt. Im gemeinsamen Interview mit ihrer Tochter Debbi geht sie auch auf dieses Thema ein: *"Mein Hauptproblem ist, daß ich mich von meiner Mutter nicht ablösen kann, sie war meine einzige Freundin für viele, viele Jahre. Wenn du der einzige Mensch bist, der übriggeblieben ist, dies zu fühlen ist eine Last."*

Mit der Formulierung, sie sei der einzige Mensch, der übriggeblieben sei, verortet sich Gila selbst in der Zeit der Verfolgung, als habe wie die Mutter auch sie diese Zeit überlebt. Ihre Tochter Debbi, die zum Zeitpunkt des Familiengesprächs siebzehn Jahre alt ist, bezieht auch sich nun in diese Gemeinschaft ein, korrigiert ihre Mutter und meint, die Großmutter würde nun aber auf sie alle bezogen sagen: *"Ihr seid die einzigen, die ich habe."* Doch im Unterschied zur Mutter empfindet Debbi dies weniger als eine Last, vielmehr konkurriert sie mit ihrer Mutter und vor allem mit ihrem Bruder um ihre Bedeutung im Leben der Großmutter.

Neben diesen Folgen der Vergangenheit deutet sich im Interview mit Gila noch etwas an, das Gila selbst nicht bewußt ist. Es handelt sich um Gilas Verhältnis zu Männern. Während der erste Mann der Mutter, der nach dem Familienmythos für eine Ohrfeige sein Leben aufs Spiel setzte, für Gila ein Held ist, werden Männer sonst in der widersprüchlichen Rolle als Retter und zugleich als gefährliche Personen ins Gespräch eingeführt. So präsentiert sie ihren Vater als jemanden, der als Arzt zu einem Zeitpunkt ins Leben ihrer Mutter trat, als diese krank war und er ihr helfen konnte. Doch ansonsten stellt sie ihren Vater als jemanden dar, der ihrer Mutter Probleme machte, sie ans Haus band und nicht erwerbstätig werden ließ. Diese ambivalente Haltung gegenüber Männern zeigt sich auch in ihren Erzählungen über ihren Ehemann. So berichtet Gila z.B., daß sie einmal an einer Infektion fast gestorben sei. Diese Erzählung dient ihr zunächst dazu, zu belegen, daß ihr Ehemann ein guter Arzt sei: *"Er ist wirklich ein guter Arzt. Ich erinner mich, einmal war ich krank und hatte einen seltenen Virus, man nennt es Streptococcus im Magen. Und wirklich ich bin beinahe gestorben, weil sie es nicht gleich herausgefunden haben. Und meine Mutter war ziemlich unter Druck, sie hatte die Kinder, weil ich war ja im Krankenhaus für zehn Tage und es war sehr sehr schwer für meine Mutter. Sie meinte, daß es für sie die schwierigste Periode in ihrem Leben gewesen sei, schlimmer als im Lager. Ich kann mich daran erinnern, weil ich war sehr –, ich hatte – bis sie herausfanden, was ich hatte, ich hätte wirklich davon sterben können."*

Gila spricht hier auf der manifesten Ebene über das Leiden ihrer Mutter und nicht über ihr eigenes. Auch nimmt sie weder die Perspektive ihres Mannes, noch ihrer zwei Kinder ein, die beide im Interview von dieser für sie extrem beängstigenden Zeit erzählen. Auf der latenten Ebene jedoch konkurriert sie mit dem Leiden der Mutter; sie litt ja an einer Krankheit, an der sie beinahe gestorben wäre. Auch können wir Verbindungen zum Leiden der Mutter sehen, die in der Retrospektive die Auswirkungen der sexuellen Gewalterfahrungen, die vermutlich in Verbindung mit etlichen Abtreibungen stehen, im Magen verortet. Auch Gilas weitere Darstellung ihrer Erkrankung beinhaltet die Verknüpfung der Themen "Schmerzen im Magen" und "Schwangerschaft/ Verhütung". Gila beschreibt auch, daß sie bei Auftreten der Schmerzen, den Krämpfen im Magen, anschwoll wie bei einer Schwangerschaft. Sie spricht nun ausführlich über den langwierigen diagnostischen Prozeß und fügt an, daß sie an dem Tag, als die enormen Schmerzen auftraten, den Fehler gemacht habe, viel zu lange zu Hause auf ihren Mann zu warten, *"weil ich sehr auf ihn vertraue, vom diagnostischen Aspekt her gesehen"*. Doch ihr Mann war nicht zu erreichen, kam sehr spät nach Hause und konnte ihre Krankheit auch nicht diagnostizieren. Während Gila also zunächst ihren Mann als Lebensretter einführt, verwandelt er sich im Laufe der Erzählung in das Gegenteil. Dabei fällt auch die Bemerkung auf, daß Gila "vom diagnostischen Aspekt" her auf ihn vertraut. Bei ihrer Beschreibung der Krankheit erläutert sie dann auch noch in aller Ausführlichkeit, wie ihr im Krankenhaus zunächst ihre Spirale (Intrauterinpessar) entfernt worden sei, und: *"Sie haben es entfernt und es war alles voll mit Urin und sie hatten keine Wahl, sie mußten mich operieren. Sie öffneten meinen Magen, und sie sahen der Magen war gefüllt mit einer gelben Flüssigkeit."* Gila erläutert dann weiter, daß diese Viren nicht durch den Mund eindringen, sondern *"durch den Anus, die Vagina, durch die Genitalien"*. Damit steht unausgesprochen die Frage im Raum, ob ihr Mann ihr die lebensgefährlichen Viren zugefügt hatte.

Man könnte nun einwenden, was denn diese Geschichte, die Themen "Magen, Urin und Genitalien" und überhaupt Gilas ambivalentes Verhältnis zu Männern, die Retter und zugleich gefährlich sind, mit der Verfolgungsvergangenheit ihrer Mutter zu tun haben kann? Der Text selbst deutet in der jeweiligen thematischen Abfolge immer wieder auf einen Zusammenhang hin. So schließt z.B. Gila hier auf die Erläuterung, daß diese Viren durch die Genitalien eindringen, ohne Pause unmittelbar an: *"Es war sehr schwer für meine Mutter."*

Welche Rolle nimmt nun der Enkel **Micha** als männliches Kind in diesem symbiotischen Familiensystem ein? Seine Großmutter spricht über den zum Zeitpunkt ihres Interviews fünfzehnjährigen Enkel eher wie über ein Kleinkind oder einen Geliebten, die man "zum Fressen gern haben kann": *"Ich sehe den Micha mein Enkelsohn, goldig, süß. Ich werde Ihnen nachher die Bilder zeigen. Man kann ihn aufessen .... Wenn ich ihn anschau, kommen mir die Tränen. In der letzten Zeit, ich denke mir noch zwei Jahre, dann ist er beim Militär."*

Gila präsentiert ihren Sohn als mutig, indem sie ihre Mutter zitiert, die in einem Gespräch mit ihr gemeint habe, sie brauche sich um Micha keine Sorgen zu machen: *"Micha ist kein Feigling wie ich, er ist mutig."*

Wie geht nun Micha selbst mit dieser ihm zugeschriebenen Delegation um, kein Feigling zu sein, die ja auch mit seiner Namensgebung nach Nurits erstem Mann korrespondiert? Er sieht sich selbst, aber auch seine Großmutter, in der Rolle des Mutigen und Kämpfenden. Er bewundert die Stärke seiner Großmutter und möchte gern selbst ein heldenhafter Kämpfer sein. Er ist der Ansicht, als junger Israeli müsse er eigentlich gemeinsam mit den deutschen Antifaschisten gegen die Nazis kämpfen, und: *"wir sollten alle Neo-Nazis ermorden".*

Micha befindet sich in einer auffallend engen Beziehung zur Großmutter. Die damit einhergehende Bedeutungslosigkeit der eigenen Biographie, die vor dem Hintergrund der Verfolgungsbiographie regelrecht zu verschwinden droht, zeigt sich bei ihm noch deutlicher als bei seiner Mutter. Er präsentiert sich eher in der Rolle eines liebenden Partners seiner Großmutter als in der eines Enkels. Zum Zeitpunkt des Einzelinterviews siebzehn Jahre alt, antwortet er auf die Bitte, seine Lebensgeschichte von der Kindheit bis zur Gegenwart zu erzählen, wie folgt: *"Ich wurde in Tel Aviv 1976 geboren. Als Kind habe ich mit entwickelt wie alle anderen Kinder auch. Ich habe es nicht gemocht – ich mochte es nicht zu sein in –, dies ist die ganze Geschichte als ich jung war. Ich kann mich an keine Geschichten erinnern und ich liebte meine Großmutter sehr."*

Während Micha nicht sagen kann, was er nicht mochte, spricht er über seine Liebe zur Großmutter. Später im Interview wird dann deutlich, was er nicht mochte. Es war die schwierigste Phase seines bisherigen Lebens, als er als Achtjähriger mit seinen Eltern und seiner Schwester in eine andere Stadt ziehen mußte und damit nicht mehr in der unmittelbaren Nachbarschaft zur Großmutter lebte. Auf die Frage: *"Kannst du noch etwas über deine Kindheit in Tel Aviv erzählen?"* antwortet er: *"Ich habe meine Großmutter sehr geliebt (3 Sekunden Pause) was soll ich denn sonst noch erzählen."* Man könnte nun einwenden, ein Siebzehnjähriger habe ja auch noch nicht viel über sein Leben zu berichten. Doch Interviews mit Jugendlichen im gleichen Alter und sogar mit noch jüngeren Adoleszenten zeigen, daß diese sehr ausführlich über ihr Leben erzählen können. Auch Michas zum Zeitpunkt des Interviews fünfzehnjährige Schwester sprach nicht nur ausführlicher über ihren Lebensweg, sie führte vor allem alle vier Großeltern ein und sprach überhaupt mehr als ihr Bruder über ihren Vater und dessen Familie. Wenn wie bei Micha auf die Bitte hin, die Lebensgeschichte zu erzählen, die biographische Selbstdarstellung sich auf vier Zeilen reduziert, so ist dies bereits ein sehr auffälliges und ernstzunehmendes Phänomen.

Im gesamten Interview betont Micha dann immer wieder, wie normal er sei, daß er ein ganz "gewöhnlicher Mensch" sei. Seine Großmutter hingegen präsentiert er als ganz außergewöhnliche Frau. Während er über sich kaum etwas zu sagen weiß, erzählt er viele Geschichten über die Großmutter. Immer wieder betont er, wie sehr er die Großmutter liebe und wie sie sich um ihn als Kleinkind gekümmert habe, daß er oft als Kind bei ihr geschlafen habe und beim Einschlafen immer ihren Finger hielt. Dies wird ihm von seiner Großmutter immer wieder erzählt: damit versichert sie sich immer wieder seiner Nähe zu ihr. Eine der biographischen Konsequenzen dieser engen Bindung an die Großmutter ist, daß Micha als Siebzehnjähriger starke Trennungsängste hat. In seinen Phantasien beschäftigt er sich mit Szenen der Trennung im Kontext der Shoah, nach denen man sich nie wiedersieht. Es wird sich noch zeigen, wie sich dies auf seinen weiteren Lebensweg auswirken wird.

Beide Enkel waren zum Zeitpunkt der Interviews in dieser Familie noch zu jung, um zu sehen, welche konkreten Auswirkungen die Verfolgungsvergangenheit auf ihre Biographien hat. Nach unseren Erfahrungen mit anderen Angehörigen der dritten Generation (Rosenthal 1997), können wir aber davon ausgehen, daß Micha und auch Debbi vermutlich noch mit etlichen psychischen oder psychosomatischen Symptomen zu kämpfen haben werden.

Debbi beschäftigt sich im Einzelgespräch, wie auch zwei Jahre später im Familiengespräch, immer wieder mit dem Thema, daß sie selbst Verfolgungssituationen wie im Holocaust nicht überleben könnte, sondern sich das Leben nehmen würde. Immer wieder sagt sie: *"Wenn ich dort wäre, würde ich es vorziehen zu sterben"* oder *"Ich hätte nicht die Kraft, das alles durchzuhalten"* und *"Ich wüßte, daß mein Leben vorbei sein würde".*

Im Familiengespräch betont sie, daß sie die Großmutter nicht nach ihren Erlebnissen im Lager fragen möchte, da dies für diese zu belastend sein würde. Sehr detailliert erzählt sie jedoch, wie die Großmutter versucht habe, sich am Stacheldrahtzaun das Leben zu nehmen, und schließt die Erzählung darüber mit den Worten ab: *"Und sie (die Großmutter) sagt, daß sie eigentlich nur für uns, für mich, meine Mutter, meinen Bruder und meinen Vater lebt."*

Zusammenfassung: In dem hier vorgestellten Beispiel finden wir die immer wieder zu beobachtenden Folgen der Shoah für die Überlebenden und deren Nachkommen. In der Familie treffen wir darüber hinaus auch auf Folgen, die mit der spezifischen Vergangenheit dieser Großmutter zusammenhängen. Unterdrückte Aggressionen gegenüber der Mutter – wie wir sie bei Gila finden – gehören mit zu den durchgängigen transgenerationellen Folgen (Bergmann 1995; Klein/ Kogan 1986). Kinder von Überlebenden befinden sich meist in der Rolle der Beschützenden und Fürsorglichen und fühlen, daß sie kein Recht haben, ihre Eltern zu kritisieren oder anzugreifen. Fallspezifisch in dieser Familie ist Gilas unbewußter Vorwurf an die Mutter, daß diese mit fragwürdigen Mitteln überlebt habe. Mit diesem Vorwurf stellt Gila ihre eigene Existenz in Frage. Die Folgen der "Fragwürdigkeit des Überlebens der Großmutter" haben für die Enkel lebensbedrohliche Aspekte: Während der Enkel sich als Kämpfer sieht – und hier sei an den ersten Mann von Nurit zu denken, der nach dem Familienmythos sein Leben verlor, weil er einen SS-Mann ohrfeigte –, ist es bei der Enkelin die Vorstellung, sich selbst in einer Verfolgungssituation das Leben zu nehmen. Damit übernehmen die Enkel in gewisser Weise den Auftrag, das "fragwürdige Überleben" der Großmutter zu heilen[21]: Micha, indem er sich in seiner Phantasie stellvertretend für die Großmutter wehrt bzw. gegen deren Verfolger kämpft, und Debbi, indem sie sich in ihrer Phantasie stellvertretend für die Großmutter das Leben nimmt.

Mit den Fragen an das Überleben der Großmutter machen vor allem die Tochter und die Enkelin der Großmutter zwar indirekt einen Vorwurf, doch ihre Ahnungen und auch ihre Aggressionen, die sie u.a. beim Zwang zum Essen unterdrücken, müssen sie abwehren. Micha, der sich in einer etwas andersgearteten Beziehung zur Großmutter befindet, ist derjenige, der detailliert über die von Nurit in Essensituationen ausgehende Gewalt sprechen kann und dafür auch Verständnis zeigt.

Enge Bindungen an die Herkunftsfamilie, die Bedeutungslosigkeit der eigenen Lebensgeschichte und ein Leben in erster Linie für die Mutter bzw. Großmutter gehören ebenfalls zu den vielfach zu beobachtenden transgenerationellen Folgen der Verfolgung (vgl. u.a. Auerhahn/ Prelinger 1983; Klein/ Kogan 1986). Meist geht dies mit einer Umkehrung des Generationenverhältnisses einher: Die Kinder werden zu Eltern für ihre Eltern. Während die Enkel eher die Kinder der Großeltern sein können, sind sie nicht selten ihren eigenen Eltern gegenüber in der Elternrolle. In der Familie Steinberg gewinnt man dagegen eher den Eindruck, daß sowohl die Tochter als auch der Enkel von der Großmutter eher in der Rolle von Partnern gesehen werden. Dies deutet sich vor allem beim Enkel Micha an, der als männlicher Nachkomme mit Nurits Mann identifiziert wird. Micha übernimmt in gewisser Weise diese Zuschreibung und richtet seine ganze Liebe auf die Großmutter. Dies wird vermutlich erheblichen Einfluß sowohl auf seine spätere Partnerwahl als auch auf seine Liebesbeziehungen haben.

Es bedarf noch weiterer Untersuchungen, um Einblicke darüber zu gewinnen, welches die spezifischen transgenerationellen Folgen sexueller Gewalt sind. Von einem bin ich jedenfalls aufgrund meiner Erfahrungen mit Familien von Überlebenden überzeugt: Jedes einfühlsame und öffnende Gespräch, das traumatisierte Frauen, ihre Kinder und Enkel führen können, hilft dabei, die Last der Vergangenheit abzuschwächen. Nur indem die traumatisierten Frauen über das Erlittene sprechen können, es auch im sozialen und öffentlichen Raum nicht weiter tabuisiert wird, können sie diesen Teil der Vergangenheit in ihre Biographie integrieren und Distanz zur Vergangenheit gewinnen. Die Nachgeborenen wiederum brauchen Hilfestellung dabei, den Realitätsgehalt ihrer Phantasien zu entdecken. Erst wenn diese zu einer Realität werden, auch im Gespräch mit anderen, kann ihre belastende Wirkung nachlassen und es den Nachkommen ermöglichen, eine akzeptierende und vor allem auch mitfühlende Haltung zum Leiden ihrer Mütter oder Großmütter und den Umständen ihres Überlebens zu gewinnen.

Literatur

Ahlheim, Rose 1985: "Bis ins dritte und vierte Glied". Das Verfolgungstrauma in der Enkelgeneration. In: Psyche, 4, 330-354

Auerhahn, Nanette C./Prelinger, E. 1983: Repetition in the concentration camp survivor and her child. In: International Review of Psychoanalysis, 10, 31-45

Auerhahn, Nanette C./Laub, Dori 1998: Intergenerational memory of the Holocaust. In: Danieli, Yael 1998 (ed.): International Handbook of Multigenerational Legacies of Trauma. New York/London, 21-41

Bar-On, Dan 1997: Furcht und Hoffnung. Hamburg

Bergmann, Martin S. 1995/1982: Wiederkehrende Probleme in der Behandlung Überlebender und ihrer Kinder. In: Bergmann, M. S./Jucovy, M. E./Kestenberg, J. S.: Kinder der Opfer – Kinder der Täter. Frankfurt a.M., 265-291

Bradshaw, John 1997: Familiengeheimnisse. Kempten

Brenner, Ira 1994: Child survivors as parents and grandparents. In: Kestenberg, J. S./Brenner, I. (Hg.): The Last Witness. Washington, D.C.

Brownmiller, Susan 1992: Gegen unseren Willen. Vergewaltigung und Männerherrschaft. Frankfurt a.M.

Danieli, Yael 1984: Psychotherapists participation in the conspiracy of silence about the Holocaust. Psychoanalytic Psychology, Win Vol. 1 (1), 23-42

Danieli, Yael 1982: Families of Survivors of the Nazi Holocaust: Some short- and long-term effects. In: Spiegelberger, Ch./Srasaso, I. (eds.): Stress and Anxiety. Series in Clinical and Community Psychology, 8, 405-421

Danieli, Yael 1998 (ed.): International Handbook of Multigenerational Legacies of Trauma. New York/London

Dasberg, Haim 1992: Trauma der israelischen Gesellschaft. Holocaust-Überlebende, Opfer der israelisch-arabischen Kriege und die Golfkrise. In: Dachauer Hefte: Überleben und Spätfolgen, 8, 18-31

Davidson, Shamai 1980: The clinical effects of massive psychic trauma in families of Holocaust survivors. In: Journal of Marital and Family Therapy, 6 (1), 11-21

Fischer-Rosenthal, Wolfram 1995: Schweigen – Rechtfertigen – Umschreiben. Biographische Arbeit im Umgang mit deutschen Vergangenheiten. In: Fischer-Rosenthal, W./Alheit, P. (Hg.): Biographien in Deutschland. Opladen, 43-86

Gampel, Yolanda 1992: Können diese Wunden heilen? In: Hardtmann, G. (Hg.): Spuren der Verfolgung. Gerlingen, 119-136

Gersh, Harry 1968: The Scared Books of the Jews. New York

Gilad, Noga/Moore, Yael/Rosenthal, Gabriele 1997: Überleben als Funktionshäftlinge. In: Rosenthal, G., 104-139

Imber-Black, Evan 1995 (Hg.): Geheimnisse und Tabus in Familie und Familientherapie. Freiburg i.B.

Kassig, Reinhild/Paul, Christa 1992: Häftlingsbordelle in deutschen KZ's. In: Emma, 3, 32-37

KA-Tzetnik 135633 1989/1956: House of Dolls. London

Karpel, Mark A. 1980: Family secrets. In: Family Process, 19, 295-306
Klein, H. 1986: Der Holocaust, seine Folgen und Bewältigungsmechanismen. In: Faust, V. (Hg.): Angst, Furcht, Panik. Stuttgart, 157-162
Klein, Hillel/Kogan, Ilany 1986: Identification processes and denial in the shadow of Nazism. In: International Journal of Psychoanalysis, 67 (Pt 1), 45-52
Kogan, Ilany 1998: Der stumme Schrei der Kinder. Die zweite Generation der Hololcaust-Opfer. Frankfurt a.M.
Laub, Dori/Peshkin, H./Auerhahn, N. 1995: Der zweite Holocaust: Das Leben ist bedrohlich. In: Psyche, 1, 18-40
Lundholm, Anja 1996/1988: Das Höllentor. Bericht einer Überlebenden. Reinbek bei Hamburg
Paul, Christa 1994: Zwangsprostitution. Staatlich errichtete Bordelle im Nationalsozialismus. Berlin
Ringelheim, Joan 1994: Women and the Holocaust. In: Rittner, C./Roth, J. K. (eds): Different voices: Women and the Holocaust. New York, 371-418
Ringelheim, Joan 1998: The split between gender and the Holocaust. In: Ofer, Dalia/Weitzman, Lenore J. 1988: Women in the Holocaust. New Haven/London, 341ff.
Rosenthal, Gabriele 1995a: Erlebte und erzählte Lebensgeschichte. Frankfurt a.M.
Rosenthal, Gabriele (Hg.) 1997: Der Holocaust im Leben von drei Generationen. Familien von Überlebenden der Shoah und von Nazi-Tätern. Gießen
Rosenthal, G./Dasberg, M./Moore, Y. 1997: Das kollektive Trauma des Ghettos Lodz. Die Familie Goldstern. In: Rosenthal, G., 79-103
Rosenthal, G. unter Mitarbeit von Bettina Völter 1998: Trennende und bindende Vergangenheiten. Zur familienbiographischen Arbeit und Dynamik in Ehen zwischen Nachkommen von Überlebenden der Shoah und von Nazi-Tätern. In: Staffa, Chr. (Hg.): Die Gegenwart der Geschichte des Holocaust. Berlin: Institut für Vergleichende Geschichtswissenschaften, 17-46
Rosenthal, Perihan A./Rosenthal, Stuart 1980: Holocaust effect in the third generation. Child of another time. In: American Journal of Psychotherapy, 34 (4), 572-580
Scholz, Christa 1994: Weibliche Häftlinge aus Ravensbrück in Bordellen der Männerkonzentrationslager. In: Füllberg-Stolber, Claus u.a. (Hg.): Frauen in Konzentrationslagern. Bremen

Segev, Tom 1995: Die siebte Million. Der Holocaust und Israels Politik der Erinnerung. Reinbek bei Hamburg

Seidler, Franz 1977: Prostitution – Homosexualität – Selbstverstümmelung. Neckargemünd

Stierlin, Helm 1978: Delegation und Familie. Frankfurt a.M

Virag, Terez 1984: Children of the Holocaust and their children's children. In: Dynamic Psychotherapy, 2 (1), 47-60

Völter, Bettina 1997: Erinnern im Zeichen des Antifaschismus in der DDR. In: Rosenthal, G. (Hg.), 287-296

Völter, Bettina/Dasberg, Michal 1997: Gemeinsamkeiten und Unterschiede im öffentlichen Diskurs über die Shoah in Israel, in der Bundesrepublik und in der DDR. In: Rosenthal, G. (Hg.), 26-34

Wardi, Dina 1992: Memorial Candles. Children of the Holocaust. London/New York

Zilberman, Tamar/Rosenthal, G. 1994: The effects of the untold stories. The Steinberg/Noifeld Family. In: Rosenthal et al. 1994: Der Holocaust im Leben von drei Generation. Arbeitsbericht an die DFG (unpublished), 124-150

---

1 Für die wertvollen Hinweise zu diesem Artikel von Ulrike Loch bedanke ich mich herzlich.

2 Zur heilenden Wirkung von Lebenserzählungen vgl. Rosenthal 1995, 167-185.

3 Zur zweiten Generation siehe u.a. Kogan 1995; Wardi 1992, zur dritten Generation siehe u.a. Alheim 1985; Brenner 1994; Rosenthal und Rosenthal 1980, Virag 1984.

4 Vgl. Bar-On 1997; Rosenthal 1997.

5 Die Studie wurde von der Deutschen Forschungsgemeinschaft finanziert. Bettina Völter, Noga Gilad und Yael Moore waren als weitere wissenschaftliche Mitarbeiterinnen beteiligt. Wir interviewten ebenfalls Familien von Nazi-Tätern. Dabei interessierte uns u.a. inwiefern sich die Spätfolgen der Familienvergangenheit bei Kindern und Enkeln von Tätern von denen bei Nachkommen jüdischer Familien unterscheiden (Rosenthal 1997:18-25; 345-424).

6 In den Einzelinterviews, die teilweise von zwei Interviewerinnen geführt wurden, fragten wir unsere GesprächspartnerInnen zunächst: "*Ich/ wir möchte/n Sie bitten, mir/ uns Ihre Familiengeschichte und Ihre eigene Lebensgeschichte zu erzählen. Erzählen Sie alles, was Ihnen einfällt. Sie haben dazu so viel Zeit, wie Sie möchten. Wir/ ich werde/n Ihnen zunächst einmal keine weiteren Fragen stellen. Wir/ ich mache/n uns nur einige Notizen zu Bereichen, zu denen wir/ ich dann später – vielleicht auch in einem zweiten Gespräch – noch einmal genauer nachfragen möchte/n.*" Wir überließen den AutobiographInnen dann zunächst die Regie für ihre Darstellung und stellten weitere Nachfragen und Detaillierungsfragen erst

nach Abschluß der Erzählung ihrer Familien- und Lebensgeschichte. Zur ausführlichen Darstellung der Methode der Interviewführung und -auswertung vgl. Rosenthal (1995a).

7 Susan Brownmiller (1992:59) verweist darauf, daß beschlagnahmte deutsche Dokumente, die 1946 bei den Nürnberger Prozessen vorgelegt wurden, den Beweis dafür liefern, daß beim deutschen Vormarsch nach Osten von den Deutschen "systematisch vergewaltigt wurde, um Terror zu verbreiten".

8 In den Lagern oder in unmittelbarer Nähe waren Bordelle für die SS-Wachmannschaften eingerichtet worden. Ebenso wurden von der SS Bordelle für Häftlinge eingerichtet (Paul 1994).

9 In der recht spärlichen Literatur zu Wehrmachtsbordellen wird aufgrund historischer Quellen immer wieder davon ausgegangen, daß Jüdinnen aufgrund der Rassegesetze nicht dafür ausgesucht worden seien (vgl. Seidler, 1977:179ff.; kritisch dazu Paul 1994:104ff.). Dagegen sprechen die Berichte von jüdischen Überlebenden (etliche Quellen in Brownmiller 1992; KA-Tzenik 1989; Paul 1994:104ff.).

10 Dinur erzählte darüber u.a. in einem Gespräch mit Zvika Dror (vgl. Z. Dror: "Über das dokumentarisch-literarische Werk von Ka-Tzetnik") in der israelischen Zeitschrift DVAR vom 20. April 1990.

11 Weitere Tätowierungen, von denen in der Literatur berichtet wurde, waren "Hure für Hitlers Truppen" (Gersh, 1968:181ff.) und "Feldhure" (KA-Tzetnik 1989).

12 In Interviews mit Besuchern der Wehrmachtsausstellung, die meine Mitarbeiterinnen im Auftrag des Hamburger Instituts für Sozialforschung führten, deuten mehrere ehemalige Wehrmachtssoldaten Vergewaltigungen an. Eingebettet sind diese Andeutungen in Rechtfertigungen bzw. Teilgeständnisse, die zum Verdecken anderer Verbrechen dienen. So behauptet z.B. Herr B. (Potsdam, Interview Nr. 39), nur ein einziges Mal während seiner gesamten Kriegszeit an der Ostfront mit einem Verbrechen konfrontiert worden zu sein. Dabei schreibt er einer Frau, die vermutlich nach ihrer Vergewaltigung zusammen mit ihrem Kind ermordet wurde, noch die Schuld zu: "*Wir waren ja immer irgendwo bei Russen oder bei Balten im Quartier, das einzige Mal hat ein Feldwebel eine Frau mißhandelt und ihr kleines Kind, weil diese Frau ihm nicht hörig sein wollte (2 Sekunden Pause) So etwas gibt es aber heute auch noch.*"

13 Auch wenn die religiöse Führung der orthodoxen Juden bereits während des Zweiten Weltkrieges die jüdischen Gesetze dehnte, wonach eine vergewaltigte Frau entehrt war und damit auch eine Ehe gelöst werden konnte (vgl. Brownmiller 1994:59f), so sind dennoch die Frauen aus orthodoxen Familien mit diesen Gesetzen bzw. mit dieser Haltung gegenüber sexuell mißhandelten Frauen sozialisiert worden.

14 Nanette C. Auerhahn und Dori Laub (1998:24) diskutieren das Symptom des Vergessens im Zusammenhang mit der Ermordung eigener Kinder.

15 Im kürzlich erschienenen internationalen Handbuch zu den multigenerationellen Folgen der Traumatisierung (Danieli 1998) ist die Wirksamkeit des Schweigens eines der durchgängigen Ergebnisse bei AutorInnen aus ganz unterschiedlichen theoretischen und auch inhaltlichen Bereichen (Danieli, 1998:678). Auch die Studie von

Dan Bar-On (1997) zu Familien von Holocaust-Überlebenden zeigt dies sehr deutlich.

[16] Zu den verschiedenen Arten der Familiengeheimnisse (individuelle, interne und geteilte) vgl. Karpel 1980.

[17] Zur ausführlichen Darstellung der Familie Goldstern siehe Rosenthal u.a. (1997).

[18] Zur ausführlichen Diskussion des Konzepts der biographischen Arbeit vgl. Fischer-Rosenthal (1995).

[19] Eine erste Auswertung der Interviews wurde von Tamar Zilberman vorgenommen (vgl. Zilberman/ Rosenthal 1994). Während das Interview mit Nurit in deutscher Sprache stattfand, wurden die anderen Einzelgespräche auf Hebräisch geführt. Im Familiengespräch wurde Hebräisch und Englisch gesprochen.

[20] Die SS-Bordelle sind von den Häftlingsbordellen auch hinsichtlich der dort begangenen Grausamkeiten zu unterscheiden. So zeigen die Ausführungen von Anja Lundholm (1996:125), "daß die SS-Bordelle im Grund Folterkammern waren" (Kassig/ Paul 1992:34).

[21] Zum Mechanismus der Übernahme von Aufträgen vgl. Stierlin (1978).

Monika Hauser (Gründerin und Vorstandsfrau von Medica mondiale e.V.) im Gespräch mit Kadrija Sabiç (Medica Zenica)

Sekundäre Traumatisierung im Krieg und in der Nachkriegszeit

Kadrija Sabiç

Einführung

Als die Aggressionen und kriegerischen Ausbrüche in unserem Land begannen, haben zwei Faktoren die Entwicklung über die Auseinandersetzung mit Traumatisierten beeinflußt. Zum einen waren es die ExpertInnen, die aus dem Ausland mit ihrer Erfahrung und Fachliteratur zu uns gekommen sind, und zum anderen die Gründung zahlreicher Nicht-Regierungs-Organisationen, die es mit ihren psychosozialen Projekten ermöglicht haben, daß auch unsere Fachleute an Fortbildungen im Ausland teilnehmen konnten. Psychotraumata, welche diagnostisch betrachtet zu einer Reihe von reaktiven Zuständen führen, gaben in Bosnien-Herzegowina Anlaß zu vielen fachlichen Auseinandersetzungen: Da es keinerlei Erkenntnisse oder Erfahrungen über das Post Traumatic Stress Disorder gab, hat eine Gruppe von helferisch tätigen Psychiatern vorschnell die Diagnose PTSD ausgestellt, während eine andere Gruppe schon allein die Existenz dieser diagnostischen Kategorie verneint hat. Auch heute noch bleibt dieses Problem ungelöst.

In der institutionalisierten Psychiatrie werden als Haupttherapeutika starke Neuroleptika verabreicht, die bei dem Patienten nach langjähriger Einnahme zu organischen Schäden führen. Da ich vor dem Krieg in einer psychiatrischen Einrichtung gearbeitet habe, war es mir ein Anliegen neue therapeutische Ansätze zu finden und mich für eine menschliche Behandlung des psychisch Kranken einzusetzen. Im Frauentherapiezentrum von Medica und in der Arbeit mit Traumatisierten habe ich versucht, das Gegebene zu verbessern und weiterzuentwickeln.

Im Jahre 1993 habe ich die Diagnose PTSD in der psychiatrischen Abteilung des Krankenhauses, in dem ich damals beschäftigt war, eingeführt und mußte viele unangenehme Reaktionen erleben. Noch heute gibt es in unserem Land kein nationales Zentrum zur Behandlung von Traumatisierung. Zwar gibt es ein kantonales Zentrum, welches erst vor kurzem eröffnet wurde – wirkliche Hilfe wird den Traumatisierten jedoch in den verschiedenen psychosozialen Einrichtungen und Beratungsstellen der Vereine und NROs angeboten. Es fehlt die Vernetzung aller ExpertInnen, die sich professionell mit Traumatisierung auseinandersetzen sowie eine Datenbank über die bereits geleistete Arbeit.

Indirekte Traumatisierung und das Burn-Out-Syndrom

Noch immer gibt es keine feste Definition des Begriffes Trauma und in der Fachliteratur kursieren etliche eng miteinander verbundene Begriffe, die das Trauma umschreiben. Die primäre, sekundäre und tertiäre, also erneute Traumatisierung sowie die stellvertretende und indirekte Traumatisierung werden von einigen Autoren als Synonyme verwendet. Während des Krieges, als noch die fachliche Diskussion und Auseinandersetzung über die Einführung der Diagnose PTSD geführt wurde, erschien die Definition des Begriffes Trauma als nicht vorrangig. Nachdem der Krieg beendet ist, halte ich es für wichtig, daß die indirekte Traumatisierung der Helfer sowie anderer Personen als erneute Traumatisierung in der Nachkriegszeit definiert wird.

Einige Autoren setzen die Begriffe sekundäre und erneute Traumatisierung – Retraumatisierung – gleich, d.h., sie verwenden die Begriffe als Synonyme. Es deutet aber darauf hin, daß es einen Unterschied zwischen beiden Formen gibt. Ich denke, daß die erneute Traumatisierung als ein wiederholtes Erleben des ersten Traumas, nicht in Wirklichkeit, sondern im Inneren der Person, beschrieben werden kann.

Unter indirekter Traumatisierung versteht man eine Traumatisierung von HelferInnen oder anderen Personen, die erlitten wird, wenn diese Personen tagtäglich traumatischen Erfahrungen anderer Menschen ausgesetzt sind. Dadurch, daß sich die HelferIn die traumatischen Erlebnisse der KlientInnen anhört, wird sie/er zur ZeugIn kriegerischen Grauens, was wiederum Emotionen weckt.

Helferische Tätigkeiten implizieren ein hohes körperliches und geistiges Gesundheitsrisiko. Es stellt sich also die Frage, ob eine indirekte Traumatisierung vermieden werden kann. Es würde zu keiner indirekten Traumatisierung der Helferperson kommen, wenn es da nicht Empathie und Identifikation mit der KlientIn gäbe. Da aber Empathie eine wesentliche Grundlage der helferischen Arbeit darstellt, ist es offensichtlich, daß man dem indirekten Helfertrauma nicht entkommen kann, wenn man dem KlientInnen wirklich helfen möchte.

In unseren Einrichtungen war es während des Krieges unmöglich, die Identifikation nicht zu verinnerlichen, da auch die HelferInnen sich genauso eingekreist und ausgeliefert fühlten, wie die unmittelbar Traumatisierten. Die Besonderheit des Kriegstraumas liegt an den vielfältigen Erscheinungsformen und der großen Verbreitung. Was die indirekte Traumatisierung anbelangt, so denke ich, daß ein wichtiger Faktor darin gesehen werden kann, daß das eigene Leben bedroht ist und dadurch bisher vorgenommene professionelle Abgrenzungen verwischt werden.

Die vielfach erlebte Angst und die kriegerischen Auseinandersetzungen rufen bei den heimischen Helferpersonen das Gefühl hervor, immer mehr tun zu müssen, und führen schließlich dazu, daß sie an verschiedenen Arbeitsplätzen tätig und mit verschiedenen Bevölkerungsgruppen konfrontiert werden. Das Gefühl, ausgeliefert zu sein, und das andauernde Einwirken von bestimmten Streßfakoren führte in Bosnien-Herzegowina bei helferisch tätigen Menschen zu indirekten Traumatisierungen und zum Burn-Out-Syndrom. Wenn es zu einer indirekten Traumatisierung gekommen ist, dann sind die Symptome identisch mit denen der direkten Traumatisierung. Das Burn-Out-Syndrom ist das Ergebnis eines kumulativen Prozesses und stellt eine der schlimmsten Folgen beruflichen Stresses dar. Nach langjähriger Erfahrung in der Arbeit mit Traumatisierten haben wir vier Phasen der eigenen indirekten Traumatisierung und des Burn-Out-Syndroms durchgemacht.

Die erste Phase wird vom Gefühl großer persönlicher Kraft und der Notwendigkeit, so viel wie möglich helfen zu müssen, charakterisiert. Das war vor allem während der großen Vertreibungen aus den östlichen und westlichen Teilen unseres Landes der Fall. In den chaotischen Verhältnissen der Aufnahmelager versuchten die HelferInnen Hilfe für die Traumatisierten zu organisieren. Über die Medien verbreiteten sie ihre Hilfsangebote, boten erste psychologische Hilfe, informierten über Hilfe zur Selbsthilfe und wie weitere Hilfsmittel organisiert werden konnten. Dies war eine Phase, in der wir noch nicht ahnten, was uns bevorstand und es überwog das Gefühl, daß das Unheil bald ein Ende finden würde. Großes Mitgefühl beherrschte die Arbeit mit Traumatisierten und wir wußten, daß HelferInnen aus der ganzen Welt zu uns unterwegs waren, um uns bei unserer Arbeit mit Rat und Tat zur Seite zu stehen. Wir fühlten deutlich, daß wir mit der ganzen Welt in Verbindung standen –, daß wir nicht alleine waren.

Die zweite Phase war gekennzeichnet durch eine intensive Helfertätigkeit, die unter guten Bedingungen im Therapiezentrum für Frauen geleistet wurde. Es kam zu weiteren kriegerischen Auseinandersetzungen, die Stadt wurde bombardiert und das eigene Leben bedroht. Die Stadt wurde belagert und man fühlte sich alleingelassen und hoffnungslos. Die ersten Probleme sowie Anzeichen der eigenen Verletzbarkeit traten auf. Die emotionale Erschöpfung aufgrund der dynamischen Ereignisabfolge und die große Anzahl von traumatisierten Menschen führte auch zu den ersten Schwierigkeiten im therapeutischen Verhältnis zwischen Therapeutin und

Klientin. Der Arbeit konnten wir nicht entrinnen und so versuchten wir mehr Zeit für uns selbst zu haben, indem wir Fortbildungsangebote wahrnahmen. Wir erlernten und genossen Entspannungstechniken und wurden uns so bewußt, wie verletzt wir eigentlich schon waren.

In der dritten Phase traten ernsthafte Symptome des Ausgebranntseins auf und zwangen uns dazu, eigene therapeutische und organisatorische Schritte zu unternehmen, um diese deutlichen Symptome der Traumatisierung und des Ausgebranntseins anzugehen. In dieser Phase erkrankten einige MitgliederInnen des Teams und blieben zu Hause. Man fühlte sich mehr als bereit, ohne Schuldgefühle in Einzel- und Gruppensupervision mit "frischen" Helferpersonen an sich zu arbeiten. Zum ersten Mal nahmen wir unseren Urlaub in Anspruch.

In der vierten Phase trat der Frieden ein. Die Erleichterung, Freude und das Erstarken der ganzen Gemeinschaft sind überall spürbar. Die Anzahl der traumatisierten Personen, die unserer Hilfe bedürfen, sinkt. Dennoch ist offensichtlich, daß auch unsere Motivation sowie alle anderen positiven Ressourcen erschöpft sind. Wir verwenden immer mehr Zeit darauf, Probleme innerhalb des Teams zu lösen.

In den Fortbildungen finden wir neue Motivation für die Arbeit und einen Ausweg aus der Apathie, welche das Ergebnis chronischer Frustration ist. Wir arbeiten an der Erweiterung des HelferInnennetzes durch die Ausbildung von Nichtprofessionellen. Es erscheint immer notwendiger, unsere gewonnene Erfahrung staatlichen Institutionen zur Verfügung zu stellen und sie beim Ausbau eines Hilfsprogrammes im Rahmen des Gesundheits- und Bildungssystems zu unterstützen. Jedoch machen uns die Erfahrungen, die wir mit dem eigenen professionellen Burn-Out haben, jeglicher möglicher Ausnutzung gegenüber mißtrauisch. Andererseits bietet uns der Staat neue Aufgaben und einen internationalen Arbeitsstandard an, so als ob es den Krieg nie gegeben hätte. Es überwiegt das Gefühl der Angespanntheit und der Lebensangst in unserer verbrauchten Gemeinschaft. Da die Arbeit von HelferInnen auch in friedlichen Zeiten weitergeht, möchte ich den Burn-Out-Prozeß schematisch darstellen (Golsizek, 1993).

Die Phasen des Burn-Out am Arbeitsplatz

1. Phase: Hohe Erwartungen und Idealismus

Symptome: enthusiastische Gefühle bei der Arbeit, Hingabe bei der Arbeit, Energiegeladenheit und gutes Gelingen, positive, konstruktive Schritte, gutes Vorankommen.

2. Phase: Pessimismus und Unzufriedenheit bei der Arbeit
Symptome: körperliche und geistige Müdigkeit, Frustration und der Verlust der Ideale, verminderte Arbeitsmoral, Langeweile und das Auftreten früher Streßsymptome.

3. Phase: Rückzug und Isolation
Symptome: Kontakt mit Kollegen wird vermieden, Ärger und Feindschaft, schwerwiegender Negativismus, Depressionen und andere emotionale Schwierigkeiten, unmöglich zu denken oder sich zu konzentrieren, unglaubliche körperliche und geistige Anstrengung, Anhäufung von Streßsymptomen.

4. Phase: Interessenverlust
Symptome: niedriges Selbstvertrauen, chronisches Hinterherhinken bei der Arbeit, negative Empfindungen bei der Arbeit, großer Zynismus, unfähig zu Interaktionen mit anderen Menschen, schwere emotionale Störungen, schwere körperliche und geistige Streßsymptome.

Therapeutische Schwierigkeiten

Aufgrund meiner langjährigen Erfahrungen mit Reaktionen auf traumatische Ereignisse, möchte ich eine eigene Definition von posttraumatischen Reaktionen geben, welche ich als Grundlage für die Planung therapeutischer Arbeit verwendet habe. Mit einer unsicheren und hoffnungslos erscheinenden Zukunft belastet, kämpft die traumatisierte Person gegen die traumatische Vergangenheit. Die Gegenwart ist völlig ausgelöscht. Wenn man als Therapeutin bei der Arbeit mit Traumatisierten selbst in die Fänge dieser beiden Extreme gerät, so erschwert dies die Arbeit enorm und führt zur eigenen Traumatisierung.

Während der therapeutischen Arbeit rief die Gegenübertragung des Traumas eine Reihe von emotionalen Reaktionen bei der/dem Überlebenden hervor. Hört sich die Therapeutin traumatische Ereignisse ihrer Patientinnen an, so kommen eigene traumatische Erlebnisse, welche die Therapeutin in der Vergangenheit hatte, wieder an die Oberfläche zurück. Die Empathie für das Opfer und dessen Hilflosigkeit können bei der Therapeutin zu Unsicherheit und dem Verlust von Selbstvertrauen führen. Sie unterschätzt dann ihre eigene Fachkompetenz und Geschicklichkeit. Ich erinnere mich, daß ich all dies selbst während meiner Arbeit mit Flüchtlingen aus Ahmiç durchgemacht habe. Aufgrund meines großen Mitgefühls, der Identifikation und dem Überschreiten jeglicher professioneller Grenzen, war ich wie gelähmt. Ich habe mich selbst sehr hilflos gefühlt, habe nur noch dagesessen und geweint.

Neben der Hilflosigkeit, kann sich das Opfer Therapeutin auch mit der Wut des Opfers identifizieren. Die Therapeutin kann die ganze Spannweite, von der nichtartikulierten Wut bis hin zum schieren Haß, von Frustration und Reizbarkeit bis hin zur regelrechten Verbitterung empfinden. Für mich waren Wut und Haß, die ich empfunden habe, positive Gefühle, da sie mir die Kraft gegeben haben, die Anerkennung der posttraumatischen Reaktion bei KollegInnen als Diagnose durchzusetzen. Doch oft bin ich mit Wut und Haß nur dadurch fertig geworden, daß ich scharfe Briefe an diejenigen geschrieben habe, die alles,was passiert ist, zu verantworten hatten.

Die chronische Frustration hat zu Ausgebranntheit und Apathie geführt, oft auch zu einem tiefen Gefühl der Trauer, welche den therapeutischen Prozeß behindert hat. Für mich waren das schwere und lang andauernde Gefühle. Die kollegiale Unterstützung bei meinen Problemen war wie eine Medizin gegen die Traurigkeit, die mich gefangenhielt.

Die körperlichen Symptome deuteten meistens darauf hin, daß ich aufhören mußte: Angst und Mattheit der Muskeln, Anspannung und Kopfschmerzen, Störungen im Magen-Darmtrakt, hormonelle Störungen, die sich durch Verschiebungen des Menstruationszykluses und dem Verlust an sexuellem Verlangen manifestierten. Dieser spezifischen körperlichen Reaktion der Gefühllosigkeit, die sich bei der Arbeit mit durch sexualisierte Gewalt Traumatisierten einstellt, kann man nicht entkommen. Der Körper erträgt keine Berührungen mehr und man kann sich nicht entspannen. Allein bei dem Gedanken an Mißbrauch versteift er sich und man ist voller Wut. Dies alles belastet die Partnerschaft der Therapeutin erheblich. Dissoziation als Konsequenz traumatischer Gegenübertragung kann zu Abgestumpftheit oder getrübter Wahrnehmung, genausogut aber auch zu Bewußtseinsstörungen führen.

Aufgrund ihrer Rolle als Zeugin bringt die traumatische Gegenübertragung die Therapeutin häufig in einen Opfer-Täter-Konflikt. In unserer Einrichtung für Kriegstraumata befiel dieser Konflikt auch die unversehrte, passive BeobachterIn als ein Gefühl von Schuld und moralischer und ethischer Verantwortung.

Für medizinisches Hilfspersonal erwächst ein ganz besonderes Problem: Der narzißtische Wunsch war, alles heilen zu wollen – und genau dies war oft die Falle, in welche die Therapeutin mit ihrem ganzheitlichen Ansatz gegangen ist. Sie übernahm die Rolle der Retterin und Anwältin.

Unter den Reaktionen auf die traumatische Gegenübertragung quält auch die "stumme" Reaktion, d.h. die Entwicklung eines psychologischen Abszesses, der langfristig schwächt und zu Störungen des Immunsystems, zu chronischen und psychosomatischen Krankheiten führt.

Als wir während unserer Arbeit all das durchmachen mußten, fragten wir uns, ob nicht alle Symptome, die wir bei uns ausmachten, Zeichen unserer Unerfahrenheit seien. Manchmal hat es uns unserer Kräfte beraubt. Oft wirkte sich dies auf unser Selbstvertrauen während des therapeutischen Prozesses aus, führte zu einer Verzögerung der Verarbeitung des Traumas, selbst dann, wenn die Klientin dazu ihre uneingeschränkte Bereitschaft zeigte. Die Reaktionen der traumatischen Übertragung und Gegenübertragung sind unausweichlich, jedoch sollte man ihnen präventiv entgegenwirken. Wir müssen durch therapeutische Absprachen klare Ziele erarbeiten, die professionellen Grenzen stärken und ein Helfersystem für die Helferinnen aufbauen.

Indirekte Traumatisierung in der Familie der Klientin

Das Kriegstrauma verursacht Chaos und zerstört nachhaltig die Gemeinschaft und die Familien. Flucht und Vertreibung teilt die Familie auf in Angehörige mit traumatische und ohne traumatische Erfahrungen. Durch die Familienzusammenführungen kommt es zu einem Austausch traumatischer Erfahrungen und zu einer indirekten Traumatisierung. Zu den Reaktionen, die wir am häufigsten in diesem Zusammenhang angetroffen haben, gehört ein großes Schuldgefühl, welches zu Traurigkeit, Antriebslosigkeit oder sogar zu Depressionen mit Suizidtendenzen führen kann.

Die Mehrheit der Klientinnen mit einer indirekten Traumatisierung kommt aus Familien, in denen der Ehemann in der Armee war. Das Kampftrauma, welches ihre Männer infiziert hat, erzeugt Alpträume, eine niedrige Frustrationsschwelle, den Verlust von Selbstbeherrschung und Aggressivität. Für die Klientinnen verschlechtert sich durch die Traumatisierung des Mannes die gesamte Familiensituation. Meistens suchen sie erst dann Hilfe, wenn die familiären Beziehungen schon weit zerstört sind. Die Klientinnen waren nicht durch die Grausamkeiten des Krieges, die ihre Männer erlebt hatten, traumatisiert, denn gewöhnlich wurde ihnen nichts davon erzählt.

Der traumatisierte Mann trägt in sich das Grauen des Verletzens und Tötens und kommt in die Familie, die er als makellos und unschuldig idealisiert. Oft wird in der Familie seine Rolle als Beschützer ebenso idealisiert, was wiederum Aggressionen wecken und auslösen kann. Die Frauen haben Angst und klagen über die sichtbare Veränderung, die körperliche und geistige Müdigkeit, die Schmerzen im ganzen Körper, Schlafstörungen, Lustlosigkeit und Antriebslosigkeit.

Während des Krieges haben sich oft Frauen gemeldet, die Probleme mit ihren Kindern hatten. Die Kinder zeigten Verhaltensauffälligkeiten. Oft ging es dabei um den Ausschluß vom Schulunterricht aufgrund von schlechtem Betragen oder ungenügender Leistungen. Es folgt das Beispiel eines Befundes, der bei einer Frau mit ihrem Sohn während des Krieges, erstellt wurde:

Psychologisches Dossier 036/97 von N.:

Die Behandlung in unserer Einrichtung beginnt am 16.11.1996 und dauert 6 Monate an. Das Kind ist aus intakter Familie; Eltern mit höherer Schulbildung; frühe Kindheit ohne Störungen in der Entwicklung; bis 1994 keine Verhaltensauffälligkeiten in der Grundschule, sehr guter Schüler, zuverlässige und stabile emotionelle Bindungen in der Familie.

Nach Angaben beider Elternteile beginnen ab diesem Zeitpunkt die Verhaltensauffälligkeiten des Jungen innerhalb und außerhalb der Familie. Die Grauen des Krieges, die er nur am Rande wahrnimmt, hinterlassen bei ihm keinen Eindruck. Die Eltern versuchen Einfluß zu nehmen und eine Verhaltensänderung durch Kritik, Ratschläge und Vorbildverhalten zu erreichen. Die Eltern kommen zur Beratung in unsere Einrichtung.

Nach einigen Gesprächen und mit Überredung durch die Eltern, nimmt N. die Hilfe an. Zu den Therapiestunden erscheint er anfangs unregelmäßig und ist mißtrauisch. Mit der Zeit stellt sich heraus, daß das Vertrauen die wichtigste Vorbedingung für die Therapie ist. Erst wenn Vertrauen vorhanden ist, können die Probleme des Klienten angegangen werden. Es wird festgestellt, daß die größte psychische Störung darin begründet liegt, daß der Klient sich weigert, den Krieg zu akzeptieren und Dissoziation und das Ablehnen von Autorität als persönliche Reaktion entwikkelt hat. Zu Beginn der gesellschaftlichen Veränderungen empfindet der Klient Verwirrung, entwickelt eine erneute körperliche und geistige Dissoziation, hat Angst vor seiner eigenen Gefühllosigkeit und fürchtet, die Kontrolle über sich zu verlieren. Ich denke, daß es sich bei N. um eine spezifische Reaktion Heranwachsender auf den schrecklichen Krieg handelt, welcher die Grundwerte der Gesellschaft verändert hat.

Für den Klienten war nur der Ausschluß von der Schule, ohne vorher einen Psychologen oder Pädagogen konsultiert und mit ihm seine Probleme besprochen zu haben, entscheidend. Die gegebenen Strukturen werden dem Klienten nicht helfen, sondern ihn noch tiefer in Traurigkeit und den Kampf gegen gesellschaftliche Autorität und Normen ziehen. Ich stelle dem Direktor, dem Schulausschuß und dem Klassenlehrer die Diagnose zur Verfügung, mit der Bitte, den Fall des jungen Mannes nochmals zu überprüfen und gebe gleichzeitig den Hinweis, daß nur deren Verständnis und Hilfe ihn motivieren und Vertrauen für das System, an dem wir alle bauen, schaffen kann. Der Schulausschuß hat nach Erhalt der Diagnose den Klienten wieder in die Schule aufgenommen und die Arbeit an seinen Problemen ist erfolgreich abgeschlossen.

Die indirekte Traumatisierung zeigt sich in der Nachkriegszeit bei jungen Menschen in einem Anstieg von Alkoholismus, Tabletten- und Drogenabhängigkeit, Selbstmorden, Tötungsdelikten und anderen Straftaten. Eine neue gesellschaftliche Entwicklung, welche noch nicht wissenschaftlich untersucht wurde, ist, daß junge Menschen das Land verlassen und ins Ausland gehen. Es emigrieren junge Menschen, die den Krieg mitgemacht haben und die auf alle Fragen lediglich "nur weit weg von hier" und "ich hab die Nase gestrichen voll" zur Antwort geben.

Erneute Traumatisierung in der Nachkriegszeit

Das Durchleben des ursprünglichen Kriegstraumas spielt sich täglich in der ganzen Gesellschaft ab. Die politische und wirtschaftliche Gewalt, die nun nach der Gewalt des Krieges ausgeübt wird, beängstigt und verletzt jeden Menschen. Wie soll man ruhig bleiben, wenn wir jeden Tag Politiker sehen, die sich die Zerstörung von Menschen im Krieg ausgedacht haben und jetzt die Demokratie predigen. Den Menschen werden die Menschenrechte aberkannt, wie zum Beispiel das Recht, auf dem eigenen Grund und Boden zu leben, ein Recht auf Arbeit und Ausbildung zu haben.

Meistens entsteht die erneute Traumatisierung durch das Trauma der Rückkehr, welche sehr schmerzhaft ist und für manche Menschen ein größeres Trauma bedeutet, als das, was sie im Krieg erleben mußten. Ich spreche hier von älteren Menschen, die keine Familie haben und all ihre psychischen Probleme durch Somatisierung mildern und lösen. Die Rückkehr wirft die Frage des Zusammenlebens auf, weckt die Erinnerung an das Gefühl des Verlorenseins und den Verlust von Familienmitgliedern. Die Menschen versuchen erneut zu trauern. Dies ist oft noch schmerzhafter, da die innere Kraft bereits erschöpft ist. Das Trauma der Rückkehr ist auch durch politische Gewalt bedingt, da vor allem ältere und kranke Menschen zurückkehren, ohne daß es für sie ein stabiles Hilfs- und Sicherheitssystem gibt. Erneut werden sie verletzt und erneut vertrieben.

Dies betrifft auch das Trauma von Müttern, die ihre Söhne verloren haben und von denen man nicht einmal weiß, ob sie überhaupt noch am Leben sind. Die Frauen aus Srebrenica und viele andere auch haben niemals getrauert, da es nichts Reales gab, was zu betrauern wäre. Nach dem Krieg führt das gerichtsmedizinische Institut Exhumierungen und Identifizierungen von Opfern aus Massengräbern durch. Erst jetzt entwickeln viele Frauen Reaktionen von Trauer, mit der sie erneut das ganze Trauma durchleben: Vertreibung, Verlust aller materiellen und kulturellen Güter, sexuelle Mißhandlung, Verlust von Familienangehörigen. Das Sprechen über das Trauma ruft bei der Klientin wieder Reaktionen hervor, die vor allem über die Gewalt, die sie überlebt hat, sprechen möchte. Das Erzählen in einer nichttraumatisierenden Umgebung führt zu einer Verarbeitung des Traumas, welches für Körper und Geist eine enorme Anstrengung darstellt. Nach all dem, was passiert ist, stellt sich die traumatisierte Person die Frage nach Sicherheit in der Gesellschaft, nach der eigenen Verantwortlichkeit für das, was passiert ist und spricht sich schließlich von der moralischen und ethischen Verantwortung frei, was sehr oft entlastend und therapeutisch wirkt.

Schlußfolgerung

Das Kriegstrauma führt zu Veränderungen in der Gesellschaft. Es verursacht Chaos und zerstört alle gesellschaftlichen Grundwerte. Das Trauma ist vor allem für Helferpersonen heilbar. Es beschädigt die körperlich-seelische Gesundheit und führt zum professionellen Burn-Out des Helfers. Es müssen sehr viele Veränderungen eintreten, damit weitere Kriegstraumatisierungen seitens der Gesellschaft und des politischen Systems gestoppt werden. Um die Nachwirkungen zu bekämpfen, muß ein Helfersystem für Traumatisierte aufgebaut werden.

"... und dies nimmt mir den Rest meiner Würde!" Retraumatisierung von weiblichen (bosnischen) Folterüberlebenden in der BRD

Monika Hauser

Einleitung

Da Kadrija Sabic ausführlich über Sekundärtraumatisierung und burnout bei Therapeutinnen und Helferinnen gesprochen hat, möchte ich mich in meinem Beitrag ganz auf die Retraumatisierung der überlebenden Frauen konzentrieren. Ich halte es für wichtig, von der erneuten Traumatisierung der Überlebenden im Exil zu sprechen, weil sie die Realität für Tausende von Frauen und Männern aus Kriegs- und Krisengebieten ist. Sie verschlimmert den per se schon harten Alltag des entwurzelten Flüchtlings und die Dynamik der bereits existierenden Verletzungen. Sie zerstört erneut Menschenwürde und hat gravierende Auswirkungen auf die physische und psychische Gesundheit. Ich spreche von Menschen, die massive Menschenrechtsverletzungen überlebt haben und zu uns geflohen sind, in der Hoffnung auf ein humaneres Leben. Deswegen ist es unabdingbar, hier auch von Ethik und Verantwortung zu sprechen.

Retraumatisierende Faktoren

Frau A., 39 Jahre alt, 2 Kinder, 17 und 18 Jahre alt, aus Prijedor. Im Juli 1992 wurde sie mit ihren Kindern in das Internierungslager Trnopolje verschleppt und war Vergewaltigungen, Folter und dem Zuschauen von Ermordungen ausgesetzt. Der Ehemann und weitere männliche Verwandte wurden im Lager Keraterm umgebracht. Frau B, 32 Jahre alt, 2 Kinder, 10 und 8 Jahre alt, aus Prijedor. Sie wurde im Juli 1992 nach Bihac verschleppt und von ihren damals 1- und 3-jährigen Kinder getrennt, in ein "Hausgefängnis" verschleppt und dort von serbischen Soldaten zur sexuellen Versklavung gezwungen. Frau C., 32 Jahre alt, aus Tesanj, eine 11-jährige Tochter. Wegen des ständigen Beschusses ihres Dorfes flohen sie in die Wälder, dabei kam ihr Mann um. Sie und ihre behinderte Tochter flohen nach Kroatien. Da die Tochter immer schwerer erkrankte, beschloß sie, nach Zentralbosnien zu gehen, da sie in Kroatien keine medizinische Hilfe erhielt. Bei der Ausreise wurden sie im April 1993 von HVO-Truppen gefangen genommen und getrennt in ein Internierungslager in der Herzegowina verschleppt. Dort wurde die Mutter geschlagen und vergewaltigt.

Ihnen allen ist die Flucht auf abenteuerlichem und sehr gefährlichem Wege nach Kroatien gelungen. Über das humanitäre Sonderkontingent kamen sie in die BRD. Sie fanden Aufnahme im bundesweit einzigen, eigens für bosnische Frauen eingerichteten, Osnabrücker Frauenflüchtlingshaus. Bei allen Frauen und Kindern findet sich in ihren Attesten die Diagnose PTSD, das posttraumatische Belastungssyndrom. Übersetzt bedeuten die Symptome: eine kann kaum mehr gehen, eine andere kriegt keine Luft mehr, die nächste kann vor Kopfschmerzen nicht mehr denken, die Kinder sind zum Teil schwer verhaltensgestört, entweder sehr aggressiv oder völlig in sich zurückgezogen, wollen mit dieser Welt nichts mehr zu tun haben. Und ihnen allen gemein ist, daß sie nicht mehr schlafen können, sich nicht mehr entspannen können, Angst haben vor den nächtlichen Alpträumen, in denen ihnen die Toten zuwinken.

Um es nochmals kurz zu betonen: Durch die gewaltsame Annektion ihres Dorfes wurden diese Frauen 1992 aus ihrem Lebenskontext herausgerissen, Familienmitglieder wurden vor ihren Augen umgebracht, sie selbst wurden in ein Konzentrationslager verschleppt, erlebten dort tägliche physische und psychische Folter. Geschlechtsspezifische Gewalt gehörte immer auch dazu. Massive körperliche und seelische Verletzungen, der Verlust jeglicher Selbstkontrolle und ständige Todesangst bestimmten ihre Realität über Tage, Wochen, Monate.

Die bosnischen Frauen stehen hier stellvertretend auch für Frauen aus anderen Kriegs- und Krisengebieten. Sie alle waren dem unterworfen, was ich als eine nicht enden wollende Serie von unterlassener Hilfeleistung bezeichne. Unterlassene Hilfeleistung durch die internationale Politik, die dem Wüten der jeweiligen, in diesem Falle der serbischen und kroatischen Aggressoren tatenlos zusah und völkerrechtswidrige Verbrechen gegen die Zivilbevölkerung, zum größten Teil Frauen und Kinder, ignorierte. (Die gerade anstehende Interessenspolitik soll nicht durch das Eintreten für verletzte Menschenrechte geopfert werden, seien sie noch so grauenhaft und zahlreich.) Es sah sich auch niemand zum Eingreifen genötigt, selbst als die Berichte über Konzentrations- und Vergewaltigungslager weltweit bekannt wurden. Wenn es um die bedrohte Bevölkerung in Osteuropa oder Afrika – gar um Frauen – geht, ist Wegschauen zur politischen Routine geworden. Sämtliche internationalen Organe/Instrumente und humanitäre Organisationen vom UN-Weltsicherheitsrat bis zum Internationalen Roten Kreuz haben sich einen Dreck um die internierten gefolterten Frauen gekümmert.

In diesem Zusammenhang ist auch die mangelnde Anhörungsvorbereitung zu beklagen. Abgesehen davon, daß die Verhör-Situation per se die Frau schon in eine schwere Belastungssituation bringt, weiß sie nicht, was sie erwartet. Es wird ihr auch von vorneherein der Makel des Betrugs angelastet.

Eine weitere unterlassene Hilfeleistung ist, daß die wenigsten der schwer traumatisierten Frauen die Möglichkeit der therapeutischen Aufarbeitung erhalten. Sie haben kein juristisches Recht dazu. In der hervorragenden Studie von Professor Mohr wird moniert, daß das Asylbewerberleistungsgesetz, unter das die Flüchtlinge fallen, nur eine "Notfallmedizin" vorsieht, aber die psychotherapeutische und psychosoziale Versorgung in diesem Zusammenhang elementar für die Erhaltung der Gesundheit der Folterüberlebenden ist. Die Behandlung von chronischen Leiden als häufige Folterfolgen wurden nach neuen gesetzlichen Regelungen aus dem Leistungskatalog gestrichen. Wir müssen hier leider von einer Zweiklassenmedizin sprechen, die Flüchtlingen nur bei lebensgefährlichen Erkrankungen Behandlung zugesteht! Daß, wenn auch in Ausnahmesituationen, gelegentlich eine vorübergehende Psychiatrisierung die letzte Chance ist, stellt den verantwortlichen Politikern ein schwerwiegendes Armutszeugnis aus!

Einige behaupten, die Frauen aus Osnabrück können von Glück sagen, daß sie überhaupt überlebt und dann auch noch für fünf Jahre Zuflucht in der BRD gefunden haben. Doch was hat es zu bedeuten, wenn eine Frau in dieser Situation sagt: "hätten sie mich bloß damals auch umgebracht"? Wie sieht die Realität in ihrem aufgezwungenen Exil aus, die Flüchtlingsrealität in einem der reichsten Industrieländer der Welt, wenn Überlebende eines Genozids durch ihr Flüchtlingsdasein in die Suizidalität getrieben werden!?

Zur Serie der unterlassenen Hilfeleistung kommt nun im Exil die Serie der zusätzlichen Traumatisierungen, der kumulativen Traumatisierung. Dieser Begriff wäre auch richtiger gewesen als Titel meines Beitrags. Es beginnt jetzt der Spießrutenlauf bei den Behörden. Anstatt zur Ruhe kommen zu können, kreist ihr tägliches Denken um die Begriffe Duldung, Abschiebung und Nicht-Erwünscht-Sein. Daß sie hier nur geduldet werden, bekommen sie jeden Tag zu spüren. Alleine der Vorgang der halbjährlich (immer wieder) zu verlängernden Duldung verstärkt das Gefühl, nur noch provisorisch zu leben. Psychosomatische Erkrankungen, Depressionen, schwere Schlafstörungen und Ängste werden verstärkt. Der Umgang der Behörden ist für die Frauen entwürdigend und hier paart sich rassistisches mit sexistischem Verhalten. Alleine die unsensible Befragungssituation mit meist männlichen Beamten und Dolmetschern macht es Frauen nahezu unmöglich, über erlittene sexualisierte Gewalt zu sprechen. Auch ist der staatliche Anspruch eines detaillierten, möglichst widerspruchsfreien Berichts über das Geschehene völlig abwegig und nicht erfüllbar. Gehören Widersprüche und nur sukzessive Benennung des Erlebten doch gerade zum Krankheitsbild der schweren Traumatisierung. Dazu kommt, daß das Thema sexuelle Gewalt nach wie vor tabuisiert ist und für Frauen das Sprechen über eigene Erfahrungen sehr schwer ist. Dies gilt im übrigen für bosnische Frauen ebenso wie für deutsche oder amerikanische.

Ich möchte hier einen kurzen *Exkurs* zu Schweigen und Ignoranz einfügen. Nach 1945 haben weder die deutschen (oder russischen) Frauen über das Erlebte gesprochen, schon gar nicht Anklage erhoben, noch Frauen in Vietnam, in Kambodscha, in Somalia – die Aufzählung ließe sich noch lange fortsetzen. Die koreanischen Frauen, die in den Jahren 1936 bis 1945 Zwangsprostitution und Versklavung überlebt hatten, waren durch ihre Aktionen gerade mal vor acht Jahren in der Lage, ihr Schweigen zu brechen. 1992 haben mutige bosnische Frauen ihr Schweigen gebrochen, die – gerade dem Horror entronnen –, über ihre Leiden gesprochen haben. Doch anstatt sich parteilich auf ihre Seite zu stellen, sind sie im sogenannten Betroffenheitsjournalismus verheizt worden, und es mußten immer sensationellere Details her. Viele Frauen haben sich dadurch ein zweites Mal ausgebeutet gefühlt. Ob Frauen sprechen können oder nicht, dafür ist auch die Gesellschaft verantwortlich, in der sie leben. Ignoranz zieht sich wie ein roter Faden gegenüber traumatisierten Frauen durch, – und mit traumatisiert meine ich in erster Linie Überlebende von sexualisierter Gewalt – von der Medienberichterstattung über die Hilfsangebote nach der Flucht bis hin zur Aufnahme und der Existenz im Exilland. Ignoranz zeigt sich aber primär schon beim Wahrnehmen und Benennen des eigentlichen Verbrechens. Frauen werden während kriegerischer Auseinandersetzungen einerseits von gegnerischen und eigenen Männern vergewaltigt und gedemütigt, einfach weil sie Frauen sind. Dies kann als Spitze der Gewalt gegen Frauen, die auch in Friedenszeiten allgegenwärtig ist, begriffen werden, und ist eines der Haupt-elemente der ungleichen Machtverhältnisse der Geschlechter. Andererseits erfüllen Vergewaltigungen im Krieg auch bestimmte Funktionen. Alle Formen sexualisierter Gewalt sind seit Jahrhunderten als gesellschaftlich anerkannte, normierte Foltermethoden dokumentiert – im Krieg wie im Frieden. Aus der Holocaust-Forschung wissen wir, daß Folter darauf abzielt, die Identität eines Menschen zu zerstören. Dies geschieht bewußt, planmäßig und systematisch. Vergewaltigung als eine Form der Folter löst massive Erniedrigung, Demütigung und Verletzung des Schamgefühls aus. Sexualisierte Gewalt ist eine massive Menschenrechtsverletzung. Obwohl sexualisierte Gewalt als Menschenrechtsverletzung zu jedem Krieg gehört, haben internationale Hilfsorganisationen wie Amnesty International oder auch das UNHCR diese Menschenrechtsverletzungen an Frauen erst in den letzten Jahren in ihre Agenda aufgenommen.

Die Soziologin Ruth Seifert und andere Wissenschaftlerinnen haben zur Funktion von Vergewaltigungen im Krieg konstatiert, daß Vergewaltigungen in jedem Krieg für den Machtzuwachs der jeweiligen Kriegspartei benutzt werden. Die serbischen Aggressoren haben von Beginn ihres gewaltsamen Eindringens und Zerstörens von nicht-serbischem Leben in Kroatien an und in noch viel höherem Maße in Bosnien-Herzegowina "Frauenkörper besetzt", also Vergewaltigungen als Kriegsstrategie eingesetzt. Der funktionale Zusammenhang von Machtzuwachs einer Kriegsseite und von Vergewaltigungen im Krieg als Folterhandlung kann nicht mehr geleugnet werden. Doch nach wie vor wird sexualisierte Gewalt und Vergewaltigung in unserer Gesellschaft – in der deutschen genauso wie in der bosnischen – ignoriert, negiert und verharmlost.

Hier will ich noch eine Bemerkung zum Modethema Trauma machen. Die Einführung des Fachgebietes des Psychotraumas in die therapeutische und psychosoziale Arbeit in Kriegsregionen ist notwendig und hilfreich. Auch die von Kadrija Sabic angesprochene Diskussion zur Definierung von Trauma ist unerlässlich. Ebenso ist es sinnvoll, daß die mit traumatisierten Menschen arbeitenden Fachleute (in Deutschland) sich vernetzen und daß es Fortbildungsangebote gibt. Doch haben diverse Veranstaltungen der letzten Zeit gezeigt, daß dieses Thema Hochkonjunktur und damit verbunden gewinn- und prestigebringende Aspekte hat. Doch das Ärgerlichste ist, daß das in Jahrzehnten von Fachfrauen gesammelte Wissen über frauenspezifische Traumatisierung nicht vorkommt, ignoriert bzw. der Unwissenschaftlichkeit verdächtigt wird und sich in der Diskussion erneut behaupten muß. Oft wird weder wahrgenommen noch anerkannt, welche Leistung es ist, überlebt zu haben, und daß einem Individuum zunächst dafür Respekt zu zollen ist. Unverzichtbar ist, in der Therapie ressourcenorientiert zu arbeiten. Frauenspezifische Angebote sind in diesem Kontext dringend erforderlich.

Zurück zur Duldungspraxis und zur Retraumatisierung. Es muss auch betont werden, daß alleine der Vorgang des Wartens und der immerwährenden Ungewissheit ein Zur-Ruhe-kommen nicht zulässt. In Holland wird nach 5 Jahren Asylverfahren dieses automatisch beendet, und der betreffende Mensch erhält Asyl. Doch in der BRD gibt es keine noch so absurde Steigerung der Demütigung, die nicht auch wirklich realisiert wird, wie z.B. Einschränkungen der sozialen Leistungen für AsylbewerberInnen bzw. Kriegsflüchtlinge oder Essensmarken anstatt Bargeld, einzulösen nur in speziell dafür eingerichteten Nahrungsmittelhallen, möglichst weit vom Stadtzentrum entfernt. Des weiteren braucht das Sozialamt auch keine Wohnung mehr zu finanzieren. So geschehen in Bergisch-Gladbach, wo eine Familie aus Prijedor in ihren fünf Jahren des Exils versuchte, ein wenig des überstandenen Horrors zu verarbeiten, indem sie ein Stück Normalität aufbaute. Dazu gehörte eine eigene kleine Wohnung, ein Lehrplatz für den Sohn. Die für August diesen Jahres angesetzte Abschiebung konnte nur aufgehoben werden, indem sie ihren Status als Zeugen für Den Haag und als Traumatisierte geltend machten. In dieser Situation konnten sie nur zwischen zwei schlechten Lösungen auswählen: d.h. sich in jedem Fall der Gefahr der Retraumatisierung und sogar der vor Rache auszusetzen. Die Behörden nutzten nicht ihren Spielraum für Menschlichkeit, den sie durchaus gehabt hätten, sondern wiesen die Familie in eine Sammelunterkunft ein, und gaben ihr lediglich eine erneute Duldung von einem halben Jahr. Nordrhein-Westfalen August 1998!

Mit der Abschiebung haben die verantwortlichen Politiker eine zusätzliche Traumatisierung zu verantworten. Diese neuerliche Form von Staatsgewalt wird als extrem demütigend empfunden: Der ganze Vorgang suggeriert, die Flüchtlinge wären zu Unrecht hier, werden nur als Last gesehen, und der Wunsch nach Verlängerung des Aufenthaltes in der BRD wird sogar kriminalisiert. Dies hat auf die Psyche von gefolterten Menschen verheerende Auswirkungen. Bei der eben erwähnten Familie kam es zu Krankheitsverschlimmerung und suizidalen Tendenzen. Schwer traumatisierte Menschen müssen die Möglichkeit zur psychischen Aufarbeitung ihrer Traumata in Ruhe haben: Dies ist nicht nur ein professioneller Anspruch sondern auch ein ethischer Grundsatz!

Daß diese Aufarbeitung in BH noch viel weniger möglich sein wird, liegt auf der Hand. Zum einen, weil viel zu wenige therapeutische Einrichtungen wie Medica Zenica zur Verfügung stehen. Zum anderen, weil eine Bosnierin aus Prijedor nicht in ihre Heimat zurückkehren kann. Ihren serbischen Nachbarn, die 1992 den grössten Teil ihrer Lebenszusammenhänge zerstört haben, ist dieses Gebiet beim sogenannten Friedensvertrag von Dayton zugesprochen worden. Dadurch ist die ethnische Teilung offiziell legitimiert worden. Ich möchte nochmals in Erinnerung rufen, daß im Dayton-Abkommen der äußere Rahmen für eine Rückkehr fixiert wurde: Rückkehr in Sicherheit, ohne die Gefahr von Übergriffen, keine Rückkehr in Gebiete, die keine Infrastruktur für ein normales Leben aufweisen! Demzufolge wird völlig gesetzeswidrig abgeschoben –, traumatisierte Menschen werden mit einer völlig katastrophalen infrastrukturellen Situation konfrontiert und in ein existentielles Nichts geworfen! Diese völlige Perspektivlosigkeit ist natürlich nicht dazu angetan, seelisch verletzten Menschen wieder Vertrauen in ihre Zukunft zu geben. Außerdem ist die erneute Begegnung mit Orten von Tod und Gewalt aufs neue verletzend. Es kommt hinzu, daß beim Auffinden von Massengräbern der leichte Schorf über den Wunden sofort wieder aufgerissen wird. Für die Frauen aus Srebrenica bedeutet auch das ungewisse Schicksal ihrer Männer, nicht zur Ruhe kommen zu können und von Schuldgefühlen zerfressen zu werden, daß sie selbst überlebt haben.

Also hat hier die Bundesrepublik Deutschland, die einen Teil ihres Reichstums übrigens als Rüstungslieferant erwirtschaftet, die Verantwortung, ein Optimum für die Überlebenden zu schaffen. Das Gegenteil ist die Realität!

Dieses Gegenteil habe ich nun ausführlich dargestellt: "Kumulative Traumatisierung" ist ein Fachbegriff, aber sein Inhalt ist ein Politikum. Damit meine ich die de facto-Abschaffung des Rechts auf ein würdiges Asyl in der BRD, auf ein Leben als Flüchtling in Würde ohne ständige Angst und neue Demütigungen. Es ist ein Politikum, wenn Menschen, die Massaker und Internierungslager überlebt haben, durch ihr Leben im Exil von staatlicher Seite zusätzliche Verletzungen zu erleiden haben. Diese neuen Verletzungen können auch nicht einfach dazu addiert werden, sondern richten ein Vielfaches an weiterer Traumatisierung an! Sibylle Rothkegel sagte kürzlich: Es geht hier um eine Angsterkrankung, und die wird durch die schlechten Rahmenbedingungen chronifiziert. Bei der Therapie ihrer Klientinnen geht es gar nicht um die Aufarbeitung des eigentlichen Traumas, sondern um das Auffangen der Retraumatisierungen als Flüchtlinge. Nur eine optimale äußere Situation könnte eine mögliche Heilung fördern. Doch durch die aktuellen Rahmenbedingungen – damit meine ich die Gesetze der Bundesregierung, die gnadenlose Umsetzung durch ihre Handlanger und die Stimmung in der Bevölkerung – wird den Überlebenden weiter die Luft zum Leben abgeschnürt. Dies muß frau als Flüchtling in Europa heutzutage leider durchaus wörtlich nehmen. Letzte Woche wurde eine 20-jährige Nigerianerin bei ihrer gewaltsamen Abschiebung aus Belgien durch die Gewaltanwendung von Polizisten umgebracht. Eine tödliche Traumatisierung!

Hier sei mir doch ein Wort zu Sekundärtraumatisierung gestattet. Wenn wir in unserer Arbeit tagtäglich Zeuginnen von Menschenrechtsverletzungen schlimmster Art werden, hat dies natürlich auch Auswirkungen auf uns. Es verletzt und empört uns zutiefst, was unseren Klientinnen von Menschenhand, präziser von Männerhand, angetan wurde. Gibt es keine Entlastung, können wir selbst krank werden. Kadrija Sabic hat dies beschrieben. Ich sehe eine sinnvolle Möglichkeit der Entlastung im Kanalisieren unserer Wut, unserer Ohnmachtsgefühle und unserer tiefen Empörung. Abgesehen davon, daß die Klientin das Recht auf meine Parteilichkeit als ihr zugewandte Ärztin hat, habe ich die Möglichkeit, mit meiner Wut produktiv umzugehen. Wir können parteilich sein, unser Wissen öffentlich machen und die Verhältnisse nicht so akzeptieren, wie sie sind. In unserer Arbeit "neutral" oder "unparteilich" zu bleiben – spricht für mich völlig gegen das Prinzip der Solidarität und der Mitmenschlichkeit. Ich geriet vollends in Wut, wenn ich in Bosnien von MitarbeiterInnen z.B. des Internationalen Roten Kreuzes zu hören bekam, daß sie uns nicht helfen konnten, Frauen jenseits der Frontlinie rauszuholen, da dies ihrer Neutralität widersprechen würde. So wie diese sogenannte Neutralität eine Parteinahme für die Kriegsführer bedeutete und somit kriegsverlängernd war, so sehe ich die angeblich unbefangene Umsetzung der deutschen Gesetze als eine neue Form des Krieges gegen die Flüchtlinge an.

Nahtlos schließt sich die erneute Verletzung durch eine völlig verantwortungslos organisierte Repatriierung an. Der schon erwähnte Professor Mohr sagt dazu: "Trotz aller Bemühungen ist die 1996 vom Ribno-Treffen zur angemessenen Infrastruktur für "vulnerable groups" geforderte Kontinuität zwischen humanitärer Hilfe, Repatriierung, Rehabilitation, Aufbau und Entwicklung kaum gegeben." Der psychische Zustand muß sich durch eine ausreichende Therapie soweit stabilisiert haben, daß sie bei der Rückkehr nicht erneut traumatisiert werden. Welch ein Hohn für die Familie aus Bergisch-Gladbach!

Eine Bosnierin sagte einmal zu mir: "Diese zweite Deportation nimmt mir den Rest meiner Würde."

Das für die Bosnien-Politik mitverantwortliche Deutschland hat keinen Handstrich dafür getan, die Frauen aus den Vergewaltigungslagern zu retten. Die Bundesrepublik Deutschland hat heute nicht nur die moralische Pflicht, sondern aufgrund der eigenen Geschichte auch eine historische Verantwortung, diese Überlebenden eines Genozids mit Respekt zu behandeln und ihnen alle Chancen zu geben, wenigstens ein Stück weit heilen zu können. Bei der Umsetzung der deutschen Gesetze geht es um Machtinteressen. Machtbewußte Politiker versuchten sich im Wahljahr an Gnadenlosigkeit zu überbieten und diese trifft scheinbar auf eine breite Zustimmung in der Bevölkerung. Wenn es unpopulär ist, auf der Umsetzung von – im Grundgesetz festgelegten – Menschenrechten zu bestehen, dann kann uns das als Feministinnen nicht schrecken – wir sind Ausgrenzung und Ablehnung gewöhnt!

Einen Teil unserer politischen Verantwortung nahmen wir mit der Kampagne im letzten Jahr wahr und tun es mit dieser Tagung. Es ist unser Anliegen, daß sich möglichst viele Menschen einmischen und nicht hinnehmen, daß schwer traumatisierte Frauen von einer zweiten Deportation sprechen müssen.

Mein Appell heute: Lassen Sie uns parteilich sein mit den traumatisierten Flüchtlingen, solidarisch mit ihnen, aber auch untereinander, damit wir kraftvoll und energisch uns dort widersetzen und einmischen, wo Menschenwürde und Menschenrechte mit Füßen getreten werden!

Literatur

Becker, David: Ohne Hass keine Versöhnung. Freiburg

Gurris, Norbert 1996: Folter. An der Seite der Überlebenden. Unterstützung und Therapien. München

Herman, Judith L. 1993: Die Narben der Gewalt. München

Mohr, Manfred 1998: "Traumatisierte Flüchtlinge und Bürgerkriegsflüchtlinge in Deutschland". ZDWF-Schriftenreihe

Seifert, Ruth 1993: Zur Logik sexueller Gewalt in Kriegen. In: Vierteljahresschrift für Sicherheit und Frieden, Nr. 2

Psychosomatische Folgen von Traumatisierung und Behandlungsmöglichkeiten

Gabriele Fröhlich-Gildhoff

Bevor wir uns mit den Folgen von Trauma und den Behandlungsmöglichkeiten von Menschen, die einem Trauma ausgesetzt waren, beschäftigen, möchte ich mit Ihnen betrachten, was sich hinter dem Begriff "Trauma" verbirgt und dann kurz einen Blick darauf werfen, was sich bei Traumaopfern neurophysiologisch abspielt. .

Also zunächst zur Definition des Traumabegriffs: Der Begriff Trauma stammt aus der Medizin und meint dort eine Läsion von Gewebe durch mechanische Gewalteinwirkung. 1889 führte der Neurologe Hermann Oppenheim den Begriff "Traumatische Neurose" ein, wobei er für die psychischen Symptome ein organisches Fundament im Sinne mikroskopisch nicht wahrnehmbarer mikrostruktureller cerebraler Veränderungen annahm. Das rein psychische Trauma ohne Somatogenese findet sich das erste Mal bei Charcot und wurde dann von Freud übernommen. Trotzdem taten sich die Psychiater und Analytiker bis in die 60er Jahre besonders schwer, bei traumatischen Erfahrungen eine Psychogenese und damit psychische Langzeitfolgen, die nur psychisch verursacht worden sind, anzuerkennen. Die Einführung der "post traumatic stress disorder" (PTSD) im DSM 3-R (diagnostic statisham manual) war demzufolge 1987 ein echter Fortschritt.

Wenn wir heute in der Psychotherapie von Trauma sprechen, meinen wir Ereignisse, mit denen Menschen konfrontiert waren, die außerhalb des Rahmens menschlicher Verarbeitungsmöglichkeiten liegen. Diese Ereignisse können Naturkatastrophen sein (Erdbeben, Hochwasserkatastrophen); kriminelle Überfälle oder Unfälle; denken wir etwa an das ICE-Unglück in Eschede vor wenigen Monaten oder all die vielen tagtäglichen Autounfälle, die mit schweren Verletzungen und Todesfällen einhergehen, in denen Menschen nicht mehr kontrollierbarer Gewalt ausgesetzt sind. Es können Bergwerksunfälle sein, wie etwa die Katastrophe in Lassing im Sommer diesen Jahres, in der ein Bergmann 10 Tage verschüttet überlebt hat.

Kriege sind Ereignisse, die für Menschen immer traumatisierend sind, da sie mit extremer Gewalt und Auslieferung einhergehen, denken wir an Folteropfer, Geiseln, Überlebende von Konzentrationslagern, die unzähligen, in Kriegszeiten vergewaltigten und mißhandelten Frauen, als Opfer einer weitverbreiteten Kriegstaktik.

Hinzu kommen die unzähligen "kleinen Kriege", die sich häufig lautlos hinter verschlossenen Türen abspielen, Kriege, in denen Kinder und Frauen Opfer von Gewalt und sexueller Traumatisierung werden, mit verheerenden Folgen für die Betroffenen.

Traumatisierend wirkt ein Ereignis dann, wenn es die aktuelle Reizverarbeitungsfähigkeit des menschlichen Ich durch seine Heftigkeit oder Plötzlichkeit massiv überfordert.

Menschen, die traumatisierenden Erlebnissen ausgesetzt waren, erlebten dies seelisch als extrem belastend und qualvoll. Durch ein Trauma wird die körperliche und seelische Unversehrtheit oder das Leben bedroht. Die Betroffenen erleben sich als Opfer schrecklicher, unfaßbarer Ereignisse, denen sie hilflos ausgeliefert sind. Handeln hat keinen Sinn mehr, weder Widerstand noch Flucht sind in traumatischen Situationen möglich. Das Selbst wird überflutet von Reizen, Affektstürmen und Katastrophenerfahrungen. Das Selbstverteidigungssystem ist extrem überfordert. Es kommt zum Zusammenbruch und zu temporärer oder dauerhafter Zerstörung des Selbstschutzsystems.

Um die Folgen besser verstehen zu können, unter denen Menschen leiden, die traumatisierenden Ereignissen ausgesetzt waren, möchte ich mit Ihnen einen kurzen Blick in die jüngeren Forschungsarbeiten der Psychobiologen werfen. Diese haben die Möglichkeiten und Fähigkeiten der Reizaufnahme unter unterschiedlichen Streßbedingungen und die Aufnahme in zwei unterschiedlichen Gedächtnissystemen erforscht: Nämlich in dem kognitiven "kühlen Hippocampussystem" und in dem hochemotionalen "heißen Amygdalasystem".

Das Hippocampussystem ist das Archiv des Gedächtnisses. Es zeichnet auf unemotionale Weise autobiographische Ereignisse komplett mit ihrem räumlich zeitlichen Kontext auf. Gedächtnisinhalte werden von gegenwärtigen Wahrnehmungen unterschieden, Erinnerungen sind als Wortrepräsentanzen kodiert und können erzählt werden. Der Hippocampus hat Verbindung zur rechten und zur linken Hemisphäre und auch zum Sprachzentrum.

Im Gegensatz dazu reagiert das Amygdalasystem auf unintegrierte, fragmentarische, angsterzeugende Merkmale von Ereignissen, welche direkt mit Angstreaktionen verbunden werden. Die Amygdala speichert direkt, ohne Einschaltung des Cortex, fragmentarisch, reizabhängig, ungeordnet und unverschlüsselt. Die meist angstbesetzten Erinnerungsfetzen bringen das Gefühl aktuellem Wiederholens mit sich. Erinnerungen werden als Gefühlsrepräsentanz kodiert. Es besteht eine Blockade zur linken Hemisphäre und auch zum Sprachzentrum, so daß die Gedächtnisinhalte des Amygdalasystems häufig kaum verbal reproduziert werden können.

Bei niedrigem Streßniveau arbeiten beide Systeme parallel, so daß bei einer Situation sowohl angsterzeugende (heiße) wie auch die kontextuellen und narrativen Merkmale (kühl) gespeichert werden. Bei traumatischem Streßniveau wird das kühle Hippocampussystem dysfunktional, es schaltet ab, während das heiße Amygdalasystem überreagiert. Bei traumatischem Level konzentriert sich die Codierung der Erinnerung selektiv auf angsterzeugende Merkmale, die fragmentarisch und leicht triggerbar im Amygdalasystem abgelegt werden (Vgl. Metcalfe 1996 und Van der Kolk u.a. 1997).

Diese Art der Wahrnehmung und Speicherung von Erinnerung hat natürlich Folgen für das Weitererleben und die Lebensgestaltung der Betroffenen. Grundsätzlich muß unterschieden werden, ob das traumatische Ereignis auf ein reifes Ich im Erwachsenalter traf (z.B. Autounfall bei gesunden Erwachsenen), oder ob durch die Traumatisierung in der Kindheit oder Pubertät (z.B. aggressive oder sexuelle Gewalt) ich-strukturelle Schäden entstanden sind. Die Folgen sexueller Traumatisierung bei Kindern sind um so gravierender (Vgl. Olbricht 1997):

- je jünger das Kind bei der Traumatisierung war,
- je länger die sexuelle Traumatisierung andauerte,
- je größer die verwandtschaftliche Nähe war,
- je größer der Altersunterschied zwischen Täter und Opfer war,
- je mehr Gewalt angewandt oder angedroht wurde,
- je vollständiger die Geheimhaltung war,
- je weniger schützende Vertrauensbeziehungen bestanden.

Kommen wir nun zu den Folgen, die die Traumatisierung für Menschen haben kann. Menschen, die einem Trauma ausgesetzt waren, entwickeln häufig ein sogenanntes Posttraumatisches Belastungssyndrom (posttraumatic stress disorder). Die Kriterien sind im DSM 4 (diagnostic statisham manual) der amerikanischen psychiatrischen Assoziation folgende:

Ein Kriterium ist, daß die Betroffenen das traumatische Ereignis beharrlich wiedererleben, z.B. in Form sogenannter "flash backs" oder Intrusionen. Diese sind gekennzeichnet von einer Reaktivierung der traumatischen Situation mit begleitenden Bildern, Worten, Affekten, Körpersensationen, Gerüchen, etc.. Intrusionen sind keine Erinnerungen, sondern Reaktivierungen, an denen das oben beschriebene Amygdalasystem maßgeblich beteiligt ist. Die Reaktivierung kann durch vielfältige Art und Weise erfolgen: durch Geräusche, durch Gerüche, durch Ähnlichkeiten mit Tätern, z.B. durch Stimmen oder Gesten des Gegenübers und vieles andere mehr. Traumatisierte sind in der Situation "wieder drin", rutschen ab, brechen ein und haben Mühe, den Kontakt zur gegenwärtigen Realität aufrecht zu erhalten. Sie treten häufig auf in Zeiten der Ruhe oder Reizarmut, wie z.B. vor dem Einschlafen oder manifestieren sich als Alpträume, in denen das traumatische Ereignis kaum oder gar nicht verändert wieder durchlebt wird. Bei dissoziativen Flash Backs erleben Patienten und Patientinnen häufig qualvolle Ängste aus lebensbedrohlicher Not oder schmerzende Körperempfindungen, ohne das traumatisierende Ereignis direkt erinnern zu können. Dies ist Folge der vorher beschriebenen Blockade des Hippocampussystems, das ein episodisches Erinnern verhindert. Intrusionen können sich steigern bis zu quälenden Hypermnesien, also nicht abschaltbaren Erinnerungen, die fast ständig präsent sind oder leicht angetriggert werden können.

Andererseits erleben Traumatisierte häufig eine allgemeine Abflachung von Reagibilität (auch Konstriktion genannt): Sie fühlen sich gefühlsmäßig dumpf, stumpf, schwingungsarm. Dies macht ein Gefühl von Losgelöstheit oder Entfremdung von anderen, das Gefühl bodenloser Einsamkeit, Leere, das Gefühl, eine eingeschränkte Zukunft zu haben (Vgl. Sachse u.a. 1997). Vielleicht kennen Sie den Schriftsteller Jean Amery, der von 1943 bis 1945 im Konzentrationslager Auschwitz interniert war. Er hat in seinem Buch "Jenseits von Schuld und Sühne. Bewältigungsversuche eines Überwältigten" sehr genau beschrieben, was Folter und KZ auf Dauer bei Menschen anrichten können:

"Wer gefoltert wurde, bleibt gefoltert"; er spricht vom "Verlust des Weltvertrauens", davon, "nicht mehr heimisch zu werden in dieser Welt". Durch keinerlei spätere menschliche Kommunikation mehr auszugleichende Fremdheit in der Welt (Vgl. Amery 1977, S. 72). Jean Amery verstarb 1978 durch Freitod.

Weitere typische Symptome von Menschen, die Traumata überlebt haben, sind: Ein- und Durchschlafstörungen, Reizbarkeit oder Wutausbrüche, Konzentrationsschwierigkeiten, übermäßige Wachsamkeit, übertriebene Schreckreaktionen.

Um sich zu schützen, finden wir bei traumatisierten Menschen häufig ein ausgeprägtes Vermeidungsverhalten, Gespräche, Orte, die an das Trauma erinnern könnten, werden vermieden, bis hin zum totalen sozialen Rückzug. Nach Traumatisierungen in der Kindheit, z.B. als Folge von jahrelanger sexueller Ausbeutung, finden wir häufig Persönlichkeitsstörungen als posttraumatische Belastungsstörungen. Verschiedene Studien belegen, daß bei 60 bis 85 Prozent von Menschen, die eine Borderline Störung haben, sexuelle Gewalt in der Kindheit erlebt wurde. PatientInnen mit schweren dissoziativen Identitätsstörungen bzw. multiple Persönlichkeiten sind zu über 90 Prozent in der Kindheit ausgebeutet worden. Viele körperlich Mißhandelte lernen mental aus ihrem Körper auszusteigen, neben sich zu treten, um möglichst wenig zu durchleiden. Diese Form der Dissoziation nennt man Depersonalisation, sie stellt den Versuch einer kreativen Lösung dar, um eine unerträgliche Realität durch Veränderung der Wahrnehmung zu ertragen (Vgl.Sachse u.a. 1997).

Traumaopfer leiden unter starken Ängsten und oft auch unter Panikattacken, die überwiegend nachts auftreten, und die für die Schlafstörungen verantwortlich sind, die häufig medikamentös nur schwer beeinflußbar sind. Viele erleben allgegenwärtige Todesangst und das überwältigende Gefühl absoluter Hilflosigkeit.

Wir finden bei Traumaopfern häufig autoaggressive Tendenzen in Form von Selbstverletzungen bis hin zu Suizidversuchen. Die Form und Ausprägung der Selbstverletzungen sind sehr unterschiedlich: Häufig werden Rasierklingen oder kleine Messer benutzt, um sich oberflächliche oder auch tiefere Wunden zuzufügen, manchmal auch Glasscherben, Spritzen, Feilen, glühende Zigaretten, Säuren und Laugen.

Selbstverletzendes Verhalten ist bei Traumaopfern häufig ein indirekter Versuch, um mit ungelöstem traumatischem Streß umzugehen, sich einer schwierigen Existenz anzupassen und sie nicht zu beenden. Es ist wichtig, zwischen selbstverletzendem Verhalten und suizidalem Verhalten zu unterscheiden. Die Beweggründe, die hinter selbstverletzendem Verhalten stehen, können sehr vielfältig sein. Sie können eine Wiederholung der traumatischen Erfahrung darstellen, etwa, wenn Opfer sich unbewußt mit dem Täter identifiziert haben, um ihrer grenzenlosen Ohnmachtsgefühle Herr zu werden. Sie können der Selbstbestrafung dienen und damit zur Reduktion von etwaigen Schuldgefühlen beitragen. Manchmal dienen sie der Bestrafung der Umwelt, Familie, Therapeuten, um diese zu entmachten und um Grenzen aufzuzeigen. Sie können Ausdruck von Mißachtung und Entwertung sein oder aber in Situationen eingesetzt werden, um aus Belastungsdruck zu fliehen. Oft werden sie zur Wahrnehmung des eigenen Körpers eingesetzt: "Es ist das einzige, wobei ich mich spüre." Damit dienen sie der Grenzfindung und der Überwindung der Spaltung.

Selbstverletzungen stehen manchmal im Dienste von Selbstbestrafung und können zu Autonomiegefühlen führen: "Da tue ich es mir wenigstens selbst". Oder sie lösen Reinigungsvorstellungen aus, so z.B., daß mit dem Blut der Schmutz aus dem traumatisierten Menschen fließt.

Selbstverletzendes Verhalten verstehen wir als Kommunikationsmöglichkeit, als Möglichkeit der Entlastung von Druck und Anspannung, als Regulativ und damit als Selbstsorge, als Selbstheilungsversuch (Vgl. Calof 1995, Huber 1995, Olbricht 1997 und Sachse 1997). Im Rahmen der stationären Therapie wird selbstverletzendes Verhalten daher nicht sanktioniert, aber immer thematisiert und die Auslösesituation analysiert, um später andere Entlastungsstrategien zu entwickeln.

Bei den meisten Traumaopfern finden wir körperliche Auffälligkeiten und Symptome. Hierbei erfolgt die Somatisierung nicht ungezielt, sondern als Retraumatisierung und Wiederholung, als Erinnerungsspur im Körper. Bei sexuell traumatisierten Frauen finden wir häufig Unterleibsbeschwerden, -erkrankungen und -operationen. Dazu gehören Störungen des Zyklus, wie Dys- oder Amenorrhoen, Sexualstörungen, Fehlgeburten, manchmal völlige Anästhesie des Unterleibs.

Wir finden häufig Atemstörungen, die mit Druckgefühl auf der Brust einhergehen. Gerade bei Frauen, die als Kind oral vergewaltigt wurden, gleichzeitig gewürgt, oder denen der Mund zugehalten wurde (Vgl. Olbricht 1997).

Viele leiden unter Eßstörungen, mit Übelkeit und Erbrechen, mit Kloßgefühl im Hals, bis hin zur Ausbildung einer Anorexia nervosa oder Bulimie. Viele klagen über unerträglichen Ekel als Folge von oraler Vergewaltigung in frühester Kindheit.

Häufig finden wir als Folge von Traumatisierung bei Patientinnen und Patienten chronische Schmerzzustände, die alle Körperregionen betreffen können. Oft ist der Kopf und der Rücken betroffen. Viele entwickeln eine Medikamenten- oder Alkoholabhängigkeit. Wir finden auch Zwangserkrankungen, wie etwa Kontroll- oder Waschzwänge oder psychogene Lähmungen, bis hin zur zeitweiligen Notwendigkeit eines Rollstuhls.

Ich möchte nun kurz zu den Behandlungsmöglichkeiten von Menschen mit Traumatisierungen kommen:

Im Rahmen der Traumatherapie wird als Behandlungsziel die Traumasynthese angestrebt. Gemeint ist damit das Zusammenfügen von Bildern, Affekten, Körpersensationen und Worten, die das Trauma betreffen, damit es emotionsgetragen erinnert werden kann und dann in den persönlichen Zusammenhang der eigenen Geschichtlichkeit integriert werden kann. Es soll also unserem Archiv des Gedächtnisses, dem Hippocampussystem zugeführt und dort geschichtlich datiert abgelegt werden.

Die Traumatherapie erfolgt in drei Phasen:

Die erste Phase ist die Stabilisierung. Es folgt die Traumaexposition und dann als dritte Phase die Integration und Neuorientierung. Es ist schädlich, traumatische Erfahrungen unvorbereitet zu erfragen oder gar in jemanden hineinzufragen. Bevor an dem Trauma gearbeitet wird, sollte viel Sorgfalt in die Stabilisierungsphase gelegt werden. In dieser ersten Phase lernen die Patientinnen und Patienten, sich mit Hilfe von Imaginationsübungen einen inneren sicheren Ort zu schaffen, sich innere Helfer zur Seite zu stellen und einen inneren Tresor oder Safe zu etablieren, um belastendes Traumamaterial sicher verwahren zu können. Der sichere innere Ort muß absolute Sicherheit, innere Geborgenheit und völligen Schutz bieten. Er muß jederzeit für Minuten empfunden werden können, um den Flash Backs etwas entgegensetzen zu können. Es kann ein Raum in der Natur sein, in der Märchenwelt, auf einem anderen Planeten, jedenfalls unerreichbar für andere Menschen. Diese Imagination soll auch der Vorstellung entgegenwirken, daß es Schutz nur bei anderen Menschen gibt.

Die inneren Helfer sind Wesen und Gestalten, wie wir sie in Mystik und Märchen verbreitet finden. Es sind keine Menschen. Menschen sind widersprüchlich. Innere Helfer sind Dialogpartner, sie geben Anregungen und Hilfe in Lebensbereichen wie Klugheit, Weisheit, Lebensfreude und Gesundheit.

Der innere Tresor soll sicherer Aufbewahrungort für belastendes Traumamaterial sein. Schlimme Bilder, Erfahrungen und Empfindungen können hier fest verschlossen werden und erst im Rahmen der traumazentrierten Sitzungen hervorgeholt werden. Diese Übung soll dabei unterstützen, bewußt zu verleugnen oder gar zu verdrängen. Außer den genannten Imaginationsübungen sollten traumatisierte Patienten unbedingt ein Entspannungsverfahren erlernen. Wir haben in der Klinik sehr gute Erfahrungen mit der progressiven Muskelrelaxation nach Jacobson gemacht. Hinzu kommen ressourcenorientierte Kreativtechniken, wie Mal- oder Werktherapie und körperorientierte Methoden, um Vertrauen in die eigene Körperlichkeit und einen positiven Körperbezug wiederzugewinnen.

Für viele TraumapatientInnen beschränkt sich die Therapie auf die Stabilisierungsphase. Viele erfahren bereits dadurch eine deutliche Entlastung und die Symptome sind rückläufig. Die zweite Phase, die Tramaexposition darf erst dann begonnen werden, wenn der sichere Ort, die inneren Helfer und der innere Safe stabil etabliert sind, und die Symptomatik insgesamt rückläufig ist.

Eine Traumaexpositionstechnik ist die Bildschirmtechnik:

TherapeutIn und PatientIn sitzen nebeneinander und betrachten sich auf einem imaginierten Bildschirm eine traumatische Szene, wie einen alten Film. Diese Betrachtung soll kontrolliert, affektisoliert und desoziiert geschehen. In einem körperlich emotional dichten Moment wird für wenige Minuten alles an Gefühl und Empfindung zugelassen, was erträglich ist, um so eine Synthese zu erreichen. Anschließend muß viel Zeit sein, um auszuschmerzen und abzuatmen und sich Gedanken zu machen, wie die Zeit nach der Traumasitzung selbstfürsorglich gestaltet werden kann (Vgl. Sachse u.a. 1997).

Eine weitere Traumaexpositionstechnik ist das EMDR (das Eye Movement Desensitization and Reprocessing nach Shapiro). Auch hier werden traumatische Bilder ins Bewußtsein geholt, ohne in kathartische Gefühlsausbrüche hineinzugehen, sondern im Sinne eher verhaltenstherapeutisch kognitiver Gedankenstrukturierung, wo neben den Bildern die begleitenden Kognitionen bewußt gemacht werden (8).

Ist die Traumasynthese gelungen, so daß aus dissoziativen Zuständen und Intrusionen Erinnerungen geworden sind, so folgt die dritte Phase, die Phase der Neuorientierung. Diese kann für PatientInnen sehr belastend sein, da es nun darum geht, die teilweise schlimmen Erinnerungen zu verarbeiten und zu verschmerzen. Es muß gelernt werden, mit der neuen Klarheit umzugehen, daher sollte sich an eine traumazentrierte Psychotherapie idealerweise eine tiefenpsychologische Psychotherapie oder Verhaltenstherapie anschließen.

Traumatherapie ist kompliziert und vielschichtig und sollte daher nur von sehr gut ausgebildeten Therapeutinnen und Therapeuten angeboten werden. Professioneller Umgang mit den zum Teil sehr heftigen Reaktionen der Opfer bedeutet Hilfe und eine neue Lebenschance für die Betroffenen.

Literatur

Amery, J. 1977: Jenseits von Schuld und Sühne. Bewältigungsversuche einesÜberwältigten. Stuttgart

Calof, D. L. 1995: Chronic Self-Injury in Adult Survivors. Sources, Motivations, and Functions of Self-Injury (Part I and II). In: Treating Abuse Today, Mai/Juni (Part I) und Juli/August/Sept./Okt. (Part II)

Huber, M. 1995: Multiple Persönlichkeit. Überlebende extremer Gewalt. Frankfurt a.M

Metcalfe, J. 1996: A Hot-System/Cool-System "View of Memory Under Stress". In: PTSD Research Quartely, VOL.7, No.2, 1-3, Dt. Übersetzung: M. Huber

Olbricht, I. 1997: Folgen sexueller Traumatisierung für die weitere Lebensgestaltung. Vortrag Lindau, April 97

Sachse, U. 1997: Selbstverletzendes Verhalten, Psychodynamik – Psychotherapie. Das Trauma, die Dissoziation und ihre Behandlung. Göttingen/Zürich 1994, 4.Aufl.

Sachse, U./Reddemann, L. 1997: Traumazentrierte Psychotherapie mit Imagination. Fundamenta Psychatrica, 11, 169-178

Shapiro, F. 1995: Eye Movement Desensitization and Reprocessing. New York/Guilford

Van der Kolk, B. A./Burbridge, J. A./Suzuki, J. 1997: Die Psychobiologie traumatischer Erinnerungen: Klinische Folgerungen aus Studien über Neuroimagination. Vortrag: Trauma und Adoleszens, 28.2.97, Tiefenbrunn/Göttingen

Krieg – Gewalt – Geschlecht

Christine Eifler

1. Zur "Um-Schrift" von Kriegen

"Krieg ist stets Ausdruck einer Kultur, oft sogar eine ihrer bestimmenden Größen, und in manchen Gesellschaften die Kultur selbst." (Keegan 1997, S. 34). Zu diesem Schluß kommt John Keegan, englischer Militärhistoriker, in der Beantwortung der Frage: Was ist Krieg? und in der Auseinandersetzung mit der Auffassung, der Krieg sei lediglich ein politisches Phänomen –, die Fortsetzung der Politik mit anderen Mitteln. Dagegen setzt Keegan den bedeutenden Einfluß der Kultur für die Tatsache, daß und wie Kriege geführt werden. Er gibt anhand von historischem und anthropologischen Material vielfältige Beispiele für kulturelle Selbstbegrenzungen von Kriegsführungen in verschiedenen Gesellschaften. Somit zeigt er nachhaltig, daß militärische Konzeptionen und militärische Instrumente kulturell geprägt sind. Die Geschichte von Kriegen zeigt, daß es nicht wenige Gesellschaften gab, die eine Begrenzung der Kriegsführung aus kulturellem Schutz praktizierten. Sie verschonten bestimmte Gruppen der Gesellschaft – Frauen, Kinder, Kranke, Alte – und sie schlossen Übereinkommen zur Mäßigung und Selbstbeschränkung –, Krieger, die einen Feind getötet hatten, verließen selbst das Schlachtfeld – oder man verzichtete oder verzögerte die Einführung neuer, wirkungsvollerer Waffen. Zwar verhinderte dies nicht die Gewalttätigkeit von Kriegen, ermöglichte aber die Beibehaltung gewisser Normen des Selbstschutzes, was der Anerkennung der kulturzerstörerischen Wirkung von Gewalt und Schmerz gleichkommt. Mit der globalen Durchsetzung einer modernen, westlichen Kriegsführung im 19. Jahrhundert wurden jene Selbstbeschränkungen aufgehoben.

In diesem Jahrhundert haben zwei Weltkriege in Europa kulturelle Verwüstungen ungeheuren Ausmaßes erreicht –, ohne Begrenzungen und Selbstbeschränkungen und mit weitreichenden Folgen für die Kultur. Zu ihnen gehört die "Um-Schrift" (Scarry) dessen, was Krieg ist. Diese "Um-Schrift" erweist sich als kompliziertes Geflecht von Sinndeutungen und Interpretationen, mit weitreichenden Wirkungen für die Kultur. So erscheinen Kriege im Alltagsverständnis und in politischen, aber auch historischen Betrachtungen als naturgegeben, unvermeidlich und unabdingbar mit einer agressiven menschlichen/männlichen Natur verbunden, oder als legitimiertes Mittel zur Durchsetzung politischer Ziele. Oder Kriege werden auf die Kämpfe von Armeen, auf militärisch und politische Entscheidungen oder gar auf eine Materialschlacht reduziert. Wie ist es möglich, daß trotz der weitreichenden individuellen und gesellschaftlichen Folgen Kriege einseitig und reduziert wahrgenommen und dargestellt werden?

Elaine Scarrys kulturgeschichtliche Analyse des Schmerzes versucht eine Antwort auf die Frage nach der "Um-Schrift" von Kriegen, indem sie die Rolle körperlicher Erfahrungen für die Herausbildung und Prägung von Kultur untersucht (Scarry 1992). Ihrer These zufolge, wird Kultur über körperliche Erfahrung geschaffen; Kultur ist ein Werk menschlicher Verletzbarkeit und zugleich der erfinderische Einspruch gegen sie. Scarry zeigt an der Geschichte des körperlichen Schmerzes die Wirkungen der Schwierigkeit, ihn auszudrücken und zu entschlüsseln. Schmerz gehört zu den allerintimsten Erlebnissen, deren wir fähig sind. Er kerkert das Individuum in seinen Körper ein. Schmerz ist ebenso wenig teilbar, wie er mitteilbar ist. Körperlicher Schmerz zerstört die Sprache, ist nicht kommunizierbar und widersetzt sich der sprachlichen Objektivierbarkeit. Aus dieser Schwierigkeit erfährt der Schmerz in seiner politischen Inanspruchnahme eine Umdeutung.

Mit der "Um-Schrift" erhalten die Dinge einen anderen Namen. Scarry anlysiert verschiedene Verfahren der "Um-Schrift", u.a. das der **Unterschlagung** und **Auslassung**.

So werden Waffen nicht als das bezeichnet, was sie sind: nämlich todbringende Instrumente, sondern umbenannt: Abschußvorrichtungen amerikanischer Raketen heißen "cherrypicker" (Kirschpflücker), amerikanische Luftangriffe auf Nordvietnam werden "Sherwood Forest" oder "Pink Rose" bezeichnet, der Tag im Ersten Weltkrieg, an dem bei Tannenberg 30 000 Russen und dreizehntausend Deutsche starben, und nicht "gefallen sind", ging in die Geschichtsschreibung ein als "Tag der Ernte" (Scarry, S. 100). Mit diesen Kennzeichnungen werden die Zufügung und das Erleiden von Verletzungen "neutralisiert". Zu diesen Neutralisierungen gehören auch Begriffe wie "säubern" und "liquidieren", die in der Rede über Kriege uns immer wieder begegnen. Zuerst wird der Begriff auf Waffen angewandt: Es gilt ihre Feuerkraft zu "neutralisieren", danach wird der Begriff auf den Träger der Waffen angewandt, der neutralisiert werden muß und später auf "die Schwester des Gewehrträgers, den Onkel des Kanoniers, das Kind des Panzerfahrers, auf all die Menschen, die ‚neutralisiert' und ‚liquidiert' werden müssen" (Scarry, S.101). Umschrieben, also "neutralisiert" wird, daß Waffenträger und ZivilistInnen verletzt, verbrannt, zerstückelt, getötet werden.

Zu den unterschlagenen und umschriebenen Resultaten von Kriegen zählt besonders die Gewalt gegen die Zivilbevölkerung, die die Verluste unter militärisch Kämpfenden übertreffen. Im Zweiten Weltkrieg sind in der Sowjetunion 9 Millionen militärisch Kämpfende und 16 Millionen ZivilistInnen getötet worden. Die sexuelle Gewalt gegen Frauen im Krieg und der Nachkriegszeit wird in den offiziellen Schilderungen weitgehend unterschlagen, Opfer sexueller Gewalt werden nicht anerkannt und entschädigt.

Ein weiteres Verfahren der "Um-Schrift" von Kriegen ist Umschreibung: So wird u.a. der Eindruck erweckt, das Ziel militärischer Tätigkeit sei nicht das "Verletzen" sondern das "Entwaffnen". Als markantestes Beispiel dafür kann die Diskussion um den Atomkrieg in den 80er Jahren gelten. Mit den atomaren Massenvernichtungswaffen standen Waffen zur Verfügung, die die Frage nach dem Sinn von Kriegen mit aller Deutlichkeit stellten: Bei einem ersten atomaren "Schlagabtausch" wurde mit dreihundert Millionen Toten gerechnet, die die Absurdität der Verfolgung politischer Ziele mittels militärischen Mittel auf die Spitze trieben. Dennoch sollten die als Antwort auf diese Bedrohung entwickelten sogenannten Anti-Raketen-Raketen die Möglichkeit suggerieren, es ginge um *entwaffnen* und nicht um *töten*.

Weitere Um-Schrift-Verfahren deklarieren Töten und Verwunden und Zerstörung als ungewollte und unbeabsichtigte Nebenprodukte und Effekte von Kriegen: So wurde der Golfkrieg, als "sauberer" und begrenzter Krieg in den Medien inszeniert, in dem nur militärische Einrichtungen Ziel von Angriffen seien. Auch in einem anderen Zusammenhang ist die Anschaulichkeit der Ereignisse reduziert: Armeen werden als "kämpfende Überkörper", ihre Aktionen als "körperlose Ereignisse: gesichtslos und hoch schematisiert" dargestellt (Scarry, S.105). Damit wird einerseits eine Distanz militärischer Aktionen zum "Reich der menschlichen Schmerzen" (ebd.) gesetzt, da die körperlichen Empfindungen und Entbehrungen des einzelnen Soldaten verschwiegen werden – z.B. bei Überwindung eines Flusses unter Feindbeschuß. Andererseits wird der Eindruck erweckt, nicht das Schicksal vieler Einzelner sei entscheidend, sondern das ganzer Armeen. Sie werden in der militärischen Sprache zu einer einzigen gigantischen Waffe, zu einem einzigen Körper: der als "Speerspitze" oder "Hammer" fungiert. Dabei zeigt sich, ein Teil der Truppe wird zum "Wurmfortsatz" oder zum "Weichteil", jede Armee hat eine "Achillesferse", oder eine empfindliche "Flanke", die der Feind aufreißen, einen Rücken, in den er ihr fallen kann. Daß bei diesen Aktionen verletzt und getötet wird, wird zwar nicht verschwiegen, wohl aber verschoben in einen imaginären Körper, der nicht leidet, der unverwundbar –, also letztlich körperlos – ist (vgl. Scarry, S. 105).

Jede Massenkarambolage auf der Autobahn in der Urlaubszeit, jeder Banküberfall mit maskierten Tätern und hilflosen Geißeln wird uns hinsichtlich der Körper der Betroffenen dramatischer geschildert: Sie sind hilflos eingekeilt in ihren Autos, verletzt, verbluten, auf Hilfe angewiesen; besonders tragisch ist das Schicksal der getöteten Kinder, die, ohne am Straßenverkehr aktiv beteiligt zu sein, zu Opfern werden.

2. Zur Rolle sexueller Gewalt in Kriegen

"In seiner massiven Faktizität ist der Krieg eine gewaltige Struktur zur `Entwirklichung` kultureller Schöpfungen und zugleich deren Rekonstruktion." (Scarry, S. 206). In seinem Mittelpunkt stehen Tod und Verwundung, deren Ausmaß die Entscheidung über den Ausgang eines Krieges, über Sieger und Besiegte bringt. Kriege zielen auf die Zerstörung der gegnerischen Kultur. Diese erfolgt durch die Zerstörung der erworbenen kulturellen Identität des Körpers, der – so Scarrys These – zugleich den Staat kulturell repräsentiert. Die "erlernte Kultur" im Körper bezeugt, daß die Person "in einer bestimmten Zeit und in einem bestimmten Raum lebt", in einem bestimmten zivilisatorischen Rahmen, einem Erdteil, einer Nation, einem Staat, einer Region (Scarry, S. 163).

Kriege sind nicht auf eingrenzbare politische Ziele reduziert, sondern vielmehr von einer Tendenz der "Selbstausweitung" bestimmt (ebd. S. 505). Sie zielt auf die **Körper**, die **materielle Kultur** und die **Bewußtseinsinhalte** nicht als ungewolltes Nebenprodukt, sondern als eigentlicher Zweck von Kriegen. Dies läßt sich u.a. an der "Reihenfolge" kultureller Zerstörungen ablesen; am Beispiel der serbischen Kriegsführung im ehemaligen Jugoslawien und am deutschen Vorgehen im Zweiten Weltkrieg in Polen lautet sie: Zerstörung von Kulturdenkmälern, Repressionen gegen Intellektuelle, Zwangsrekrutierung von Frauen in Vergewaltigungslagern (Seifert 1993a, S. 69). Militärische Gewalt ist in der Moderne also stets im besonderen Maße auf die Zivilbevölkerung gerichtet und auf deren Zivilisationsprozeß.

In dem Prozeß der kulturellen Zerstörung kommt Frauen ein bedeutender Stellenwert zu. In Kriegszeiten halten sie die Familien und die Gemeinschaft zusammen (Seifert 1993a, S. 69). Sie repräsentieren so den gemeinschaftlichen Zusammenhang. In Nachkriegszeiten wird dieser Anteil von Frauen an der Aufrechterhaltung des öffentlichen Lebens im Krieg nur selten anerkannt. Die Opfer sexueller Gewalt verschwinden aus dem öffentlichen Gedächtnis. Dieses Verschwinden ist Teil der "Um-Schrift" wesentlicher Sachverhalte des Krieges und Teil des sich entwickelnden Diskurses über den Krieg.

Vergewaltigungen werden in Kriegen als funktionales Mittel benutzt. In der massenhaften und systematischen Vergewaltigung von Frauen im Krieg symbolisiert sich die "Dekonstruktion von Kultur" (Seifert 1993b, S.7), als wesentlichem Bestandteil der "größtmöglichen Schadenszufügung" (Scarry 1992, S. 96), auf die der Krieg ausgerichtet ist. Der weibliche Körper fungiert als symbolische Repräsentation des "Volkskörpers". Seine "sexuelle Besetzung" durch den Sieger symbolisiert sowohl die militärische Niederlage des unterlegenen militärischen Kollektivs, als auch die des einzelnen Mannes. Die Entehrung der Frauen wird zur symbolischen Kastration der Männer. Mit dem extremen Gewaltakt der Vergewaltigung wird der weibliche Körper "gezeichnet" als Ausdruck der Zugehörigkeit zu einer nicht schutzfähigen Gemeinschaft. Die Frauenkörper werden "zu Orten des Austauschs männlicher Botschaften" (Zirpins 1997, S. 56).

Zur "Um-Schrift" sexueller Gewalt trägt bei, daß Vergewaltigungen unterstellt werden, sie hätten eine Berechtigung, die sich aus dem Krieg erklären ließe. So würden die Täter sich durch sexuelle Gewalt von ihren eigenen Rachegefühlen befreien, aber auch von der Schmach, die der Feind "ihren" Frauen angetan habe. Sexuelle Gewalt erscheint oft als eine notwendige Kriegsfolge, als Ausgleich für selbst erlittene Kränkungen. In diesem Zusammenhang erweisen sich auch Ansätze als verkürzt, die z.B. vergewaltigte deutsche Frauen nach dem Zweiten Weltkrieg nicht als "Opfer" bezeichnen wollen, oder zwischen Vergewaltigungen unterscheiden (Grossmann 1995, S. 109). Im Vergleich erscheinen hier die Massenvergewaltigungen aufgrund der Verstrickung deutscher Frauen in den Nationalsozialismus als weniger "schlimm", als die Vergewaltigungen bosnischer Frauen.

Der Umgang mit den Massenvergewaltigungen z.B. nach dem Zweiten Weltkrieg durch Angehörige der Sowjetischen Besatzungsmacht in der Sowjetischen Besatzungszone (SBZ), die bis Ende 1947 andauerten und nach Schätzungen bis zu 2 Millionen Frauen betrafen, verdeutlicht ein spezifisches kulturelles Verständnis von der **Verletzbarkeit des weiblichen Körpers** (vgl. Eifler 1998). Die kulturellen Deutungsmuster für die Geschlechtskonstruktionen basierten auf dem Zusammenhang von Macht und kriegerischer Gewalt. Während das Ende des Krieges als Ende des Tötens,

Verletzens und der Zerstörung verstanden und als Voraussetzung für einen gesellschaftlichen Neuanfang begrüßt wurde, galt dies nur zum Teil für die Unantastbarkeit des weiblichen Körpers. Seine andauernde Verletzung wurde als ein Faktum, das der Krieg scheinbar unausbleiblich zur Folge haben müsse, hingenommen. Somit wurden die Frauen aus der Nachkriegsgesellschaft, für die das Ende des Tötens und Verletzens gilt, als das Andere ausgeschlossen. Die kulturelle Konstruktion von männlicher "Verletzungsmacht" und weiblicher "Verletzungsoffenheit" (Wobbe 1994, S. 195) erschien als Geschlechtsunterschied schlechthin. Die reale und potentielle Verletzbarkeit von Frauen wurde von ihnen in drastischer Weise und in ungeheurem Ausmaß als ihre existentielle Unterworfenheit erfahren. Sowohl die offiziellen, machtpolitischen Diskussionen um Abtreibungen, als auch um die Vergewaltigungen gingen von der Annahme aus, daß Frauen nicht über ihren eigenen Körper verfügen. Sie verfügten nach dieser Vorstellung auch nicht über die "soziale Macht der leiblich-körperlichen Grenzziehung" (Wobbe, ebd. S. 185).

Vergewaltigungen wurden in dem öffentlichen Diskurs nicht als Gewaltakte von Männern gegen Frauen anerkannt. Nicht die einzelne Frau als Opfer und der konkrete Mann als Täter, der verantwortlich für sein Tun ist, waren im Blickfeld, sondern ein nationaler Frauenkörper, dessen Verletzungsoffenheit Symbolik zugesprochen wurde. Den Vergewaltigungen wurde gewissermaßen unterstellt, daß sie geeignet seien, die Täter von dem zu befreien, was "ihren Frauen" angetan wurde und ihre "Rache" zu stillen.

Der offizielle Umgang mit den Massenvergewaltigungen war Teil der machtpolitischen Formierung in der Sowjetischen Besatzungszone. Die öffentliche Bagatellisierung der sexuellen Gewalt gehörte ebenso dazu wie ihre Funktionalisierung. Aus der Besitzerperspektive der Männer wurden die Vergewaltigungen als eine Art Sachbeschädigung behandelt. In den erzwungenen öffentlichen Diskussionen wurden die Vergewaltigungen als "unerfreuliche Begegnungen", "unerfreuliche Erlebnisse" umschrieben. Sie wurden gleichgesetzt mit dem Raub einer Uhr, eines Fahrrades oder eines Huhnes. Diese Vergleiche agierten von der Perspektive des Besitzers, dem all dies – und so eben auch "seine" Frau – gestohlen werden kann. Obwohl Frauen qua Geschlecht als verletzungsoffen verhandelt wurden, erschienen die Vergewaltigungen in den öffentlichen Diskussionen als gleichsam körperlose Ereignisse. Die vergewaltigten Frauen erschienen weder mit ihren Verletzungen und körperlichen Schmerzen noch als Opfer sexueller Gewalt in einem machtungleichen Verhältnis zwischen den Geschlechtern.

Zu diesem Mißverhältnis in der Darstellung körperlicher Gewalt gegen Frauen zählt, daß die Rede über die Vergewaltigungen bei den Männern verblieb. In ihr wurden die Verwundungen durch Vergewaltigungen ausgelassen und umgeschrieben. Diese Umschreibung reichte vom Recht des Soldaten auf ein "bißchen Spaß und Freude" (Stalin) bis zur Beschwörung des viel größeren Leids der Frauen in Osteuropa. Die Auslassung der tatsächlichen körperlichen Schädigung erwies sich somit als die wirksamste und extremste Form von Umbenennung: "die Tatsache der Verletzung ist hier vollständig maskiert" (Scarry, S. 104).

Auf einen weiteren Aspekt macht Scarry aufmerksam, der auch für den Zusammenhang der Vergewaltigungen gilt. Verwundungen werden hierarchisiert, indem sie politisch gedeutet werden. Ihnen werden Insignien von Ideen und Überzeugungen an die Seite gestellt. Die Unterscheidung zwischen Vergewaltigungen durch jene Soldaten, die einen Eroberungskrieg führten und jene, die befreiten, sollte letztere entlasten und aus der Verantwortung entlassen. Aus dieser Sicht waren nicht die körperlichen Verletzungen der Frauen im Blick. Den Tätern wurden politische Bezüge imaginiert. Damit wurden die Leiden der Frauen nicht nur ausgelöscht, sondern erneut funktionalisiert. Der Zweck dieser "Um-Schrift" war, nicht auszusprechen, worum es sich bei den sexuellen Übergriffen handelte: um systematische Männergewalt, die auf einer kulturellen Mißachtung von Frauen fußt.

3. Krieg und Nachkrieg

Kriege prägen Gesellschaften. Ein prägnantes Beispiel dafür stellte die Nachkriegsordnung nach dem Ende des Zweiten Weltkriegs dar. Obwohl es sich erklärtermaßen um "Friedensordnungen" handelte, blieben Feindbilder und politische Konfrontationen bestehen und strukturierten nicht unerheblich die verschiedenen gesellschaftlichen Systeme.

Der Kalte Krieg übte in Europa nachhaltige Wirkungen und Einfluß auf alle gesellschaftlichen Bereiche hatte. Vorurteile, Vereinseitigungen, Hierarchisierungen, Aufrechnungen und Schuldzuweisungen bezeugen dies ebenso wie die Langlebigkeit der verinnerlichten Feindbilder und Metaphern des Kalten Krieges und deren Bedeutsamkeit für das jeweilige Fremd- und Selbstbild.

Der Ost-West-Konflikt war nicht nur eine Auseinandersetzung um Machtsphären und gesellschaftliche Überlegenheitsansprüche. Beide Systeme suggerieren Unverletzbarkeit und Unverwundbarkeit. Deren Mächtigkeit folgte aus der Projektion von Vernichtungs- und Eroberungsabsichten auf die jeweils andere Seite, durch die gefährliche internationale Konfrontationen mit der Gefahr militärischer Eskalationen entstanden. Diese galten als Nachweis der Gefährlichkeit des Gegners und wurden wiederum zur Bestätigung der eigenen Position genutzt. Innenpolitisch wurden mit den projizierten und tatsächlichen existentiellen Bedrohungen die Militarisierungen der jeweiligen Gesellschaften legitimiert. Im Osten Deutschlands erfolgte dies im Sinne der "Lehre" aus der Geschichte der deutschen Arbeiterbewegung, Kapitalismus = Militarismus nie mehr zuzulassen. Der Westen rüstete sich gegen eine "sozialistische Unterwanderung". In beiden Gesellschaften erschien die jeweilige eigene Politik als *die* Friedenssicherung. Begriffe wie "Abschreckung", "Politik der Stärke", "Gleichgewicht des Schreckens", "ideologische Subversion", "revanchistische Kriegstreiber", "friedliche Koexistenz", "Wandel durch Annäherung" u.a. kennzeichneten verschiedene Aspekte und Phasen der Blockkonfrontation und Systemkonkurrenz in den vergangenen Jahrzehnten.

Auch die kulturellen Konstruktionen von Weiblichkeit und Männlichkeit sowie die Vorstellungen über das Geschlechterverhältnis waren von den Auswirkungen des Kalten Krieges geprägt. Die jeweilige staatliche Geschlechterpolitik im Osten wie im Westen basierte auf der Interpretation der Geschlechterdifferenz als biologischer Ungleichheit. Vor diesem Hintergrund wurden die Konstruktionen von Geschlecht für die jeweilige neue Gesellschaftsordnung projiziert, kulturell ausgefüllt und plausibilisiert. Sie waren mit Legitimationen und kulturellen Repräsentationen von Weiblichkeit und Männlichkeit verbunden. Die durch den Krieg erschütterten sozialen Beziehungen und sozialen Verhältnisse, einschließlich des Geschlechterverhältnisses, mußten neu formiert werden. Dazu gehörte die "Normalisierung" der durch den Krieg erzwungenen geschlechtsspezifischen Arbeitsteilung. Im großen Maßstab erobern die heimkehrenden Männer ihre gewohnten hierarchischen Positionen in Staat und Familie zurück und verdrängen Frauen aus ihrer erweiterten Verantwortung. Die Rolle der Frauen im Krieg wurde nicht im gleichen Maße anerkannt wie die der Männer. In vielfältigen Zusammenhängen eine geschlechtsspezifische Zuweisung von männlicher Schutzfähigkeit und weiblicher Verletzbarkeit. Die Mär vom Schutz der "Frauen und Kinder" (Enloe) durch das Militär wird wiederum zu einer Grundlage von Militär- und Sicherheitspolitik, aber auch der staatlichen Sozialpolitik. Die Geschlechterklassifikation erfolgte über gesellschaftliche und individuelle Bilder von Schwäche und Stärke, die als geschlechtsspezifische Symbole im öffentlichen Raum politisch beansprucht wurden. Über die Verletzbarkeit des weiblichen

Körpers wurde Frauen die schwache Rolle, Männern die der Stärke und Überlegenheit zugeordnet. Diese Konstruktionen abstrahierten von der realen sozialen Rolle von Männern und Frauen und standen in der Nachkriegszeit in einem bezeichnendem Gegensatz zu dem herausragenden Anteil der Frauen für die Aufrechterhaltung des gesellschaftlichen, kommunalen und familiären Lebens und ihren Erfahrungen (Eifler 1996).

Literatur

Eifler, Christine 1998: Nachkrieg und weibliche Verletzbarkeit. Zur Rolle von Kriegen für die Konstruktion von Geschlecht. In: Eifler, Christine/ Seifert, Ruth (Hg.): Soziale Konstruktionen: Militär und Geschlechterverhältnis. Münster

Grossman, Atina 1995: Eine Frage des Schweigens? Die Vergewaltigungen deutscher Frauen durch Besatzungssoldaten. In: Sozialwissenschaftliche Informationen, Geschichte, Politik, Wirtschaft, Heft 2, April-Juni

Keegan, John 1997: Die Kultur des Krieges. Berlin

Scarry, Elaine 1992: Der Körper im Schmerz. Die Chiffren der Verletzlichkeit und die Erfindung der Kultur. Frankfurt a.M.

Seifert, Ruth 1993a: Die zweite Front – Zur Logik sexueller Gewalt in Kriegen. In: Sicherheit und Frieden, Vierteljahresschrift, Heft 2

Seifert, Ruth 1993b: Krieg und Vergewaltigung. Ansätze zu einer Analyse. In: Stiglmayer, Alexandria (Hg.): Massenvergewaltigungen: Krieg gegen Frauen. Freiburg

Wobbe, Theresa 1994: Die Grenzen der Gemeinschaft und die Grenzen des Geschlechts. In: Denkachsen. Zur theoretischen und institutionellen Rede vom Geschlecht. Frankfurt a.M.

Zirpins, Cornelia 1997: Vergewaltigung – Analyse eines Kriegsverbrechens. In: Wissenschaft und Frieden, Heft 2

Plenumsveranstaltung: Gabriela Mischkowski und Monika Hauser (Gründungsfrauen von Medica mondiale e.V.)

Kriegsvergewaltigungen in Bosnien-Herzegowina im öffentlichen Diskurs der BRD

Gabriela Mischkowski

Die ersten Berichte über Vergewaltigungen im Krieg in Bosnien-Herzegowina erschienen im Sommer 1992 in unseren Medien. Sie erregten kein größeres Aufsehen. Erst ab November 1992 bis Frühjahr 1993 erschienen in sämtlichen überregionalen und vermutlich auch regionalen Tages- und Wochenzeitungen sowie Nachrichtenmagazinen gehäuft Artikel, Kommentare und Reportagen über Kriegsvergewaltigungen. Kaum ein Artikel über den Krieg in Bosnien-Herzgowina vergaß in der Aufzählung von Greueltaten die spezifische Gewalt gegen Frauen zumindest zu erwähnen. Dasselbe gilt für Fernsehnachrichten und Fernsehreportagen über den Krieg. Danach wurde es wieder stiller um das Thema.

Meine folgenden Ausführungen beruhen erstens auf der qualitativen Auswertung von insgesamt 50 Artikeln, Reportagen und Kommentaren über Kriegsvergewaltigungen in Bosnien-Herzegowina in diesem Zeitraum. Die Artikel stammen aus vier überregionalen Tageszeitungen (taz, FAZ, FR, SZ) sowie aus "stern" und "Spiegel". Zweitens habe ich das TV-Frauenmagazin "Mona Lisa" vom 15. November 1992 miteinbezogen, da diese Sendungen in vielerlei Hinsicht als Auslöser und Bezugspunkt der breiten Empörung hierzulande gelten kann und Politiker wie Politikerinnen unter Handlungsdruck setzte. Da mich aber über die Medien hinaus der öffentliche Diskurs über Kriegsvergewaltigungen hierzulande interessiert, habe ich drittens Äußerungen von Politikern und Politikerinnen, Feministinnen sowie die ersten Buchpublikationen zum Thema mit einbezogen.

Unter "Diskurs" verstehe ich die Art und Weise, wie ein Problem definiert wird, wie die Grenzen dessen gesetzt werden, was erlaubt ist zu diskutieren und was nicht, welche Fragen gestellt werden dürfen und welche nicht. Mir geht es um Argumentationsketten, um die Art und Weise, wie die in diesem Krieg ausgeübte sexualisierte Gewalt, wie die Opfer und die Täter dargestellt wurden, welcher Kontext hergestellt und welche Erklärungen angeboten wurden. Was wurde benannt und was wurde verschwiegen? Was wurde gezeigt und was blieb unsichtbar? Welche versteckten Vorannahmen organisierten die Darstellungsweise? Die Art und Weise, wie ein Problem formuliert wird, wie "Fakten" aufbereitet und präsentiert werden, entscheidet darüber, wie und in welcher Perspektive gehandelt wird.

In der Betrachtung der Medienberichterstattung geht es mir daher nicht so sehr um eine Kritik des sensationalistischen, voyeuristischen bis hin zu pornographischen Stils, dessen sich Journalisten wie Journalistinnen überwiegend bedienten. Dieser wurde von vielen Frauen, auch von Medica mondiale, immer wieder verurteilt, vor allem im Bezug darauf, wie die Opfer und Überlebenden von Gewalt erneut gedemütigt und ihre Geschichten im Kontext des Betroffenheitsjournalismus für Auflagenstärken oder Einschaltquoten ausgebeutet wurden.

Medien spielten in diesem Krieg von Anfang an eine entscheidende Rolle bei der Verbreitung von inneren Feindbildern im Auflösungsprozeß des jugoslawischen Staates, in der gewaltsamen, auf ethnischer Homogenität begründeten Grenzziehung und Schaffung neuer nationaler Territorialstaaten. Frauen und ihren Körpern wurden dabei die klassischen Rollen zugewiesen, die sie seit jeher im Kontext von Nationalstaat und Krieg zu spielen haben – die Rolle von Gebärerinnen und schutzbedürftigen, den Krieg legitimierenden Opfern.

Seit den 80er Jahren wurde in den Medien in Jugoslawien, insbesondere in Serbien, die hohe Geburtenrate in der albanischen Bevölkerung im Kosovo diskutiert und als ethnische Bedrohung beschrieben. Was hierzulande jedoch kaum oder gar nicht wahrgenommen wurde, ist die Tatsache, daß in den 80er Jahren auch Vergewaltigungen ein dominantes Thema der Medien waren. Zahlreiche Artikel berichteten von Vergewaltigungen serbischer und montenegrinischer Frauen im Kosovo durch albanische Männer. Obwohl dies nie als signifikant verifiziert werden konnte, führte dies im Oktober 1986 zu einer Veränderung der Strafgesetzgebung in Serbien. Die Kategorie der "ethnischen Vergewaltigung" wurde im Gegensatz zur "normalen Vergewaltigung" eingeführt und höher bestraft.

Vor dem Hintergrund der politischen Instrumentalisierung und nationalistischen Definition sexueller Gewalt gegen Frauen als Gewalt gegen ein Volk oder eine Ethnie – und nicht, wie Feministinnen es bislang definierten, als geschlechtsspezifischer Angriff auf die körperliche Integrität von Frauen (und Männern füge ich hinzu) und als Menschenrechtsverletzung im Krieg wie im Frieden – ist es daher besonders interessant zu sehen, wie diese spezifischen Verbrechen im Kontext des Krieges in der hiesigen Öffentlichkeit diskutiert wurden. Um so mehr, als die große Empörung deutscher wie westeuropäischer Frauen und Feministinnen über diesen Krieg erst als geradezu reflexhafte Reaktion auf die geballte Berichterstattung über Vergewaltigungen einsetzte. Die grausamen Detailschilderungen sexueller Gewalt gegen Frauen hatten weitaus mobilisierendere

Kraft unter Frauen wie Männern als die ebenso grausamen Schilderungen anderer Formen von Gewalt in diesem Krieg. Das sollte uns zu denken geben.

Das Einmaligkeitspostulat

Zum Diskurs selbst. Auffallend in den Berichten ist zunächst einmal eine fast durchgängige Abgrenzung der Vergewaltigungen und anderer Formen sexualisierter Gewalt und Folter in *diesem* Krieg von denen in *vorangegangenen* Kriegen.

Der Journalist Roy Gutman veröffentlichte als erster überhaupt im Sommer 1992 eigene Recherchen über Vergewaltigungen und erhielt 1993 für seine engagierten Berichte den Pulitzerpreis. Seine vor allem für *Newsday* geschriebenen Artikel wurden später in verschiedenen deutschsprachigen Zeitungen übersetzt und nachgedruckt, vor allem in der *taz*. Er räumte zwar ein, daß "Vergewaltigungen in jedem Krieg geschehen, aber", so fuhr er fort, "in diesem Krieg haben sie eine einmalige Rolle gespielt. Die Erniedrigung von Frauen war zentral für die Eroberung."[1]

Das gleiche galt für die Artikel von Alexandra Stiglmayer, die zu den ersten zählten, die in verschiedenen deutschsprachigen Zeitungen, u.a. als große Reportage im "stern"[2], erschienen. "Vergewaltigung", so schrieb sie, sei "keine Nebenerscheinung des serbischen Krieges in Bosnien-Herzegowina und der 'ethnischen Säuberungsaktionen' (...), sondern ein Ziel, ein wichtiges Element, das offenbar von oben angeordnet worden ist."[3]

Auch für Maria von Welser, der Moderatorin der ZDF-Mona-Lisa-Sendung über Kriegsvergewaltigungen am 15. November 1992, stand fest, "daß in diesem Krieg Frauen so grausam wie noch nie zuvor von brutalen Männern zu Opfern gemacht werden...". "Diesmal" so fuhr sie fort, "war es Kriegsstrategie, Ziel war eine 'ethnische Säuberung', die Ausrottung eines Volkes, indem seine Frauen vergewaltigt und geschwängert wurden."[4]

Alle drei galten fortan als Experten bzw. Expertinnen in Sachen Kriegsvergewaltigungen und veröffentlichen noch 1993 Bücher dazu. In den nächsten Tagen und Wochen erschienen in fast jeder deutschen überregionalen Tageszeitung sowie in Illustrierten und Nachrichtenmagazinen Berichte, die diese Aussage über – wie es von nun an heißt – "Massenverge-waltigungen" mit grausamen Details und vor allem mit unüberprüfbaren, aber selten hinterfragten Zahlenangaben (60.000 bis 100.000) bestätigten.[5]

"Zum ersten Mal in der Geschichte des Krieges überhaupt kommen Vergewaltigungen nicht nur als Folge von Kämpfen vor, sondern sie werden von den serbischen Tschetniks systematisch als besonders unmoralisches und ekelerregendes Mittel der Kriegführung eingesetzt.", hieß es z. B. am 5.12.92 in der „Frankfurter Allgemeinen".[6]

Auch auf der vom Ausschuß "Frauen und Jugend" des Bundesfrauenministeriums für den 7. Dezember einberufenen Anhörung zu den "Massenvergewaltigungen" bestätigten die als Experten und Expertinnen eingeladenen Frauen und Männer die Behauptung der Einmaligkeit und Besonderheit. Entsprechend lautete ein fraktionsübergreifender Entschließungsantrag im Bundestag zwei Tage später:

> "Vergewaltigungen haben in diesem Krieg eine neue Dimension erreicht. Frauen werden zum Angriffsziel und zum Werkzeug des militärischen Kampfes. Vergewaltigung ist eine Kriegsstrategie geworden." (Deutscher Bundestag, Drucksache 12/3958, 9.12.92)

Die gängigsten Bilder und Metaphern, die die Einmaligkeit und Besonderheit auf skandalisierende Weise unterstrichen oder suggerierten, waren: "Massenvergewaltigung", "Vergewaltigung als Kriegswaffe", "Vergewaltigung als Kriegsstrategie der ethnischen Säuberung", "Vergewaltigung als Völkermord", "Zwangsschwängerung", "Vergewaltigungslager". (Nebenbei bemerkt: In den USA wird "genocidal rape" als neue Kategorie in der feministischen Diskussion eingeführt.) Zwar finden sich in den meisten Artikeln Hinweise darauf, daß seit biblischen Zeiten und davor in allen Kriegen vergewaltigt wurde – meist als Erwähnung in einem Nebensatz, manchmal ausführlich mit einem extra Artikel wie in der Novemberausgabe des "stern". Dies wird jedoch nicht weiter thematisiert, vielmehr dient es eher als eine Art diskreter Hintergrundfolie für das "Besondere" in Bosnien-Herzegowina.

Mich interessiert in diesem Zusammenhang nicht die Frage, ob die in diesem Krieg ausgeübte sexualisierte Gewalt tatsächlich eine in der Geschichte der Kriege neue strategische Funktion erhalten hat. Mit Sicherheit aber ist die Behauptung, daß Vergewaltigungen hier zum ersten Mal überhaupt eine kriegsstrategische Funktion bekommen hätten, falsch. Solange und sofern sexuelle Gewalt gegen Frauen in welcher Form auch immer für die Kriegführung oder die Nachkriegsbesatzung funktional war oder ihr zumindest nicht schadete, haben Soldaten und Männer Frauen (und auch Männer) einzeln, in Gruppen, systematisch oder unsystematisch, auf jeden Fall aber brutal sexuell gedemütigt, angegriffen und gefoltert – ob mit oder ohne Befehl.

Das Ausmaß sexueller Gewalt hängt von den Kriegszielen und der Strategie ab. Will man die gesamte Bevölkerung eines bestimmten Territoriums umbringen – und sei es auch nur zu Demonstrationszwecken wie im Falle der Atombomben auf Hiroshima und Nagasaki –, dann bedarf es keiner Vergewaltigungen. Führt man jedoch einen Krieg, um innerhalb eines Territoriums demographische Veränderungen in der dort lebenden Bevölkerung zu erzwingen, dann sind Vergewaltigungen als Mittel von Vertreibung äußerst wirksam.

Gerade dieser Zusammenhang aber, der Vergewaltigungen als geschlechtsspezifische Gewalttat und ihre Funktionalisierbarkeit im Krieg thematisieren würde, wurde durch die unermüdliche Wiederholung des Einmaligkeits-Postulates ausgeblendet. Und damit auch jede Frage ausgeklammert, die nach dem generellen Verhältnis zwischen Sexualität, Geschlecht und Militär, nach Männlichkeits- und Weiblichkeitskonstruktionen, ihrer hierarchischen Anordnung und ihrer Produktion und Reproduktion durch den Krieg sucht.

Darüber hinaus wurde durch die Kategorisierung und Hierarchisierung sexueller Gewalt – z.B. "normale" Vergewaltigung vs. genozidale Vergewaltigung, Vergewaltigung als "Nebenerscheinung" vs. "systematische" Vergewaltigung –, die gewissermaßen dem juristischen Diskurs entnommen wurde, auch das Leid und der Schmerz der Frauen hierarchisiert. Nicht etwa die Frauen selbst, sondern JournalistInnen sowie diverse ExpertInnen (ÄrztInnen, PsychologInnen, PsychiaterInnen, Staats- oder KirchenvertreterInnen, JuristInnen etc.) erklärten und definierten, was das Schlimmste ist.

Das subjektive Erleben der Frauen wurde auf passende Zitate, auf eine Geschichte reduziert. Verzweiflung und Ängste wurden zwar auf das Dramatischste beschrieben, und doch war der größte Horror am Ende nicht die Gewalt selbst und ihre Folgen für die Frauen, der größte Horror war ihre Funktionalisierung als Kriegsstrategie der "ethnischen Säuberung". Damit verliert sexualisierte Gewalt endgültig ihren geschlechtsspezifischen Bezug, wird zum Instrument im Krieg der "bösen" Ethnie (in diesem Falle der Serben) gegen die "gute" Ethnie (in diesem Falle der Moslems). Somit wiederholte der dominante Diskurs in der BRD die Argumentation der serbischen Propaganda der 80er Jahre – nur mit umgekehrten Vorzeichen.

Aufgrund der Zeitknappheit kann ich hier nur auf einige Aspekte und Folgen dieser Argumentationsfigur eingehen, um ihre Problematik anzudeuten:

I. Die Muslimisierung der Opfer

Der Angriff der (bosnisch-)serbischen Kriegsführung[7] richtete sich gegen Menschen, die als "Muslime" definiert und typisiert wurden. Die deutschen Medien übernahmen diese Klassifizierung und Auseinanderdividierung von Menschen, indem sie Opfer und Täter ebenfalls ethnisierten. Dabei schälte sich ein bestimmter Typus *des* Vergewaltigungsopfers heraus, das mit den realen Opfern und Überlebenden sexualisierter Gewalt nichts mehr zu tun hatte: *die* muslimische Frau.

Die muslimische Frau – meist mit Kopftuch abgebildet – war ein Konstrukt, ein Klischee. Muslimische Frauen, so erfuhren wir z.B., sind *besonders* schamhaft. Vor allem sind sie auch *besonders* ruiniert nach einer Vergewaltigung.

> "Die Vergewaltigung und speziell das Schwängern der muslimischen Frauen bedeutet nicht nur die totale Erniedrigung der Frau, sondern auch des Mannes. Im muslimischen Glauben ist eine vergewaltigte Frau befleckt, sie wird geächtet." (O-Ton, Mona Lisa, November 1992.)

Oder Gutman schrieb:

> "In der konservativen Gesellschaft, in der die Muslime des ländlichen Bosniens aufwuchsen, bleiben Frauen traditionell keusch bis zur Heirat. Vergewaltigung ist ein Trauma mit weitreichenden Konsequenzen für diese Opfer, die wohlbegründete Angst vor Abweisung und Ächtung haben und vor einem Leben ohne Ehe oder Kinder."(Gutman 1993)

Im Entschließungsantrag hieß es:

> "Da für Teile der muslimischen Bevölkerung vergewaltigte Frauen ehrlose Frauen sind, werden mittelbar Familien und Gesellschaft zerstört. Sexuelle Gewalt gegen Frauen und Kinder ist daher Teil einer ethnischen Vernichtung."

Und Maria von Welser, Moderatorin der Mona-Lisa-Sendung, schrieb in ihrem rasch herausgegebenen Buch "Am Ende wünscht Du Dir nur noch den Tod":

> "Daß in diesem Krieg Frauen so grausam wie noch nie zuvor von brutalen Männern zu Opfern gemacht werden, hat aber auch einen religiösen Hintergrund. Die moslemische Gesellschaft ist total patriarchal. Man achtet auf die Ehre der Frau, und die Männer sind eifersüchtig. 'Wenn der Mann nur den Hauch eines Verdachtes hat, daß die Frau möglicherweise freiwillig mitgemacht hat, geht die Ehe kaputt', bestätigt der bosnische Arzt Jusuf. Um so infamer ist somit die

Vorgehensweise der marodieren serbischen Soldaten." (von Welser 1993)

Einmal abgesehen von der Wiederholung einer selbst patriarchalen Definition von Vergewaltigungen als "Schande" und "weiblichem Ehrverlust" (und nicht als Angriff auf die körperliche Integrität von Frauen und Männern und als Menschenrechtsverletzung) findet hier über die Definition der bosnisch-muslimischen Gemeinschaft als "total patriarchal" eine Abgrenzung statt. Über diese Abgrenzung des "Anderen" wiederum wird implizit unser eigenes westliches Selbst als fortschrittlich und zivilisiert definiert. Dies ordnet sich nahtlos ein in den generellen Diskurs zum "Krieg auf dem Balkan" als "Krieg der Stämme". Er hat seinen allgemeinen Stellenwert in der Neuplazierung Deutschlands nach dem Ende der Ost-West-Konfrontation innerhalb der "Neuen Weltordnung", die da lautete: The west against the rest.

Ursula Ott treibt in der feministischen Frauenzeitschrift "Emma" diese Argumentation und Grenzziehung auf die Spitze durch die Beschwörung des Feindbildes "Islam":

> "Vor allem für die muslimischen Frauen in Bosnien-Herzegowina ist eine Vergewaltigung eine unauslöschliche Schande, sie sind 'entehrt', wertlos für den Ehemann, den Vater, den Bruder. Was wird mit ihnen passieren, wenn sie ein Kind von einem orthodox-katholischen, kommunistischen Serben bekommen? (...) Islamische Männer, die von 'Ungläubigen' gefoltert, deren Töchter entjungfert, deren Frauen ge-schwängert werden – werden sie in die Fänge des islamischen Fundamentalismus geraten? (...) Sollte der Krieg eines Tages vorbei sein und der frauenfeindliche islamische Fundamentalismus in Bosnien an Einfluß gewinnen – ja, dann geht das Grauen für die Frauen auch im 'Frieden' weiter." (Emma, September 1992, Nr. 9)

Es geht hier selbstverständlich nicht darum, den Ängsten der Frauen vor gesellschaftlicher Ächtung ihre Berechtigung abzusprechen. Doch ist dies eben kein Spezifikum der muslimischen Gemeinschaft. Diese ist vielmehr genau so differenziert in ihren praktizierten Werten zu betrachten wie jede andere Gesellschaft, einschließlich der unseren, auch.

II. Die Serbisierung der Täter

Das Gegenbild zum Konstrukt *des* muslimischen Vergewaltigungsopfer (das, ich wiederhole, nicht identisch ist mit den realen Frauen und Überlebenden) war das Bild *des* dämonischen, serbischen Vergewaltigers. Der rechts-konservative Chefideologe der „Frankfurter Allgemeinen", Georg Reißmüller, machte sich wie viele andere auf die Suche nach den Quellen dieser unaussprechlichen Gewalt. Als Experten wählte er kroatische Gelehrte:

> "Kroatische Historiker und Ethnologen erinnern auch an den überlieferten serbischen Männlichkeitskult, der Frauen mehr als Mittel zur Befriedigung männlicher Bedürfnisse und Interessen denn als Personen mit eigener Würde und als Gefährten erscheinen läßt. Sie verweisen auf den alten serbischen Brauch, nach welchem sich der Mann seine Frau durch Entführung verschafft. Schließlich kommen sie auf die in den Serben tief verwurzelte Überzeugung zu sprechen, ein Serbe dürfe alles nehmen und nach Gutdünken behandeln, was er erobert hat." (FAZ, 22.12.92)

Genau wie *die* muslimische Gesellschaft wird hier *die* serbische Gesellschaft über die Frage: Wie geht sie mit "ihren" Frauen um? als extrem patriarchal und archaisch gezeichnet. Indem sich Reißmüller auf kroatische Stimmen und Experten stützt, zieht er zugleich die Grenze des zivilisierten Europas: Kroatien darf noch dabei sein, alles was dahinter liegt ist Barbarei. Auch diese Position spiegelt die dominante Lesart des Krieges nicht nur in Deutschland, sondern in ganz Westeuropa wider. So lautete z.B. der Titel einer von Mitterand 1992 in Paris organisierten Konferenz: "Europa und die Stämme".

Auf eine etwas andere Weise trug "Emma" zur Dämonisierung "des serbischen Mannes" an sich bei durch den kommentarlosen, also offenbar einverständigen Abdruck eines Artikels der bekannten US-amerikanischen Feministin und Juristin Catherine MacKinnon. MacKinnon, die seit Jahren in den USA führend ist in der Anti-Porno-Kampagne, sah in der Pornographie letztendlich die Ursache der extrem grausamen Vergewaltigungen. Serbische Männer seien Vergewaltiger, so schrieb sie, weil Jugoslawien "bereits vor dem Krieg von Pornographie durchtränkt" und der freieste Pornomarkt der Welt war.[8]

III. Gefangen im Opferdiskurs

Die überlebenden Frauen wurden generell auf eine Opferidentität reduziert, die in gewisser Hinsicht das Werk der Täter fortschrieb. Die Frauen, so erfuhren wir in der Mona-Lisa-Sendung, sind "totale Invaliden", sie sind total degradiert, nur noch eine Ware, "kleiner als ein Stück Dreck" (Spiegel 50/1992), "weniger als nichts" (Emma 9/92), eigentlich tot. Zu dieser Klassifizierung trugen auch die verschiedenen Expertinnen bei, deren fachliche Äußerungen als Beweis und Beleg dafür, daß dies alles tatsächlich geschehen ist, in fast jedem Artikel zitiert wurden. Ärtzinnen und Psychologinnen beschrieben die physischen und psychischen Symptome als Folgen der Gewalt. In der Darstellung trug dies aber wiederum dazu bei, die Frauen vor allem über ihren Grad an "Beschädigung" zu definieren.

Die Tatsache, daß viele dieser vermeintlich "toten" Frauen die Courage hatten, sich Kameras, Journalisten und Ermittlungskommissionen zu stellen, ihren vollen Namen zu nennen, auch die Namen der Täter und ihre Zorn der Welt kundzutun, verschwindet hinter den Opferbildern. Hinter Opferbildern, die im übrigen auf dem traditionellen Bild von Weiblichkeit als schutzlos, grundsätzlich verletzbar und vergewaltigbar beruhen. Zusammen mit dem Gegenbild des schützenden, aggressiven, gewalttätigen (und vermeintlich nicht vergewaltigbaren) Mannes organisieren diese Weiblichkeits- und Männlichkeitsvorstellungen bis heute Praxis und Legitimation des Krieges.

Opferbilder sind auch Bestandteil des humanitären Diskurses, der uns in die angenehme Position der wiederum überlegenen RetterInnen und Wohltäterinnen von Flüchtlingen bringt, deren Verantwortung als freiwillige Selbstverpflichtung erscheint, die auf einem edlen humanitären, westlich zivilisierten Selbstverständnisses beruht – unter Ausblendung der Mittäterschaft durch eine bestimmte Wirtschafts- und Außenpolitik oder durch Waffenexport. Entsprechend schwierig wird es dann auch, wenn diese Opfer sich als Menschen entpuppen, sich gegen eine Abschiebung wehren oder versuchen, Menschenrechte einzuklagen oder sich aus ihren entwürdigenden Duldungs- und Abhängigkeitsstatus im "Gastland" Deutschland z.B. durch Schwarzarbeit eine kleine Zukunft zu verschaffen. Das fällt dann rasch unter die moralische Kategorie "Undankbarkeit".

Es gab auch andere Positionen, auch andere differenzierte Artikel in diesem Zeitraum, wie z.B. den von Cheryl Benard und Edit Schlaffer, den Gründerinnen von "amnesty for women" im "Spiegel". Oder den von Heidi Hecht in der „Süddeutschen Zeitung" vom 13. November 1992, in dem sie von serbischen vergewaltigten Frauen berichtet.[9] Doch differenzierte Darstellungen bildeten nicht den "mainstream", konnten den generellen ethnischen Diskurs nicht durchbrechen.

Hinter der fast ausschließlichen Fokussierung auf "systematische Vergewaltigungen zum Zweck der ethnischen Säuberung" verschwanden die realen Opfer und Überlebenden egal welcher Ethnie.

Zum Schluß möchte ich noch zweierlei betonen. Erstens, ich möchte weder den Journalistinnen noch den Politikerinnen ihre ehrliche Empörung und ihr aufrichtiges Engagement absprechen. Doch gerade sie sollten wissen, daß Fakten nicht einfach Fakten sind, daß in ihrer Darstellung oft unhinterfragte eigene gesellschaftliche Wertvorstellungen und (Vor)urteile mitschwingen und Feindbilder produziert bzw. bestätigt werden. Die zeitweise breite Berichterstattung über Kriegsvergewaltigungen von taz bis FAZ erklärt sich zumindest zum Teil auch daraus, daß sie für die ethnische Lesart des Krieges und eines Abgrenzungsdiskurses funktionalisiert wurden, der da lautet: Wir sind anders.

Zweitens, Teile der von mir vorgetragenen Kritik wurden bereits früher und ausführlicher von verschiedenen feministischen Autorinnen vorgebracht, z.B. in dem 1994 im Verlag Frauenoffensive erschienen Buch "Vergewaltigung, Krieg, Nationalismus".[10] Allerdings blieben sie zwischen den Buchdeckeln versteckt und erlangten keine Wirksamkeit in der Öffentlichkeit. Es ist bedauerlich, daß wir es nicht gemeinsam geschafft haben, einen öffentlichen Gegendiskurs durchzusetzen. Einen Diskurs, der den Überlebenden sexueller Gewalt mit Respekt begegnet wäre, ihnen ihre Subjektivität und Individualität gelassen hätte. Vielleicht wäre es dann heute nicht so leicht möglich, eben diese Überlebenden als Nicht-zu-uns-Gehörende aus unserem Staat hinauszuwerfen und sie ihrem Schicksal zu überlassen. Einen Diskurs auch, der sexualisierte Gewalt auf die Agenda jeglicher Bundeswehrschulung gesetzt hätte, weil er den Zusammenhang von Krieg und Geschlecht thematisiert hätte.

---

1 Roy Gutman, Forword,. in: Alexandra Stiglmayer (Hg): Mass Rape. The War against women in Bosnia-Herzegovina 1993, X.

2 "Vergewaltigung als Waffe. Der Krieg gegen die Frauen – Opfer berichten", in: stern, Nr. 49, Nov. 1992.

3 "Die totale Degradierung der Frau zu einer Ware", in: Die Weltwoche, Nr. 45, 5. Nov. 1993.

4 Maria von Welser, Am Ende wünschst Du Dir nur noch den Tod, 1993, 14, 19.

5 Tatsächlich strotzten die meisten Berichte über Kriegsvergewaltigungen von Behauptungen und leisteten damit der späteren Infragetellung von Ausmaß und Bedeutung dieser spezifischen Gewalt Vorschub.

6 "'Vaterlose' Kinder und entehrte muslimische Frauen", in: FAZ, 5. Dez. 1992, S. 7.

7 1993 auch der (bosnisch-)kroatischen Kriegsführung, was häufig unerwähnt bleibt!

8 Catherine MacKinnon, Der verkaufte Krieg. Vergewaltigung + Folter in Bosnien gehen als Pornos in den Westen, in: Emma Sept/Okt. 1993. Der Artikel war zuvor in englischer Sprache in der US-amerikanischen Frauenzeitschrift "Ms." erschienen.

[9] Benard, Schlaffer, "Kleiner als ein Stück Dreck", in: Der Spiegel 50/1992; Heidi Hecht: "Warum sieht das kein ausländischer Reporter?", in: Süddeutsche Zeitung, 13. Nov. 1992, S. 9.

[10] Susanne Kappeler, Mira Renka, Melanie Beyer (Hg.): Vergewaltigung, Krieg, Nationalismus. Eine feministische Kritik. 1993.

Reproductive Health and Traumas
International Experiences from Regions of War and Crises

Berit Schei

Thank you so much for inviting me! I am deeply moved by your warm and generous introduction!

I am extremely happy to be here to share with you some of my experiences. I am particularly happy to be here, because my friends from Zenica are here and I am deeply moved to see them again. I am very grateful for the opportunity Medica has given me to work in this field. To work with the members of the staff in Zenica and to work with the organisation when back in Norway have taught me so much.

The importance of this work is also recognised by The Norwegian Board of Health. A sign of this is the sponsoring of my participation in this conference. My collaborating partners in the section of Women's Health and International Health send their warm regards to the conference. I am deeply impressed by the work you are doing. So, when I am here sharing my thoughts and knowledge, I feel humble and more inclined to listen than to talk! You are in the forefront in the field of developing strategies in order to combat all violence against women and to assist each individual woman who have been traumatised to restore her health, her life and her hopes for the future. I hope I can encourage you to keep on spreading the "gospel" in the meaning of teaching others to do the same as you have done and keep on doing!

When I proceed, I want you to bear in mind three major challenges in our work. How can we assist a process whereby the messages from the survivors are acknowledged as guidelines for international aid and international agencies?

We have heard today, how important the voices of the survivors are. But there is still a gap between the needs of survivors and the lack of priority given to the problem. We who are professionals working in different organisations and have opportunity to influence policy in these matters, have a particular responsibility to keep on bringing the voices into main stream activities.

How can we develop models of health care, which bring together the concerns for both the body and mind?

Several of you have addressed the topic of the splitting of body and mind. This morning we had an excellent presentation how research can guide us to understand, how body and mind work together in trauma. When we understand more about the processes, we also have a solid based knowledge to combine these two approaches both in clinical practice and in the prevention of further traumatisation.

Just before going to this conference, I was at work at my Department of Gynaecology. I was confronted with a patient who asked to have her uterus removed. She had a normal uterus. Her problems as to bleeding were minor. No indications a to the presence of pathology. But she had been to three gynaecologists who all had told her that all her problems were related to the uterus and recommended a hysterectomy. How could I as a fourth consultant, try to disentangle the reasons why she really wanted her uterus out? With a more advanced model of care, these problems could be dealt with differently. The Medica's Women's Therapy Centre in Zenica has given us a model to work within a psychosocial framework also in gynaecology. Dr. Monika Hauser and her co-workers have been marvellous to emphasise the need for both the somatic and the psychosocial team to link body and mind. By adapting a clinical approach in gynaecological practice that take into account that women might have been exposed to a trauma, the risk of revictimisation in the medical system is removed. The patients can receive adequate medical treatment without having to disclose her story. If on the other hand, she chooses to disclose, this will be in safe and protected environment with available psychosocial services. Even though this model was developed in Emergency situation, it serves as an excellent example of where we want to move on, when improving care for women in our health care systems in general.

There are international professional communities as the Society of psychosocial obstetrics and gynaecology (ISPOC) which bring together professionals on these issues. There are countries as e.g. Netherlands and Sweden, in which advanced models have been developed in mainstream health care founded on the concept of body and mind as a unity.

How can we bring together, also in emergency situation, all three aspects of prevention of violence against women?

The primary prevention is to end all violence against women. This task can not wait until we have time for it. We have to clearly say no to violence against women in all situations. We have to start in the emergency situation by building attitudes and relationships, which will prevent violence to occur again.

The secondary prevention is to identify those who are traumatised among our clients in the health care system; whether they suffer from irregular bleeding, stomachache or depression but for whom the underlying problem is the hidden trauma. So we have to start the secondary prevention of violence by identifying these women in order to give adequate assistance and meaningful treatment.

The tertiary prevention in this context is to prevent health adversities when women suffer from acute effects of trauma. Even in this area, much is lacking. We have heard today that there is still much lacking as to adapting a therapeutic approach in the health care system that does not re-victimise the client.

The importance of this is underlined by findings from a study of rape victims conducted in Oslo. Women who had been met by non-judgemental caring health care workers in the acute phase of the rape, were less likely to suffer from psychosocial and medical problems one year after 1.

To sum up the challenges:

1. How can we build on the knowledge of the survivors in order to improve our work and bring the knowledge into the main stream of international policy?
2. How can we create models of care, which bring together body and mind?
3. How can we in our work take into account all aspects of preventing violence against women?

In recent years there have been some major developments which we can build on when moving forward to meet these challenges. I will share with you some of the changes I have seen, during the years which I have been working in this field, in order to assist our next steps and guide our actions. Violence against women has been recognised as a hidden health burden by several profession communities.

When I was very young in 1980, I was the only female gynaecologist in a small hospital in Norway. When I was going to be taught how to examine a raped woman, the male consultant demonstrated the procedures. A raped teenage girl was brought into the examination room; the gynaecologist stripped off all her clothes and made her stand naked in order to document bruises and injuries. Then he, the poor girl was still naked, made her sit on the gynaecological examination bench and spread her legs. When he then observed some bruising in the genital regions, he asked me to fetch the policeman who waited outside, in order for him to document this injury by taking some photos. I think I was so shocked so I just said, "I can do it", slipped outside and grabbed the camera from the police. The memory of this event never left me and my determination to change the routines for health care workers taking care of raped women started at that very moment. Now, how to address medical, psychosocial and forensic tasks in a non-traumatic manner has become an integrated part of the training of gynaecologists. Also, it is on the agenda for medical students, since all doctors, regardless of specialities, need to be prepared to face this situation. Another incidence, made me realise that not only were women subjected to rape, but also to the chronic situation of physical violence in their homes. A group of women approached me one day at the hospital and asked me to teach them about the medical consequences of violence. I had not learned anything about this in medical school. But as a young physician we are used to disguise our ignorance, so I just said "of course"! So I became a consultant for shelters for battered women, and worked as a volunteer along with my gynaecological training.

It has taken a long time to improve the situation for traumatised women in reproductive health care, but recently many positive changes have taken place. As an example: In the last World Conference of Gynaecologists, in 1997, I chaired a plenary session on violence. This was the first time this community had addressed the issue of violence. FIGO (The international federation of Obstetricians and Gynaecologists) together with WHO arranged a Pre-congress Workshop 2 to which young gynaecologists from all over the World were sponsored to participate on the issues of violence. This is really a very important step forward. FIGO has brought violence onto the agenda in order to improve the training and education of young doctors, so they can meet the challenge of improving the care for traumatised women. We need to develop strategies, that bring the experiences, which women in different organisations as Medica have, into these international main stream communities. Only by creating links and collaborations across organisational boundaries can we address the problem of violence. There are no single organisation or institution that can solve the problem of violence alone. In this field the necessity to think broad and to think partnershiplike is mandatory. When working with women in my community, as the women in the Shelter movement, I hear a lot of criticism of the medical establishment. But in order to change the way women are to be met in the health care system, links have to be made between women in the community who work with traumatised women and professionals who want to reform the system within.

The Needs of Women in Emergency Situations

The war in Bosnia-Hertzegovina brought the issues of women's needs in Emergency situation again on the agenda. The World Conference of Women in 1995 addressed the issue in several of the chapters:

"Women are especially vulnerable in situations of armed conflict or mass population movements" .

"In recent hostilities, there have been many examples of violence against women being used as a punitive measures against the enemy". "The systematic rape and brutal sexual abuse destroys the dignity of women and violated many of their human rights, including their right to physical integrity, to survive, and to lead full and fulfilled lives".

The sad statistics demonstrate that there are ten times more refugees today compared to 1970. And among the 23 million refugees and the 27 million internally displaced 80 % are women and children! The causes of these Emergency situations are several: natural disasters, man-made conflicts, ethnic problems, and scarcity of resources, armed conflicts and persecution. But common features of the situations are poverty, lack of food and water, malnutrition and a destruction of health care and support.

In addition to the material destruction, there is a breakdown of family relations, disruption of relationships and gendered violence. The maternal, infant and child mortality increases and the fertility will be inadequately regulated. There is an increased risk of sexually transmitted diseases. Physical trauma and forced pregnancy are in addition to the psychological trauma, among the devastating results of rape.

The Emergency situation can be described as to phases. The needs for services will have to be adapted.

In the first phase, in which the atrocities take place, women's needs have to be recognised as an integrated part of emergency operation. The model of emergency medical care has traditionally focused on the visible injuries of wounds and fractures. These actions have to a lesser extent taken into the account, that other needs might be as important for long term survival. If women's needs are not met, not only will the individual women suffer, but also the children and the future of the whole community. The preservation of meaning and the restoration of family relations and cultural activities are dependent on the healing of women. These gendered considerations have to be taken into account also in the first phase of emergency operations.

The Medica Women's Therapy Centre in Zenica during the war, in which not only the reproductive and somatic health problems were dealt with, but also the psychological survival and the preparation for the future by cultural activities and education were integrated into the programs, have given us a model for to build on when setting up services for women in Emergency situations. The actions taken in the Emergency situation will set the stage for later health and have a great impact for the future for all.

When the situation have been stabilised, many of these problems will persist. But other problems will also be more apparent. Although the war activities might have ceased, abuse may continue in different forms.

The long-term effects of continuos stress and worries will effect women's health further. In the field of reproductive health, high pregnancy rates might occur, as well as high maternal morbidity and complications from abortions. In addition infectious diseases and malnutrition will continue to influence women's general health. Also, problems that could not be addressed in the acute phase have to be faced.

Lack of resources and breakdown of non-emergency health services will have given raise to several long-term reproductive health problems. Later on in this seminar, Dr Amira Frljak will address the problem of cervical cancer in women after the war, which is an example of this. Also the long suffering of continuos stress and general poor living condition will add to the risk of a broad range of reproductive health problems.

Then, as many of you have addressed, there are long term consequences of the silent trauma: rape. It might be difficult for women to be open about their problems of sexual trauma, expecting their problem to be ignored or dreading to be faced with an attitude that they should be grateful for having physically survived.

They might have been silent and not disclosed throughout the acute phase, since the overwhelming needs had been to physically survive. But even in the acute phase, we know that many of the traumatised women suffer from severe symptoms of posttraumatic stress (3). In the aftermath, women might be reluctant to talk about the trauma. They might rather present their problems as somatic symptoms. Their problems will then be inadequately addressed if the health care workers do not acknowledge the background of trauma.

Increased International Attention to Women's Needs in Emergency Situations

Several new initiatives and activites are ongoing, which recognise the need for a health care for women, which integrate the knowledge of traumas. The Office of Women Health and Development in WHO includes a program of women's health in Emergency situation. The lacks of reproductive health facilities in Emergency operations have been acknowledged and guidelines have been developed which take into account the need for victims of gendered violence. Also, UNHCR reports on several projects in which sexual violence has been addressed: A project in Southeast Asia addressed violence in a program for Vietnamese boat people. The project provided safety for women, offered legal assistance, psychological support, and counselling and social and economical rehabilitation. In the report from a UNHCR project in Somalia, victims of violence and gendered violence were taken into the account when providing protection of camps. Focus was also on recreational activities and income generating activities. In December 1997, WHO Europe, arranged a conference on these issues for the Region, bringing to the meeting representatives from the WHO offices and other international agencies as well as members of NGO's in several countries in Eastern Europe. The meeting demonstrated clearly the recognition of the need for partnership between NGO's and international organisations in this field. Also, the need for both focusing on the somatic and the emotional aspects of gendered trauma was highlighted. Values for programs have been developed which identify a pro-active role for women and the need to bring the empowerment of women onto the agenda for agencies establishing projects in emergency situations. I also think it is important to bring into the discussion the limitations in western medical models of health. Increasingly, the traditional methods of relieving traumas, which are deeply embedded in many cultures, are recognised.

Emotional Responses to Traumas and Reproductive Health Problems

I would like to say something about the concept of posttraumatic stress. Trauma as cause of emotional distress has increasingly been recognised. The posttraumatic stress symptoms include flashbacks of the event with anxiety, nightmares, and panic attacks and sleep disturbances. Also, the trauma may lead to altered behaviour as the person who suffers attempts to avoid particular situations which trigger the memory of the event. From the literature addressing different types of posttraumatic stress reaction, we know that pre-trauma personal and sociocultural factors will influence the degree of symptoms. The severity and the nature of trauma and the occurrence of revictimization play a role in the manifestation and the severity of the symptoms. Extremely important to our context is, that the immediacy and the effectiveness of helping intervention might be crucial in optimising the persons own healing process after the trauma. If caring professionals or other helpers meet a woman, this might counteract some of the adverse effects and prevent the long-term effects of traumas.

Originally posttraumatic stress reaction was defined as an emotional response. However, professionals in the field recognise that the pain can also be expressed as somatic symptoms. This might particularly be true after sexual traumas. Chronic pelvic pain and other more undefined gynaecological entities might be the only way a woman can express her mental torture (4), (5). When we also know that sexual abuse might cause sexual transmitted diseases, physical trauma to the genital region and forced pregnancies, it seems extremely counterproductive to attempt making a distinction between emotional and somatic expression of trauma.

Even though there is an increased interest and growing knowledge about the link between body and mind when trying to understand and prevent the long term consequences of trauma, this has not yet become part of main stream medical care. In one way I am optimistic about bringing the body and mind together. Optimistic in a way that I think that some of the observations will be bakked up by solid based knowledge as research in various fields will take an interest in the topic. Thus the issues will have to be addressed also in the main stream of medicine. Also, many of the modern challenges in medicine cannot be met with a purely biomedical model of health. Just to bring in some examples from my field: caring for pregnant women in order to optimise perinatal outcome and prevent maternal complications both short and long term, developing programs to address the growing problems of chronic pelvic pain among women and the danger of medicalization and revictimisation in the health care of special groups of patients. In all these fields, bringing together body and mind is crucial for the understanding of the problem and developing solutions.

Concluding Remarks

To end all violence against women is our ultimate goal. To improve the care for victims of violence challenges the limitations of main stream health care models and point to new models to otimise health care for women. This conference is an important step in search for solutions!

Literature

Bracken, P .J./Giller, J. E./Kabaganda, S. 1992: Helping victims of violence in Uganda. Medicine and War; 8, 155-63.5

Dahl, S. 1993: Rape – a hazard to health. Scandinavian University Press, Oslo

Dahl, S./Mutapcic, A./Schei B. 1998: Traumatic events and predictive factors for posttrumatic symptoms in displaced Bosnina Women in a War Zone. Journal of Traumatic Stress, 11, 137-45

Frljak, A./Cengic, S./Hauser, M./Schei, B. 1997: Gynecological complaints and war trauma. Acta Obstet Gynecol Scand, 76, 350-4

WHO: Women's Health and Development 1997: Elimination of Violence Against Women. Executive Summary. WHO/FIGO PreCongress Workshop 30 July–31 July 1997

Körperpsychotherapie und Trauma

Gisela Endel

Krieg

Ich bin 1940 geboren, bei Kriegsende war ich 5 Jahre alt. Flucht, Nachkriegszeit, Gewalt in der Familie gehören zu meiner Lebensgeschichte. Das spielte mit Sicherheit eine Rolle für meine Betroffenheit, als ich von den Massenvergewaltigungen in Ex-Yugoslawien las. In Freiburg, in Deutschland und den Nachbarländern entstand eine breite Bewegung, die möglicherweise auf ähnliche Wurzeln zurückgeht. Dann fuhr ich nach Kroatien und Bosnien, um der Lähmung zu Hause etwas entgegenzusetzen. Hilflosigkeit und Unrecht haben mich enorm motiviert. Wieviel Angst ich hatte, habe ich erst gespürt, sobald ich Bosnien und Kroatien hinter mir und die Zivilisation zurück hatte. An einem Workshop mit David Becker und Margarete Diaz, die in Chile mit Folteropfern gearbeitet haben, stellten wir fest, daß der überwiegende Teil der anwesenden TherapeutInnen selbst oder über die Elterngeneration vom letzten Krieg betroffen war.

Körperpsychotherapie

Die Berufsbezeichnung Körperpsychotherapie gibt es noch nicht. Ich bin keine Psychotherapeutin nach einem herkömmlichen beruflichen Werdegang, und doch ist diese Arbeit mehr als Entspannung. In der Regel bezeichne ich mich als Körpertherapeutin.

Ich habe meine körpertherapeutische Ausbildung 1972 in der Schweiz mit einer Yogaausbildung und mit einer Ausbildung in analytischer Gruppendynamik begonnen. Darauf folgten viele Weiterbildungen in Encounter, TZI, Gestalt, TA, Middendorf, kai-ra-ku (Energiearbeit), Bioenergetik, Rebirthing, Hakomi und Traumaarbeit. Daraus ist eine Synthese entstanden, und ich lerne immer noch dazu. Ich habe Einzeltherapien und Supervision gemacht und bin seit 3 Jahren Teilnehmerin in einer Weiterbildungsgruppe bei Marianne Bentzen, der Mitbegründerin des Bodynamikinstituts in Kopenhagen, die als Vorsitzende des Ethikkommitees der europäischen Vereinigung für Körperpsychotherapie an der Präambel für Körperpsychotherapie mitgearbeitet hat.

Körper und Psyche sind eine Einheit, die Trennung ist künstlich. Wir haben nicht nur einen Körper, wir *sind* ein Körper, er ist der primäre Ort unseres Lebens und unserer Lebendigkeit – er sollte es sein. Unser Körper reagiert auf alles, wenn wir ihn lassen: auf Impulse von innen und von außen. Dazu benutzen wir die *Wahrnehmung,* denn ursprünglich wären wir in der Lage, kreativ und flexibel mit unseren Bedürfnissen und den Herausforderungen des Lebens umzugehen.

Im Laufe unseres Lebens müssen wir mit normalen und mit traumatischen Einschränkungen umgehen. Sie beeinflussen unser Sein, unser Erleben und unser Handeln. Wir entwickeln Ersatzfunktionen für das, was wir nicht können oder nicht bekommen, und Sekundärgefühle: ich bin nicht in Ordnung, ich habe kein Recht, zu existieren, ich bin nicht liebenswert, usw.

Psychologische Einflüsse manifestieren sich im Körper und sind dort aufspürbar. Wir haben ein Gespür dafür, wenn wir Menschen beobachten: hochgezogene Schultern, eine Heldenbrust oder eine schlaffe Haltung, die Art und Weise unserer Bewegung und eine energetische oder erotische Ausstrahlung sprechen eine deutliche Sprache, die wir entziffern und deuten.

Psychologen und Psychotherapeuten haben lange Zeit Körperkontakt vermieden, um Mißbrauch auszuschließen. Das ist in vielen Fällen nicht gelungen. Die Abstinenzregel soll helfen, sexualisierten Kontakt zu vermeiden. Nährend, haltgebend, heilend und motivierend ist nichtsexualisierter, mütterlicher, väterlicher oder freundschaftlicher Körperkontakt; die Defizite in unserer Kultur sind immens. Tilmann Moser hat darauf hingewiesen, daß beispielsweise sexueller Mißbrauch in Therapien abnehmen könnte, wenn nährende und haltende Berührung in Therapien gerade die Bedürfnisse stillen könnte, die unerfüllt sind, die sonst sexualisiert werden und nicht mehr beherrschbar sind. Werden die unterschiedlichen Ebenen akzeptiert, die kindliche und die erwachsene, gewinnen beide Seiten, weil die Bedürfnisse nach Zuwendung und Anerkennung beider Seiten erfüllt werden.

Wenn wir nicht in uns selbst verankert sind, vergessen wir uns, sind wir mit unserer Aufmerksamkeit außerhalb unseres Körpers und handeln nach fremden, nicht nach eigenen Bedürfnissen. Wir haben gelernt, Bedürfnisse gar nicht erst wahrzunehmen, Gefühle zu unterdrücken oder nicht auszudrücken. Die Liste läßt sich verlängern. Wir sagen viel weniger "ich fühle" als "ich denke". Wir haben nicht gelernt, körperlich-seelische Prozesse sich vollenden zu lassen, wir haben es eilig und lassen Denken und Willen entscheiden. Der Körper ist geduldig und strapazierbar, er reagiert auf Unerledigtes, Unstimmiges mit Symptomen, d.h. mit Signalen, oder mit Krankheit.

Beispiele

Eine Frau sagt zu Beginn einer Behandlung, während sie liegt:"Ich spüre Spannung im ganzen Körper. Ich weiß, daß ich liege, aber es ist, als hätte ich meinen Kopf erhoben. Ich halte mich selbst."

Das ist es, was unser Körper automatisch tut, wenn eine primäre Voraussetzung, nämlich Sicherheit, nicht erfüllt ist: wir halten uns selbst.

Eine Flüchtlingsfrau in einer Gruppe in Tuzla. Sie war in einem serbischen Lager und wurde mit Ketten geschlagen. Am ersten Tag spürt sie ihren Arm nur steif. Beim nächsten Treffen spürt sie Schmerzen im Arm, eine Woche später ein Rieseln im Arm. Auf meine Frage, ob sie dafür eine Erklärung hat, meint sie, das sei Angst!

Ein klassisches Beispiel für den Weg vom Symptom (Steifheit) über die Empfindung (Rieseln) zum Gefühl: Angst. Der nächste Schritt ist die Verknüpfung von Ursache und Wirkung: Verstehen. Nächster Schritt: Umgang mit dem Widerstand, das Zueinanderbringen der getrennten Bereiche Körper-Gefühl, und die Erprobung des Ausdrucks, wobei die Voraussetzungen erarbeitet sein müssen:
Sicherheit, Körperempfindung, Ressourcen – die tragfähige Basis.

Eine Frau bei Medica Zenica in der Gruppe stellt fest, daß sie atmet "wie ein Fisch auf dem Trockenen", sie schnappt nach Luft. Ein paar Tage später hat sie herausgefunden, warum: So kann sie vermeiden, tiefer zu atmen und ihren Bauch, (die Schmerzen und die damit verbundenen Gefühle) zu spüren.

Definition Trauma in der Körperpsychotherapie

Zitat (Pat Otgen, Mitbegründerin des Hakomi-Instituts Boulder/USA, und Peter Levine):"Trauma kann definiert werden als Wahrnehmung, daß das Leben bedroht ist, was die instinktiven Verteidigungsreflexe aktiviert. Trauma umfaßt nicht nur sexuelle Angriffe oder physischen Mißbrauch, sondern auch Verletzungen, Unfälle oder Operationen. Der Körper kann den Unterschied zwischen einem physischen Angriff und dem Operationsmesser nicht wissen; alles, was er wahrnimmt, ist, daß die physische Existenz in Gefahr ist. Die Resultate in unserer Physiologie sind dieselben: unser autonomes Nervensystem geht in einen hohen Aktivitätsstatus als Vorbereitung, unser Leben zu verteidigen, und wenn die Energie dieser Aktivierung nicht genutzt werden kann, nehmen wir die nächste Ebene der Verteidigung, wir erstarren. Ein wahrnehmbares Zeichen bei jemandem, der ein Trauma erlitten hat, ist hohe und schnelle ANS-Aktivierung, oft mit emotionaler Belastung. Diese Aktivierung manifestiert sich in zunehmendem Herzklopfen, Schwitzen, Pupillenbewegungen, Gänsehaut, trokkenem Mund, Zittern, etc., häufig begleitet von Panik und Überwältigung. Andere Anzeichen sind das Gegenteil davon: erstarren, nicht mehr da, taub sein. Eine Person kann einen Verflachungseffekt oder einen erhöhten Effekt haben, oder große Belastungsschwankungen erleben. Die primären Sorgen von Klienten in der Therapie haben normalerweise mit Symptomen zu tun: Panikattacken, Angst, Phobien, Schlafstörungen, Zittern, Hyperwachsamkeit, Lernstörungen, Hilflosigkeit und das Fehlen von gesunden Grenzen sind häufig Anzeichen für in der Vergangenheit erlittene Traumen. Entwicklungsgeschichtliche und traumatische Verletzungen überlappen oft."

Als Pat Otgen in einem Seminar über Trauma sprach, war ich zuerst voller Abwehr: Trauma? Ich? Dann fiel mir dies und jenes ein: 18 Jahre Leben mit einem gewalttätigen Vater, Alkoholiker, und einer ängstlich/dominanten Mutter; bei den Geburten meiner Kinder fast gestorben.

Methodik

Aus dem vorher Gesagten resultiert, daß bei einemTrauma in erster Linie der Körper in den Basisfunktionen des Stammhirns betroffen ist und in zweiter Linie die Psyche. Deshalb ist Körperpsychotherapie angebracht. Die körpertherapeutische Arbeit mit einem Trauma umfaßt zwei Bereiche:

1. Voraussetzungen für die Traumabearbeitung schaffen:
   Sicherheit,
   Körperempfindung,
   Ressourcen.
2. Durcharbeiten des Traumas.

Die Kenntnisse dieser Methode haben mir so etwas wie eine Landkarte gegeben, damit ich weiß, wo ich mich befinde, was ich tun kann und was nicht, und wie sich die Arbeit bei einem Trauma von herkömmlicher therapeutischer Arbeit unterscheidet.

Im zweiten Bereich der Traumabearbeitung wird an der Lösung der eingefrorenen Bewegungsimpulse im Körper gearbeitet, indem man auf einer Matratze in der Vorstellung zu einer sicheren Person oder einem sicheren Ort rennt, nachdem man die Therapeutin genau über den Weg informiert hat sowie an der Wiedereinsetzung der Verteidigungs- und Orientierungsreflexe (Arme, Beine, Nacken). Damit einher geht die psychologische Verarbeitung, bis alle Traumasignale verschwunden sind und das Ereignis mit normalen Gefühlen von Wut, Trauer, Erleichterung vollständig besprochen werden kann.

Körperarbeit bei einem Trauma
1. Arbeit mit der Körperwahrnehmung am Thema Sicherheit

Hier fallen zwei Themen zusammen: die Wiedergewinnung der Körperempfindung und das Thema Sicherheit. Die Körperübungen sind einfach und weniger auf Entspannung der Muskulatur ausgerichtet, als auf Wahrnehmung und haltgebende Strukturen im Körper im Kontakt mit dem Boden und später, wenn Vertrautheit da ist und Berührung möglich wird, was sorgfältig überprüft werden muß, mit anderen Personen. Zuviel Entspannung sollte vermieden werden, weil sonst traumatische Inhalte auftauchen können.

2. Arbeit mit der Körperwahrnehmung am Thema Fluß

Ist ein Boden bereitet, kann man behutsam an die Arbeit der Wiederverbindung im Körper gehen. Im Moment des Traumas verläßt man seinen Körper: Al Pesso, dessen Arbeit ebenfalls teilweise in dieses Konzept mit eingeflossen ist ("Dramaturgie des Unbewußten, übersetzt von Tilmann Moser) den Vorgang, bei dem das Ich den eigenenen Körper verläßt, auf die Formel gebracht: I am not here! Der ganze vegetative Bereich ist betroffen, mit den oben geschilderten entsprechenden Symptomen. Sie gilt es erst einmal wahrzunehmen, nicht wegzumachen, was sowieso ein Grundsatz in meiner Körperarbeit und auch in der Hakomi-Körperpsychotherapie ist: *wahrnehmen, was ist, damit es sich verwandeln kann.* Dem sind hier Grenzen gesetzt, weil traumatische Inhalte nicht berührt werden sollen. Selbstkontrolle und Selbstbestimmung sind in diesem Fall, wo Grenzen gewaltsam verletzt wurden, enorm wichtig. So sollte mit jedem Schritt behutsam experimentiert und großer Wert auf die Selbstkontrolle gelegt werden, die hier als *Selbstschutz* ausdrücklich erwünscht ist. Was wiederum Vertrauen schafft. Zugleich ist die Arbeit im vegetativen Bereich auch eine Arbeit am inneren Kern, der weder rein körperlich noch rein psychisch ist, sondern ganzheitlich: dort ist die unverletzte Quelle unserer Kraft, das gespürte Wissen, geliebt, in Ordnung und sicher zu sein.
Beispiele:
Arbeit mit den Gelenken (Ilse Middendorf, Berlin),
Organring (Ilse Middendorf, Berlin).

3. Arbeit mit Ressourcen

Bedeutet: nicht nur problemorientiert arbeiten, sondern nach Fähigkeiten Ausschau halten, sie anerkennen, sehen, darüber sprechen, vor allem spüren und vertiefen. Die Wahrnehmung nach einem Trauma ist verkürzt und eingeengt: Scham- und Schuldgefühle sind übermächtig, oft verstärkt durch wenig Unterstützung und Anerkennung vor, während und nach einem Trauma. Trotzdem sind Fähigkeiten in den allermeisten Fällen da.

Beispiel:

Frau in Zenica, Baby verloren. Völlig immobil, sitzt seit Monaten bewegungslos in der Wohnung, kann nicht ohne Begleitung kommen. Arbeit mit der Bewegung der Augenlider. Ihr Gesicht taute auf, sie fing an zu staunen, mich anzuschauen und nicht mehr auf den Boden oder nirgendwohin zu schauen. Ihre Atmung ging rascher, sie schien aufzuwachen.

Wenn man diese Arbeit ausreichend vertieft, kommt relativ schnell der innere Kern zum Vorschein: Kraft zu spüren. Zuversicht. Frauen sind nicht nur Opfer. Ihre Kraft und Lebendigkeit hat mich tief beeindruckt.

Beispiel:

Frau in Tuzla, 19 männliche Familienangehörige verloren, zuletzt den 5-jährigen Sohn an ihrer Hand durch eine Granate. Sie fällt immer wieder in Ohnmacht und nimmt die zwei verbliebenen Kinder (Mädchen!) kaum wahr, spricht nur vom Sohn. 2 Stunden nach einem intensiven Gespräch treffe ich sie im Treppenhaus, mit einem Besen in der Hand. Sie grüßt mich.

4. Unterschiede

a) zu "normaler" Therapie:

- möglichst viel Informationen geben und klares Setting vereinbaren,
- mit der Körperempfindung und der Wahrnehmung mit dem und durch den Körper arbeiten, weniger mit Gefühlen oder Bedeutungen (Diaphragma, innere Organe, Wiederverbindung), eher mit kleinen als mit grossen Bewegungen,
- die heilende Beziehung etablieren,
- Therapeutin muß aktive Rolle einnehmen, nicht nur dem Prozeß folgen,
- Widerstände, Selbstbestimmung und -kontrolle als Ausdruck des Selbstschutzes akzeptieren,
- mit Zeitverlangsamung arbeiten,
- nach traumatischen Übertragungen Ausschau halten,
- allmählich und langsam an der Wiedereinsetzung der Orientierungs- und Verteidigungsreflexe arbeiten,
- den sicheren Ort/die sichere Person etablieren.

b) verschiedene Traumata und kulturelle Unterschiede:

Ein aktuelles, im Krieg erlittenes Trauma manifestiert sich anders als z.B. ein permanentes sexuelles Trauma. Dabei spielt auch der kulturelle Hintergrund eine große Rolle in bezug auf Sexualität oder körperliches Erleben. Es ist ein Unterschied, ob man durch ein übermächtiges, unvermeidliches Kriegsgeschehen oder in der eigenen Familie traumatisiert und im Stich gelassen wird. So habe ich beispielsweise viele Frauen in Bosnien und Kroatien im Zugang zu ihrem eigenen Körper und im Umgang mit Gefühlen als sehr ursprünglich erlebt, während sie in einer durchaus patriarchalen Kultur leben und in der Phase des Sozialismus ein beträchtliches Maß an Anpassung entwickeln mußten. Innerhalb ihres eigenen Raums hatten – haben – Frauen jedoch Entscheidungsfreiheit. So sind ihnen Abtreibungen eher selbstverständlich, und sie scheinen nicht so darunter zu leiden wie Frauen in unserer Kultur.

War, Gender and Traumatization – Women's Experiences of Armed Conflicts in Uganda

Ruth Ojiambo Ochieng

Abstract: It is important to understand the trends of wars, civil strives and armed conflicts in Uganda, in order to measure the effect it has had on the Ugandan population especially the women and children. This paper will therefore give a brief outline of various stages of civil strives and armed conflicts in Uganda. It will also briefly point out what is seen by the majority of the population as the cause of these conflicts, and then discuss the findings of Isis-WICCE study in Luwero district, where about 500 respondents were interviewed. However, in order to give an overall picture of the effect of wars on the entire population of women in Uganda, the paper will high-light a few cases that have been documented by other developmental organisations such as the World Vision, UNICEF, Amnesty International, to mention but a few, in other war-torn areas in Uganda, as a way of showing uniformity of abuse by the perpetrators (male combatants) of women and girls human rights. Other sources such as reports in the local newspapers have also been used. The paper will however concentrate on the effects these wars have had on women's human rights, health, mental, social and their psychological well-being.

The effects of war do not stop with the end of war. The author will therefore endeavor to highlight what women in Luwero in particular said about the management and repackaging of the basic needs during and after the war. Their post war needs will also be enumerated. The paper will conclude with discussing the challenges faced by Isis-WICCE in implementing its programs in this war-torn country.

Background Information on Uganda

Uganda, which was once described as the "pearl of Africa", is situated in Eastern Africa, it borders on the Democratic Republic of Congo, the Sudan, Kenya, Tanzania and Rwanda. Apart from Kenya and Tanzania all the other neighbours are also presently experiencing armed conflict. These conflicts in this region of the Great Lakes have contributed a lot to underdevelopment, so that some of these countries are now among the poorest countries in the world despite all the natural resources they have.

The population of Uganda is estimated to be about 20 million people of which 55.1% are women. Women represent the biggest part of the labourers, force (70% - 80%) in agriculture, the backbone of Uganda's economy. Despite their huge contributions to the economy, women are the poorest of the poor (67.1%), they are the most illiterate (55.1%)[1], and the majority of them live in rural areas where skilled human resource and social service infrastructures such as hospitals, roads, channels of communications etc. are lacking or are in a sorry state.

Politics and Governance

Turning to the political history of Uganda: Uganda, which attained independence from Britain on 9th October 1962, is one of the countries in Africa, which have had a turbulent history of armed conflicts from the time of independence. Since then the country has had as many as nine changes in political regimes. Out of these, four changes have come about by force of arms. These conflicts have taken the form of guerilla warfare, conducted in close quarters to civilians. Civilians have willingly and/or unwillingly engaged in them, taken sides or else been subjected to torture and aggression in the event of failure to support either of the opposing forces. The most notable of the above said conflicts are: the military regime of Idi Amin (1971-1979); the Milton Obote II regime (1980- 1985), and the National Resistance Movement government 1986 to date.

Causes of conflicts

It has been generally said that most, if not all of these civil strives and armed conflicts come about because some individuals or groups of people feel that the government of the day has committed some injustices for which it must be removed from power. These injustices include lack of democracy, violation of human rights causing insecurity to individuals or groups of people and unequal distribution of resources for development between ethnic groups/regions. In some instances, however, the above reasons are just used as a justification for waging a war. It should not be ruled out therefore, that some of these wars are struggles for power control of resources for individual gains. Whatever the justification, armed conflict situations always bring untold suffering to the population where such conflicts occur. Women and children, because of their vulnerability, suffer most whenever these conflicts take place.

The Buganda Crisis 1962-1966

One could argue that internal conflicts began with the Buganda crisis. In 1966 disagreement developed between the Executive Prime Minister (Dr.

Obote) and the titular President (Mutesa II King of Buganda). The disagreement culminated into the deployment of the army by the Prime Minister against the President, forcing the latter out of his palace and kingdom and into exile. This particular civil strife, it is argued, was mainly because of the struggle for power control between the Prime Minister and the President. This was the beginning of the violation of human rights in Buganda region after independence. Many people were killed and tortured during the strife. Property and crops were destroyed. Some Baganda, especially those who enjoyed the rule of kingdoms believe a lot in the importance of kingdoms,. This made them resent Obote's rule to an extent that whoever mentioned to them the return of kingship as a cause to oust Obote's rule would be welcome; (e.g. in Luwero respondents reported one of their reasons for supporting the National Resistance Movement (NRM) rebels was the promise to return the Buganda kingdom).

The Military Regime of President IdiAmin 1971-1979 and the War of 1978/79

In 1971, Uganda experienced the first military regime since independence. Idi Amin overthrew the then legitimate government of Milton Obote. Between 1971 - 1979 violence became the main method of resolving conflicts among the people. The regime was characterised by brutality, there was general violation of human rights i.e. by killings, abductions and disappearances of individuals. The then government, ignored the human rights laws, whereby any individual or groups who allegedly represented a threat to the regime were eliminated. Some individuals were hunted and killed by the military for various reasons including soldiers wanting to take away other people's wives, women refusing to have affairs with soldiers, one driving a better car than that of the soldiers etc, etc. This led to exiled Ugandans forming fighting groups which, with the assistance of the Tanzanian government troops overthrew the Idi Amin regime in 1979. The Idi Amin regime caused deterioration in the social and economic infrastructure and the moral fabric, resulting in an exacerbation of poverty, ignorance, illiteracy, disease and massive corruption and nepotism which has persisted in society.

The Milton Obote II Regime between 1980-1985 and the Luwero Triangle War

The 1980 general elections brought Dr. Apollo Milton Obote back to power for the second term of office. A group of Ugandans, led by Yoweri

Museveni, the present President, was dissatisfied with what was going on, and therefore waged a war to overthrow the Obote II government with the starting base being in Luwero district. This spread to cover the districts of Mubende, Masaka, Kibale, Mpigi and parts of Mukono district. The area came to be commonly known as the Luwero triangle.

The reasons given for waging this war was the alleged rigging of the 1980 parliamentary elections in favour of the Uganda People's Congress (UPC) party of which Dr. Obote was head. The other three parties that had participated in the election, namely the Democratic Party (DP), the Uganda People's Movement (UPM) and the Conservative Party (CP), immediately disputed the outcome of the elections, hence some of them started the rebel activities in the Luwero Triangle.

Before the then NRM rebels took over power from Obote II regime, the then government Army General, Tito Okello Lutwa, overthrew the Obote II regime in a coup d'état in July 1985. His regime, however, did not last long before the NRM finally took over power on 26th January 1986.

The War in Northern Uganda 1986 to Date

After the takeover by the NRM, the remnants of the Obote's government regrouped to start fighting the NRM governance. Since 1987 there have been a number of conflicts in the Northern, North Eastern and North Western parts of the country. The groups allege that the present government is undemocratic for failing to allow other parties to exercise their political feelings, as well as failing to distribute resources for development equally among the regions.

The ongoing armed conflict in the north of Uganda started with the formation of the Uganda People's Defence Army (UPDA) in 1986, composed of various rebel factions opposed to the rule of Yoweri Museveni. In November 1986, the Holy Spirit Mobile Force 1, as it was referred to, led by priestess Alice Lakwena, marched through parts of Northern and Eastern Uganda towards Kampala the capital city. She mobilised the former government soldiers and villagers with a belief of ousting President Museveni and installing a "god-chosen leader"[2].

Her military incursions posed a threat to the NRM government until she was finally defeated in 1987 and she fled to Kenya, where she lives to date. Her force was the precursor to the present day Lord's Resistance Army (LRA) of Joseph Kony. The LRA which is based in Sudan, keeps making incursions into the northern parts of Uganda where its fighters loot, abduct, rape, kill civilians, burn down homes and granaries, ambush vehicles and plant landmines along roads. Very many women and men have lost their lives in this part of the country due to the persistent insurgency.

The War in Western Uganda 1996 to Date

As if this was not enough, in 1996, another armed conflict, this time in the western part of the country, resulted in insurgency in the district of Kasese. Since then, a group or groups of fighters under the name of Allied Democratic Forces (ADF) have been operating along Uganda's border with the Democratic Republic of Congo in the Western parts of the country. Sometime this year the group intensified its operations by attacking the town of Kasese and other targets in the area, where about 50 students from a technical college (Kichwamba) near the border with Congo were burnt to death and over 70 abducted by the rebels. These included girls[3]. The reasons they give for fighting the present government is alleged to be unequal distribution of resources among regions, lack of democracy and nepotism.

It is therefore important to analyse how much is known about the atrocities inflicted on women during all these mentioned strives and armed conflicts given that women are always excluded from the initial planning of the war. In addition they are not informed of the plans that men make concerning their joining the rebels. As a result, for most women, the beginnings of all these wars take them unaware hence the untold sufferings they face.

Therefore, documentation of women's experiences during armed conflict is crucial because it allows exposure of the violations inflicted upon them and the environment and enables individuals and groups to seek for accountability in order to secure a remedy. It also identifies areas that may need intervention in order for individuals and communities to settle down after the war. Documentation is also very crucial to record history as a strategy of deterring further occurrence.

Documentation of War Experiences

It is important to note that war is a highly patriarchal institution which evokes images of armed men courageously battling for "a common good". In terms of human rights abuses, it is therefore assumed that only the combatants, mostly men, experience the crimes of war. Unfortunately, crimes against women by the warring groups in situations of war and armed conflict are hardly addressed and, as in the past, are even denied.

While in the past there has been some documentation of war experiences in Uganda, the majority of such research has not been gender desegregated, but rather is information that is assumed to be gender neutral. Because history and even our understanding of human rights abuses have been based largely on the male experience, gender neutrality has become synonymous with the male experience, particularly in war situations where most soldiers are men and most decisions are carried out by men. Consequently, most of the documentation and hence corrective measures are based on the male perceptions.

As a result, women's experiences in Uganda have been left out, because women generally remain silent due to the nature of most of the atrocities and torture committed against them, which are regarded as "shameful". Women therefore silently suffer the trauma, psychological torture and stress in addition to the infections they get after sexualised violence. As a result, little is known about their contributions to the war effort, the crimes committed against them during war, women's coping mechanisms during armed conflicts and the appropriate responses to women's needs in post-conflict situations. This kind of situation, has resulted into very little being known about women's experiences during the said wars and as such, limited measures, if any, have been instituted to help women and hence their continuous suffering.

It was in view of this imbalance in the documentation of women experiences in armed conflict, and in line with the Beijing Declaration and Platform for Action paragraph 129 (a) (b), that Isis-Women's International Cross Cultural Exchange (Isis-WICCE), an international women's resource centre based in Kampala, Uganda, embarked on a study on "Documenting Women's Experiences in Armed Conflict", as a tool for redress, accountability and rehabilitation process in Uganda, starting with Luwero. Isis-WICCE, is yet to make a similar comprehensive study in the districts of Kumi and Soroti in Eastern region, Gulu and Kitgum in the north and Kasese in the western part of the country, where these wars have occurred and in some cases are still being experienced.

Women as Victims of Torture During Armed Conflict

When talking about women as victims of torture in armed conflict we need to address the following:

- What are the roles and contributions of women during different time periods of armed conflict?
- What experiences do women go through during an armed conflict?
- How do women cope with displacement and inadequacy of basic means of survival during armed conflicts?
- What is the impact of armed conflict on women's health, their well-being and the well-being of their families?
- What lessons can be learnt by individuals, communities, governments, human rights activists, policy makers and the women themselves?
- What programs should be put in place for women to heal the physical and psychological wounds resulting from torture?

With that in mind, let us now look at some of the atrocities Ugandan women have faced during the said wars as well as their contribution to these wars.

Women's Contribution to the War Efforts

In most cases, when we talk about war and women we usually look at women only as victims of torture. However, in Luwero women reported to have contributed a lot to the war efforts and to the attainment of the peace enjoyed today. While some of the contributions were done out of choice, quite a number of the acts carried out by women were forced on them by circumstances. Women's role in Luwero during the war can be divided into two: the traditionally accepted women's roles and those, which under normal circumstances are carried out by men.

While women continued to play their traditionally accepted roles like the provision of food, nursing children and families, etc, they also played roles generally taken to be carried out by men, like maintenance of homes, fighting, carrying out reconnaissance missions, etc. In some cases it was reported that women performed even better than men at frontlines and that women were better instructors than men. It was echoed by both sexes that women played a significant role in the success of the Luwero war. While in Gulu the abducted girl children also report being involved in the military encounters in addition to playing other roles such as cooking, looking for food, nursing the wounded rebels, etc.

The most disappointing issue however is, that when the war ended women were expected to go back to their traditional roles with no substantial reward given to them. While men were promoted and received further training, the so-called "gallant women Lieutenants" were told that due to their low education it was impossible to give them ranks in the army. Some women reported having wanted to continue with the army carrier but were let down.

However, in both cases of Luwero and Gulu, most women and girl children reported that they were used unwillingly to go and fight. It is evident from the reports therefore, that women and girls usually have no choice when being drawn into armed conflicts but nonetheless, play a big role in the conflict.

Consequences of Torture and Violation of Women's Rights

The findings by Isis-WICCE in Luwero in central Uganda and supplemented by those of other organisations and individuals in Gulu, Kitgum, West Nile in North and North West part of the country and Kasese in the western part of Uganda, give a very disturbing picture in terms of what women go through during an armed conflict.

Women in Luwero indicated that the things that were done to them were highly polarised in nature. Torture was one of the methods used by warring groups especially to extract information from them. It was also a form of demoralising and humiliating them as suspected enemy and/or sympathisers and collaborators of the "enemy". Torture was also meant to be a deterrent to people joining the adversary side.

The result of the Luwero research shows that 79% of the interviewed women and a few male control groups reported their relatives and themselves having been verbally or sexually abused and tortured. The reports indicate that the abuse took very many forms. These included: defilement, gang rape, forced marriages, opening of women's pregnancies, women being shot at, mutilation, banging their heads on stones, burning their bodies using melted plastics, beating, making women lift heavy loads, throwing their children in rivers, making women walk naked in front of their children and in-laws and many others.

Similar cases have also been documented in the other regions mentioned. In Gulu some unique cases included locking up women's lips with padlocks in order to stop them from reporting the rebels, cutting off their ears and lips, as well as hacking them to death. Below are some of the testimonies narrated by women victims of war.

Sexual Abuse during armed Conflict

Sexual abuse is one of the extreme atrocities and forms of torture documented as having been committed against women and girls during armed conflicts. Marital status and age usually did not protect them against harassment as the married and unmarried, the young and old, were all vulnerable to sexual abuse.

Sexual abuse took many forms including rape; defilement; forced marriages; sexual comforting; forced surrendering; forced intercourse with relatives such as fathers, sons and brothers. Eighty-eight (88%) percent of women who were interviewed in Luwero reported knowing someone who was sexually abused; 27% reported their daughters having been sexually abused while 23% reported having been abused themselves. However, during the group discussions women in Luwero estimated that 70% of the women were sexually abused during the war. One woman testified saying that almost all women in her village, including herself were sexually abused as the government soldiers went on rampage looting, killing and raping women. This was confirmed during the recently concluded 1998 Isis-WICCE Exchange Program when a group of women from Luwero met with the participants.

The Rape Ordeal

Rape is used in armed conflict as a form of torture. It inflicts severe pain and suffering on women victims. It is carried out intentionally for purposes of punishing or intimidating women. Rape of this nature is also used to coerce women into giving information on the whereabouts of their husbands, sons, and brothers. In Northern Uganda (Gulu) it is reported that rape is carried out by both rebel forces and the state agents. The Luwero testimonies however, indicated that most perpetrators were state agents.

In Luwero and Gulu, women and girls indicate that rape usually frightened and made them feel vulnerable, humiliated, and personally violated. The majority of the rape cases reported were heterosexually committed against women and girls. There are no reported cases where the female combatant sexually harassed civilian males or fellow male combatants. Neither were there cases of any sexual relationship between women. Women in Luwero believed that they were not just raped to satisfy the sexual desires of those men. They were raped partly to humiliate them and the communities to which they belong. Rape was also used as a form of sexual slavery. In the case of women in Luwero Triangle, it was reported that women were abducted and kept in places where each woman could be raped by as many as 15 soldiers in a day.

An analysis of all the cases of rape in Luwero, indicated that in most cases women were raped by more than one person at a time and several times. Of all the cases reported, the maximum number of soldiers raping an individual woman in different episodes was 21 over a period of time. The biggest number of soldiers reported to have raped a woman during one episode was 15 soldiers.

The testimonies indicate that the incidence of gang raping was high during the war and this was done to girls and women of all age groups. Women who were gang raped reported seeing soldiers lining up and raping them in turns. During the study, some instances of gang rape of one victim were reported to have lasted up to three hours. Some women's private parts were cut using bayonets after raping them. A few of such cases were reported to have died.

Women were raped in various places. These included in the public, in gardens, in bushes and shrubs as well as in tents at military checkpoints. One woman gave her gang rape ordeal testimony as below:

> *"I was 30 years old and married when I was gang raped. I had temporarily got separated from my husband amidst fleeing and insecurity when the village was attacked by government soldiers. I, together with a friend and my young sister, ran into the bush where I met my first ordeal. Six soldiers found me hiding and raped me one after another starting with the one who seemed to be their commander. This lasted for about 3 hours. The last one closed my legs barking at me in Kiswahili 'we mushenzi lala happa' meaning you fool lie here. I could not even talk. My relatives discovered me later soaked in blood, urine, faeces and men's semen.*
>
> *I was torn everywhere and developed backache. Before I had recovered, I was again gang raped at a military checkpoint (road-block). This time I was raped by 15 soldiers. This left me shattered. I was once again torn to an extent that I could not control my biological functions. The uterus was dislocated and started hanging out. When-ever I am bathing I have to push it back.*
>
> *My vaginal part and anus, is separated by just a thread of flesh such that when I get diarrhoea, I defecate from both the front and behind. I was oozing water and blood.. The oozing of water and blood has continued up to today despite the medical treatment I obtained. The fluid is white and some times mixed with pus. The one with pus is smelly. When the fluid comes, I have to use a small pad. The men say I do not fit them and hence I do not satisfy them sexually. I equally do not get sexually satisfied. Although I can still conceive, I cannot deliver without professional assistance".*

Such cases of rape and gang rape are also reported in Gulu, Kitgum and WestNile. Many women who were raped reported to have contracted STDs. Others live under fear of having contracted AIDS as a result of the rape.

The Girl Child

I would like us to look at the situation of girl children separately from that of grown-up women in order to realise the moral decadence of some men in my country as well as understanding the gravity of the situation such young girls had to experience.

In Luwero, as already indicated sexual abuse had no age, as women reported girls from the age of 3 to 17 years experiencing similar sexual abuse as grown-up women. The outcome of these atrocities resulted in mental and physical torture and death of some of these young girls. The reports reveal cases whereby children of about 3 to 6 years had their private parts torn by soldiers using bayonets to allow penetration. Such children passed away. One mother narrated her story saying I watched my child die slowly.

Robby Muhumuza of World Vision in his study of Girls abducted by Joseph Kony's Lord's Resistance Army in Northern Uganda found out, that 86% of the abducted children were between 11-22 years of age and had been abducted for a period of 1-12 months before they reappeared. The experiences they had gone through during their captivity (including forced torture and killing others, themselves being tortured and wounded, persistent sexual abuse, intimidation and humiliation, walking long distances barefooted, without food or drink), had left them very traumatised.

He reports that the girls abducted by The Lord's Resistance Army were targeted for sexual abuse as they were usually divided up and shared among rebels to be their "wives". They were expected to provide sex anytime and as often as the rebels demanded it. Those who refused were beaten, tortured and humiliated in front of others till they submitted. It should be noted that these are young children being forced into "marriage" to strange men!

Muhumuza also indicates that, the girls are usually shy and unwilling to talk about the experiences of rape, defilement and STIs and look more grim, withdrawn and stressed than the boys on arrival at the rehabilitation centre. They talk of shame, humiliation and fear of rejection by their relatives and possible future husbands.

When they arrive at the World Vision Centre they are traumatised, usually half naked, in tatters, smelling because of not bathing, with lice infestation and serious skin rashes. He further indicated that the girls sometimes have gun or knife wounds, swollen feet, broken bones, bruises and other infections. Women in Luwero reported similar ordeals to have happened to their girls. A girl of 12 years was reported to have been raped by four soldiers during one episode at one single time.

Girls from Gulu talk of recurring sad and sometimes horrifying events they witnessed, participated in or sometimes that happened to them. Some few boys report of having been given young girls as wives as a reward for bravery. A few boys talk of being forced to marry some women commanders who are shunned by their male counterparts who prefer younger girls for sex.

Forced Marriage:

In Luwero and Gulu, it is reported that many women and girls were forced into marriages to soldiers who were not of their own liking. In Luwero, of the 66 women who answered the question on sexual abuse, 48% (32) indicated knowing some women who were married forcefully. These women and girls were abducted from spouses, parents and from hiding places. They were taken to barracks near and far; and in homes of soldiers in other parts of the country.

One woman in Luwero reported that her girl-children were always pestered by the soldiers who wanted to make them their "wives". The girls always had to be in hiding and many were forced to marry when they were still very young so as to get security from their husbands. Some were forced into submission to marry soldiers for the sake of their security too, and that of their husbands or parents. Muhumuza' s case study on girls in Gulu narrates similar experiences.

The Luwero case below serves as an illustration.

"I was 29 years old with a four-months-old baby when I was captured by a government soldier who found me hiding with my husband in the bush.The soldier forcefully told me to abandon my baby and go with him.This captor who was 25 years old, four years younger than me, a Langi by tribe, took me as a wife to Katugo detach. On arrival in the barracks my breasts started swelling because I had left behind my suckling baby. The military commander of the 'captor husband' ordered him to take me back to collect the baby where I had left it. On arrival, my real husband was excited and even thanked the

soldier for bringing me back. In response, the soldier attacked him and cut his arm with a bayonet. The soldier got the baby from my real husband, gave me the gun and magazine to carry while he carried the baby. Enroute, the soldier stopped, picked a cow from around and took it to my real husband as dowry. I stayed with the captor husband for four years during which we moved from barracks to barracks. From Katugo detach we moved to Nakasongola barracks where we spent two years. In the third year there was a military coup d'état led by Lutwa which forced us to trek to Lango, my captor's home. On arrival I found that my captor had another wife. My 'mother and father-in-law' welcomed me and I was tattooed in the face to initiate me in the Langi culture. This was of course contrary to my cultural (kiganda) practices. My 'co-wife' was not happy with my being accepted in the family together with my child. At one time she boiled water and poured it on me. I was admitted to Lacor Hospital where I stayed for one year.

Despite the reaction of my 'co-wife' my captor husband loved me together with my child to an extent that he lied to his parents that the child was his. However, because of the poverty in the area I was nearly walking naked. Notwithstanding my dislike of the situation I was in, continued carrying out all the expected roles of a married woman in a home including taking care of the 'in-laws'. I stayed in this relationship as a coping strategy for security and survival with my baby but was always longing for an opportunity to run away.

When Museveni's liberation war reached Lango I found an opportunity to escape through Lake Kyoga back to my parents' home with my child. My husband happily accepted me back as his wife in my home. I had not got pregnant from my captor husband because I deliberately continued breastfeeding my child for the years I stayed in Lango.

But madam, what I can never forget is the robbing and killings which I was forced to do with my captor while in Nakasongola and enroute to Lango. The blood of all those we killed and robbed are still haunting me." .... She broke down and cried.

Sexual Comforters

The Luwero study revealed that during war women become objects of pleasure for male combatants. Some women who are abducted in a conflict situation are forced into prostitution. The crime involves force or coercion, and is committed continuously on individual women by multiple partners.

In Luwero a girl narrated her ordeal when a soldier took her to the military detach as a comforter. She was taken to his underground chamber *(commonly known as andaki in Swahili)* where she found two other girls. She was around 14 years and a virgin. The man raped her in front of the other two girls. She was hurt, torn, and ended up getting a sexually transmitted disease which she reported persisted for a very long time. After some time the man was transferred to another detach. As soldiers were not allowed to move with women, "the husband" sold her for Uganda Shs.1,000/- (equivalent to 1 US dollar) to another soldier where she became a comforter for a second time.

Likewise, this soldier was also transferred. He also sold her for Uganda shillings 1000/- to another soldier, and she became a comforter for the third time.

Although this young woman eventually got married and had two children, she has failed to sustain a permanent relationship with any man because of the stigma since many of her community members know about her war experience. Given her level of education and absence of a steady partner to depend on economically, she lives in abject poverty.

Forced Sexual Intercourse with A Father/Brothers

Some girls and women were forced to have sex with their fathers or brothers. One old man was forced to have sex with his 18 year old daughter while his son, wife and the soldiers watched. When he refused the girl's brother was ordered to have sex with her instead or else he'd be killed. The brother was scared that the whole family would perish if he refused, and had sex with his sister in front of the whole family and the soldiers. The father was punished for his refusal by forcing him to have sex with a hole which the soldier had made in the ground. As a result of this incident, the whole family was left in a state of shock and the father's penis was a grotesque mass of flesh.

During his testifying he said;

"I was embarrassed because all this was being done in front of my daughter and son..." he broke down and cried during the testimony.

Burning with melted plastics

Some of the women interviewed reported melted plastics having been used on them during torture aimed at making them reveal the identity and whereabouts of the 'enemy'.

"I suffered when I tried to plead for a friend whom they were accusing of being a rebel. When I insisted, that even her husband was not a rebel, they said I should also be burnt. So I got the punishment. All these are marks from the burning!"

Camps as Torture chambers

And those women in Luwero who ended up in government camps reported having faced various forms of torture while in camps. Below are two extracts about torture in camps.

One respondent revealed:

"They used to rape us. They would put us in a room. When night-time came, they used to come snatch us, take us out and rape us. They would then tell us to go back to the room. When parents complained about such acts, they would be asked what the difference was between the army men and other men the girls or the women loved. The soldiers would undress in front of the parents to force them see their private parts in front of their daughters saying that 'this is what I have used to defile your daughter'."

Then another had this to say:

"I found a lot of problems in the camp. Every time we had to be tortured. Whenever the soldiers were not paid in good time, they would carry out massive killings, claiming that it is because there were many people in the camp who had to be provided for, that their money was being diverted to feed the people in the camp. Reducing our numbers would make the officials pay the soldiers in time!"...

All these modes of sexual abuse and torture are gross human rights violations and constitute both physical and psychological torture.

Mental Health and Psychosocial Problems Resulting from War Experiences

Mental Illnesses

In Luwero, as well as the few cases in Gulu, it was reported that women and girls developed mental and psychological breakdown because of the trauma resulting from the atrocities committed against them and members of their families.

Some of the victims have been so traumatised that it is very difficult to get any testimony from them. It requires patience, understanding their culture, learning their language, leveling off with them and establishing relationships for them to begin talking about their experiences.

On top of having lost a lot in terms of lives and property, a number of women were reported to have broken down mentally. The form and degree of severity of mental breakdown varied from general fears of death to neurotic and psychotic disorders. Many women developed a feeling of helplessness and resignation. They became psychologically upset and traumatised. Many of these conditions persist up to today. There is a case of a woman aged 60 who had a noticeable mental breakdown. It was reported that she always shouts narrating stories of attacks by soldiers. There are times when she runs away at any sound or noise. As a result she is normally tied with ropes to keep her in one place. For her the war is still going on! Her mental life has never been corrected.

The case where the father was ordered to have sex with his daughter in front of his entire family left the mother devastated and traumatised. Although the entire family was traumatised, the mother seems to have been more affected. Today, she is mentally unstable. Her husband reported situations where she cooks food and before it is ready removes it from the fireplace and pours it on the ground. He also reported her uncoordinated discussions that are always relating to soldiers.

Psychosomatic Illnesses

This is the presentation of ill health with no evidence of actual physical problems. It was found out that women complained of general malaise without actually pointing at an actual organic problem. Many reported that: "We are always sick" although they could not say what the sicknesses were. The study could not estimate the proportion of women who developed psychosomatic problems and the forms they took, though. This may be one area worth investigating further as a form of intervention.

It was also observed that there were cases of sleeplessness, loss of appetite, heart palpitations and anxiety during the war and ten years after the war. In Luwero many of these conditions are believed to have been a result of bereavement, loss of property and fears of death developed during the war. There are many more women other than those who were included in this study who may be suffering from this problem and who need attention.

Anger and Bitterness

Many women lost their family members such as spouses, daughters, sons, mothers, as well as friends. Many of these deaths were brutal and some occurred before the very respondents. While some of the deaths were associated with soldiers, others were associated with some members of the communities in terms of revenge. Consequently, many women were left with bitterness, anger and feeling of vengeance against such community members who are suspected of having collaborated with the 'enemy'. Up to date, women who faced all these atrocities are not happy seeing some of the perpetrators moving freely.

While women in Luwero acknowledged having achieved the physical security they fought for at macro level, it was apparent that the majority of the women lost their individual socio-economic security. This was due to the loss of their children and husbands who were the source of support. This has created both grief and bitterness in their lives which still lingers on. This has been aggravated by the prevalent poverty and inability to replace what they had acquired before the war.

This spirit of vengeance, which still lingers on, has some indication of the type of services that need to be put in place after the war to prevent further wars and deaths. For example it was reported that some of the community members who were labeled as having taken part in the killings of the civilians in their communities, could not be allowed to come back. Those who came back returned much later – 12 years after the war – and live in isolation. This may have negative implications on the development and welfare of the individual households and the community especially the women who will have been assisted by the said members of the community at a later date. Reconciliation and peace making efforts still lack in this part of the country despite the fact that war ended over 12 years ago. It is important therefore for a reconciliation strategy to be developed in war-torn communities to avoid continuous conflicts.

Social Relationships and Breakdown of Marriages

While many families were broken down by death of spouses, some families broke down because of what their spouses went through during the war. Some women were reported to have been rejected by their husbands because they were raped and got children. The children born in these circumstances it was reported, usually face embittered communities. They are called names like "Omucholi" – literally meaning an offspring of an Acholi (a tribe in northern Uganda which was predominant in the government army at the time).

Even in instances where rape did not lead to children, some men refused to take back their wives because of stigma. The explanation given by the affected women varied. However, the common explanations were the negative attitude of society towards what happened to them. As a result, there are many cases of women caring for their children single-handedly. Counseling is crucial to heal this community.

These violations of women and girls have had devastating effects on them. Rape victims, and women who were mutilated by landmines or burnt, are often rejected by their husbands. They are abandoned together with their children, while the husbands remarry as indicated in the testimony below from Gulu;

> *"One morning after a rebel raid, I went to fetch water from the borehole. The second time I went for more, I stepped on an anti-personnel mine. It hit me, I was rushed to Gulu hospital. My husband nursed me, I survived but lost both legs. Thereafter, he chased me away from home with my two kids because I am lame, therefore disabled and useless. I now live with my parents."*[4]

There were cases of young girls who were repeatedly raped and do not desire to enter into marital relationship even 10 years after the war. A twelve-year-old girl from Luwero who was continuously raped revealed her reasons for refusing to indulge in any sort of association with men.

> *" I have decided not to get married because of the suffering I experienced. When I was raped, I developed acute abdominal pain and I started discharging pus which used to come out of my vagina in form of threads ... I cannot repeat associating with men and sex."*

Prostitution

Poverty, lack of resources and food are revealed as some of the reasons why women and girls in Luwero and Gulu have been forced into prostitution. Widows, who are forced to become heads of households, have to raise incomes, but the culture undermines their new role and sometimes some families even reject them. There is also a breakdown of social network and control, resulting in promiscuity, leading to early and frequent pregnancies and young single mothers. Because of the socialised gender roles, the young mothers are left with the unwanted and unplanned children. There is also an increase in violence against women in the homes because the men feel frustrated and incapacitated. One woman testified that:

> *"Most women have become widows. The few men who have survived the war are of no use for their families. Most have developed a sense of hopelessness and become drunkards. This shows the*

situation in which most women are finding themselves, assuming roles which were predominantly seen as responsibility of men."

Feelings of Grief and Uncertainty

There were cases in Luwero where some members of families merely disappeared and have never been seen. Women reported feelings of grief, uncertainty and despair over their relatives including children who had disappeared during the war, and whom they still hoped would one day return. Some of these expected to have been lost appeared after some years. However, others were never seen again. There is a girl who was taken at the age of 11 years and reappeared after seven years with two children and presently she is dependent on her widowed mother.

Gynaecological Problems

Pregnancy was another major problem. While, miraculously, some women got normal births, many miscarried while others got complications and infections after birth. Many women reported having developed gynaecological problems, which in some cases resulted in permanent disability such as failure to conceive. Those who had been raped reported having developed severe abdominal pains, inflammation and sexually transmitted diseases (STDs) such as gonorrhea, syphilis and others suspect being HIV-positive. The forced penetration it was reported by some health workers, caused tearing, thus opening the cervix, which caused infection and inflammation. The end results were discharges of water and pus and the smelling of the private parts. One health worker reported women presenting uteruses that had some pineapple-like growth on them. Poor hygiene and lack of water and sanitary facilities were reported to have been associated with vaginal disorders such as rashes and discomfort. Women also reported that some gender specific requirements such as toiletries were never provided. This left women with nothing to use during their menstruation resorting to using leaves and banana fibres. This they reported caused a lot of infection to their reproductive parts.

Other Health Disorders

Because of uncertainty of survival, and fear of death and due to lack of adequate food during and after the war, women in Luwero reported a number of health complications they suffered from up to date. These included: backache, pains in the limbs (which they developed due to walking long distances, carrying heavy luggage and children), heart palpitations, high blood pressure. Most of them reported feeling generally weak and that they can rarely work as hard as they used to do. Some women reported having developed a hearing disability due to numerous sounds of bombs. A number of women with such conditions have just resigned, stopped working and have become isolated and unsociable. This has led to most of them living in very poor conditions.

The Rehabilitation Efforts

In Luwero, some efforts have been made in the rehabilitation of the areas through both government and non-governmental organisations such as the World Vision, UNICEF and others. During the war, the assistance mainly consisted of basic needs such as food, medicine, blankets as well as utensils. These were limited, however, and therefore not everybody got a share. After the war the rehabilitation in addition to the basic needs, included the reconstruction of some of the infrastructure and to some extent personal houses that were destroyed during the war.

It was reported, though, that the manner in which the whole process was done was ineffective. Many of the intended beneficiaries did not get anything as some of the items were embezzled by those in charge of the distribution. The majority of such cases are women. Also because of poverty some of the basics that were given to people especially the men (such as hoes) were sold to buy food and alcohol. Women reported having been overlooked in the distribution of building materials i.e. iron sheets for roofing houses. This was obviously due to the institutionalised belief that it is the men who cater for provision of shelter in homes. Therefore, families that are being headed by widows ended up with no assistance. The majority of widows we interviewed live in pathetic huts and their lives are a real misery.

Is there Hope After Torture for Women?

Women form half of the population of mankind. They contribute to development and productive efforts. By ignoring them, we ignore and retard half of the resources available for rebuilding societies.

The case of Luwero revealed that even 12 years after the war women are still suffering from the effects of war torture. There is evidence that women in Luwero are still traumatised, leading to despair and consequently low production and lack of development. With the culture of expecting women to be silent, women in Luwero will silently die of mental and psychological torture that continues to linger on in their minds if they don't get any assistance. Much as the Government of Uganda and some NGOs have tried to put in place rehabilitation of infrastructure and tried to provide some essentials like food, beddings, and some household items, very little, if anything, has been done to rehabilitate the women psychologically. Some of them still have serious health problems that need immediate intervention. Therefore there is a need to support institutions that can handle these problems. It is advisable to take some steps to reduce such atrocities in areas where war is still going on as a means of avoiding a repetition.

Most of the affected women and children in Luwero and other regions affected by war need specialised counseling in order to come to terms with the atrocities committed against them and the effects of atrocities they witnessed. Women in Luwero who are living in abject poverty with the type of poor health they have, will die out of poverty if they are not assisted. Women specifically singled out the fact that their children are not going to school because they cannot afford the fees.

Conclusion

War, however justified it may be, is a situation that results in a lot of unnecessary suffering especially to women, the elderly and children who are usually drawn into it unwillingly. War should therefore be avoided at all costs. If the world communities are genuinely advocating for peace for every human kind, they should not encourage wars by supporting any fighting forces but instead, they should encourage resolution of political problems without the use of arms.

Women's contribution in times of war and after the war is immeasurable. However, very little is provided to them after the war and yet, in most cases, the majority of them become the heads of their households after the death of their spouses during the war.

Therefore, we women of Africa condemn the sales of arms to any warring side and we request that whoever is involved in commercialization of arms to Africa should stop! There is no need for the senseless fighting now taking place in a number of countries in our region and around the world. This should be stopped since it is the only way the suffering of people and especially of the extremely vulnerable women and children can be brought to an end. It is important to note that it is difficult to enforce any international code of conduct in war situations. On the other hand, governments in Africa should resolve conflict amicably, and instead use the resources that are wasted on buying arms for rebuilding this poverty stricken continent.

I will once again call upon the international communities and the government of Uganda to intervene and help the women and children in the war-ravaged parts of Uganda. The message from Luwero to all people of the world is: denounce war. They urge governments to look into the possibilities of using other means to resolve conflicts since war is destructive, and it involves a lot of brutality leaving the entire population traumatised and unproductive.

I wish to take this opportunity to express Isis-WICCE's sincere gratitude to Heinrich Böll Foundation for enabling Isis-WICCE to embark on a documentation of women's experiences in Uganda. We are also very grateful to our other German funders such as EZE, Women's World Day of Prayer who have supported the organisation since its inception and without whom this study would not have been possible. The challenge we at Isis-WICCE are faced with is how to respond to the urgent tangible needs of the war traumatised communities after the documentation of their experiences as analysed above.

I will end with a statement from a participant of the 1998 Exchange Program which was conducted in August. She says:

"A woman once asked: If women carry half of the sky, why can't we have half of the sunshine?"

Literature

Bennett, Olivia/Warnock, Kitty/Bexley, Jo 1995: Arms to fight. Arms to protect. Women speak about conflict. UK. Panos

Documenting Women's Experiences in Armed Conflict Situations 1998: Luwero A Case Study, 1980-1986 – A draft report, Isis-WICCE

Human Rights Watch/Africa: The Scars of Death: Children Abducted by the Lord's Resistance Army. New York/Washington, 1997

Kaguta, Yoweri Museveni 1997: Sowing the Mustard Seed. The Struggle for Freedom and Democracy in Uganda. London

UNICEF/World Vision 1997: Shattered Innocence. Testimonies of Children abducted in the Northern Uganda – A report

---

[1] Women and men in Uganda: facts and figures 1998. Kampala: Ministry of Gender, 1998.

[2] Muhumuza, Robby, Girls under guns: A case study of girls abducted by Joseph Kony's Lord's Resistance Army in Northern Uganda. Uganda: World Vision, 1996.
[3] New Vision Newspaper, June 9th, 1998.
[4] Tim, Tuber Margaret. Analysis of conflict in Uganda-Gulu district; a paper 1998.

Teilnehmerinnen während der Tagung

Traumakonzepte in nicht-europäischen Ländern – Ethnokulturelle Aspekte in der internationalen Traumaarbeit

Sibylle Rothkegel

Der Begriff PTSD (Posttraumatic Stress Disorder) oder PTSS (Posttraumatic Stress Syndrome) nach dem DSM IV oder dem ICD 10 wird als psychiatrisch diagnostizierbare Angsterkrankung mit den dazugehörigen Symptomen definiert. Hier besteht folgender Grundgedanke: Menschen, gleichgültig, woher sie kommen, reagieren auf traumatische, extremen Streß erzeugende Ereignisse, sei es eine Naturkatastrophe, ein Eisenbahnunglück, eine Vergewaltigung oder eben auch Folter auf ähnliche Art und Weise. Es werden also in den diagnostischen Erhebungen weder geschlechtsspezifische Unterschiede berücksichtigt, noch die Folgen der traumatischen Einwirkungen, die durch ein Unglück mehr oder weniger zufällig entstehen und die, die durch ein Verbrechen von Menschenhand an einem anderen Menschen absichtsvoll herbeigeführt werden, differenziert beachtet. Die Erkenntnisse der PTSD-Forschung wurden ausschließlich in Ländern des westlichen Kulturkreises wie den USA (zum größten Teil an Veteranen des Vietnamkrieges), Europa, Israel und Australien (in zahlreichen Studien zu Überlebenden der Shoa) gewonnen; sie reflektieren die Annahmen der hiesigen Psychologie und Psychiatrie. Marsella hebt in seinem Übersichtsartikel über ethnokulturelle Aspekte von PTSD im Kontext von Flüchtlingen, Veteranen und Überlebenden von Naturkatastrophen hervor, daß kulturell sensible Forschungsinstrumente sicherlich auch mehr ethnokulturelle Variationen hinsichtlich PTSD aufzeigen würden (Marsella et al. 1993). Ohne Beachtung des politisch-historischen und auch sozialen Kontextes kann es weder die Einsicht in die traumatisierenden Umstände noch eine wirkungsvolle Behandlung geben. Der kulturelle Kontext darf also in der Traumaforschung nicht ausgeklammert bleiben, denn er bestimmt, auf welche Weise Symptome erlebt und ausgedrückt werden und stellt einen Verständnisrahmen für die traumatischen Ereignisse, die Heilungschancen und Therapiemöglichkeiten zur Verfügung. Eine internationale Studie, die Opfer des staatlichen Terrors in Uganda untersuchte, ergab, daß die üblichen PTSD-Symptome (trotz ausdrücklicher Nachfrage) keinen wesentlichen Teil bei der Beschreibung der Leiden darstellten. Es standen ausdrücklich körperliche Symptome im Vordergrund. Existenzangst und Schlaflosigkeit schienen für ein Leben in ständiger Verfolgung zur Normalität geworden zu sein. In jedem therapeutischen Prozeß geht es auch darum, die jeweils lokal existierenden Vorstellungen von Gesundheit und Krankheit herauszuarbeiten.

Wie also Menschen auf traumatische Ereignisse reagieren, sie interpretieren und ihr Handeln danach ausrichten, ist ohne ihren sozialen, historischen, kulturellen und politischen Hintergrund nicht zu verstehen. Für eine Buddhistin kann das "Trauma" Folge eines schlechten Kharmas sein, für eine Afrikanerin die Machenschaft eines bösen Ahnen, der sie dann im Exilland aufsucht, um ihr in ihren Alpträumen zu begegnen und für eine Iranerin die Möglichkeit, ihre Bereitschaft, "Heldin" sein, unter Beweis zu stellen (Kopecny 1998). Hierzu kommt mir S. aus Teheran in den Sinn, die acht Jahre Gefängnis mit den dort üblichen Folterungen wegen ihrer Aktivitäten für die kommunistische Partei Irans erleiden mußte. Besonders hart wurde sie immer wieder dafür bestraft, weil sie sich auch während der Inhaftierung nicht dem islamischen Regime unterwarf. Sie beschreibt, wie sie nach der Entlassung aus dem Gefängnis innerhalb ihrer Gesellschaft anerkannt, respektiert und sogar noch bewundert worden sei. Konnte sich doch jeder ganz gut vorstellen, was diese Frau überstanden hatte und welche Kraft wohl in ihr stecken mußte. S. entschied sich schließlich zu fliehen, weil sie in Gefahr war, erneut gefoltert zu werden und hat in Deutschland problemlos Asyl erhalten. Als sie ihren langgehegten Wunsch, Hebamme zu werden, in die Tat umsetzen und sich bei der entsprechenden Schule in Berlin anmelden wollte, bekam sie jedoch eine Absage. Zur Begründung hieß es, ihr Lebenslauf und die Tatsache, daß sie im Gefängnis gewesen sei, spreche gegen die Belastbarkeit, die für diese Ausbildung und spätere Berufstätigkeit doch so notwendig sei. Wie soll S. diesen Entschluß begreifen können? Wie werden ihre Symptome in Zukunft zu interpretieren sein? Welche von ihnen sind durch die Traumata in ihrer Heimat entstanden, und welche Leiden führt die erlebte Stigmatisierung im Exil herbei?

In Therapien mit Opfern extremer Gewalt aus anderen Kulturkreisen zeigt es sich, daß Kommunikation nicht stattfinden kann, wenn Therapeutinnen und Klientinnen sich nicht wirklich über das Erlebte verständigen können. Es gilt, ein differenziertes Bild zu gewinnen, wie ein Trauma in verschiedenen Kulturen wahrgenommen, interpretiert und verarbeitet wird. Die soziale Umgebung und kulturelle Sozialisation (mit der dazugehörigen Religion) bestimmen ganz wesentlich Themen wie: Geburt und Tod, Leiden, Ausdruck von Schmerz und Trauer, Sexualität, die Stellung der Frau in der Gesellschaft, Unterstützung in der Gemeinschaft und die Aktivierung von Ressourcen und anderen Heilkräften mit den daraus resultierenden Copingstrategien. Copingstrategien sind niemals "statische Verfahren", sondern sie entwickeln sich in Wechselwirkung zwischen Individuum und der jeweiligen Umgebung. Kulturelle und kollektive Sinnstrukturen und Muster spiegeln sich demnach im Denken und den Handlungsweisen jedes Menschen wider. Für S. aus dem Iran ist es zum Beispiel lebenswichtig, Leistung zu erbringen und sich dafür anzustrengen. Ratschläge in Richtung: "Sie müssen sich ausruhen und schonen nach alldem, was Sie erlitten haben", wären für sie in dieser Form nicht hilfreich, denn sie braucht die Möglichkeit, sich zu beweisen, und ohne diese fühlte sie sich ihrer Identität und Würde beraubt.

Um das ein wenig zu veranschaulichen, können wir uns vor Augen führen, wie Trauer in der westlichen Kultur ausgedrückt wird. Viele Ethnologen gehen davon aus, daß alle Menschen auf ähnliche Art und Weise seelisch erschütternde Erlebnisse empfinden. Wie sie sie aber interpretieren und zum Ausdruck bringen, ist von Kultur zu Kultur unterschiedlich. In Europa oder Amerika muß man mit Trauer üblicherweise allein oder in einer kleinen Gruppe und in möglichst kurzer Zeit fertig werden. Dabei sollte man seine Gefühle in der Öffentlichkeit möglichst unter Kontrolle haben. Oft finden wir in unseren Zeitungen Todesanzeigen veröffentlicht, die den Satz enthalten: "Von Beileidsbesuchen ist abzusehen!" In anderen Kulturen ist es üblich, Kummer und Schmerz mit der ganzen Gemeinschaft in festen Ritualen zu teilen, wobei man auch schreien und klagen, sich auf der Erde wälzen oder die Kleider zerreißen darf. Manchmal trauern ausgewählte Mitglieder der Gesellschaft auch stellvertretend, wie zum Beispiel die Klageweiber in Ägypten und anderen orientalischen Ländern. Angehörige muslimischen Glaubens trauern 40 Tage lang um den Tod eines Menschen; am vierzigsten Tag kommen Familienangehörige und Freunde noch einmal zusammen, so auch nach einem Jahr zum Gedenken an den Toten. Wie also müssen die muslimischen Frauen aus Srebrenica leiden, die mit ihren Kindern den Massakern entkommen konnten, die serbische Militärs bei der Einnahme der Stadt Anfang Juli 1995 verübt haben! Tausende von ihnen haben an diesem Tag ihre Männer zum letzten Mal gesehen und seither keine Nachricht von ihnen und über sie erhalten. Wie sollen sie sich von ihnen verabschieden nach den für sie so wichtigen Ritualen, wo sie noch nicht einmal Kenntnis über ihren Verbleib und ihr weiteres Schicksal haben? Immer wieder erscheinen Bilder über Ausgrabungen von Massengräbern, aber besteht nicht doch noch ein wenig Hoffnung, daß da oder dort noch jemand überlebt hat? Die für den Abschied von einem Toten so wichtigen Trauerrituale, wie sie in ihrem Kulturkreis gebräuchlich sind, können also nicht eingeleitet werden. Detaillierte Informationen darüber sind für die Diagnostik, Therapie und die Rehabilitation von traumatisierten Flüchtlingen dringend notwendig, denn so viele unter ihnen haben tote Verwandte, Freunde oder Genossen in der Heimat oder auf der Flucht zu beklagen, ohne die Möglichkeit gehabt zu haben, sie nur annähernd nach den gewohnten Gebräuchen begraben zu können, um sich würdig zu verabschieden.

In der transkulturellen Psychologie herrscht weitgehend Übereinstimmung, daß der Unterschied zwischen den westlichen Industrienationen und den meisten anderen Kulturen in der Dominanz der *individualistischen Werte* im Gegensatz zu *kollektivistischen Werten* besteht. Die Grundfrage jeder Gesellschaft ist, wie Norbert Elias meint, ob die Gesellschaft in erster Linie zur Förderung und Sicherung der Individuen da ist oder umgekehrt die Individuen in erster Linie zur Aufrechterhaltung der Gemeinschaft (Elias 1988). Das wird in der westlichen patriarchal-kapitalistischen Welt eindeutig zugunsten des Individuums beantwortet, zu dessen Nutzen die Gesellschaft dazusein hat. In Gesellschaften, in denen das Gemeinschaftsgefühl eine große Rolle spielt, werden also Gewaltstrategien und ihre systematische Anwendung, die kommunikative Strukturen und das Zusammenleben von ethnischen Gruppen stören, besonders effektvoll auch bei der Zerstörung von persönlichen Identitäten sein. Viele Lebens- und Leidengeschichten hören wir diesbezüglich von unseren Patientinnen und Patienten aus Kurdistan und aus Bosnien-Herzegowina.

S. aus Teheran hat in der Therapie immer wieder – trotz aller auch von ihr geschilderten Grausamkeiten im Gefängnis – mit leuchtenden Augen von der "wunderbaren Gemeinschaft und der Solidarität" unter den inhaftierten Frauen während der Haftzeit geschwärmt, wie sie sich trotz der Terrormaßnahmen auf kreative Weise unterstützt haben. Sie äußerte dies immer dann, wenn sie unter der Einsamkeit im Exil besonders litt. Erst zu einem späteren Zeitpunkt im Therapieverlauf war sie in der Lage zu berichten, was für sie eine besonders schwere Strafe im Gefängnis darstellte, und diese Berichte waren von starken Schamgefühlen begleitet: Es war üblich, "Verräterinnen" in die Zellen von "Standhaften" zu sperren, um Mißtrauen gegeneinander zu säen oder aber eine "Standhafte" mußte eine gewisse Zeit in der Zelle der "Verräterinnen" verbringen. Bei ihren "Genossinnen" sollte so der Eindruck erweckt werden, sie habe sich ergeben. Dies hat sie nachhaltig als die schwerwiegendste psychische Mißhandlung erlebt: die Zersetzung ihrer Gemeinschaft im Gefängnis.

Behandlungen von Folterüberlebenden beinhalten meist auch Begegnung, Kontakt und Auseinandersetzung mit anderen Kulturen und den damit verbundenen Normen- und Wertesystemen. Jährlich suchen etwa 250 Menschen aus vielen Ländern dieser Welt Rat, soziale Unterstützung und medizinische und psychotherapeutische Hilfe im Behandlungszentrum für Folteropfer Berlin. Es liegt auf der Hand, daß für Therapeuten diese Herausforderung nicht allein auf der Basis von ausschließlich "westlich fundierten" Behandlungsstrategien bewältigt werden kann. Es gilt soziokulturelle Besonderheiten, Normen und Werte, die den Kontaktprozeß beeinflussen, wahrzunehmen, zu verarbeiten und angemessen zu berücksichtigen. Das ist nach meiner Erfahrung besonders in der ersten Phase des therapeutischen Kontaktes, der vorrangig dem Aufbau einer vertrauensvollen, verläßlichen Beziehung dient, wichtig. Dabei gehe ich von einer selbstverständlichen Akzeptanz des anderen Normen- und Wertegefüges aus.

Klassische Settings in der Therapie können bei vielen unserer Klienten Mißtrauen und Unverständnis auslösen. Direkte Fragen nach seelischer Befindlichkeit oder nach Gefühlen lösen z.B. in der Regel Abwehr und Widerstand aus. Zudem dominiert in orientalischen Ländern im Alltagsverständnis immer noch eine orthodoxe Psychiatrie, die von den Menschen gleichgesetzt wird mit Irresein, Abartigkeit und Verrücktheit. Demnach ist alles, was mit Psyche zu tun hat, stigmatisiert und tabuisiert. Ganz besondes wichtig kann zu Beginn einer Therapie das psychoedukatives Vorgehen sein, was hier bedeuten soll: Aufklärung über die quälenden Symptome als "normale" (paradoxer Weise sogar noch eher gesunde) Reaktion eines Menschen auf ein erlebtes Verbrechen an der Menschlichkeit, auf "anormale Erfahrungen und Zustände" mit den einhergehenden extremen Belastungen (Frankl 1984).

Werte und Normen der Herkunftskultur unserer Patienten stehen teilweise im krassen Widerspruch zu denen der bundesdeutschen Aufnahmegesellschaft, was zu mehr oder minder großen Krisen führen kann; auf jeden Fall aber eine hohe Energieleistung zur Anpassung erfordert. "Hintergrund" dieser Menschen aber ist eine leidvolle Geschichte; viele 'Gestalten sind nicht geschlossen': unverarbeitete Abschiedssituationen, enttäuschte Erwartungen, familiäre Konflikte dramatischen Ausmaßes etc. Sie sind umso schwieriger zu bearbeiten, je größer das kulturelle oder familiäre Tabu ist, mit dem sie belegt sind. Es entspricht z.B. den kulturellen Normen orientalischer Familien, daß Probleme und Konflikte innerhalb der Familie gelöst bzw. totgeschwiegen werden. Das Heraustreten aus dem familiären Verband und "Sich-an-eine-fremde-Person-Wenden" kann also bedeuten, die Ehre der Familie auf's Spiel zu setzen. Wie viele Kurdinnen werden auf diese Weise nie die an ihnen verübten Verbrechen, unter denen sexuelle Gewalt an der Tagesordnung ist, veröffentlichen können?

Traumatisierte Menschen scheuen sich häufig, um Hilfe zu bitten, insbesondere um psychotherapeutische. Bei einigen unserer Patienten sind – trotz erlittener vielfältiger Torturen – medizinisch keine klaren Spuren zu erkennen. Das Fehlen von objektiven Befunden verstärkt meist Hoffnungslosigkeit, Enttäuschung und Selbstzweifel. Viele befürchten, sie könnten als Simulanten angesehen oder für verrückt erklärt werden, obwohl sie doch nur adäquat auf verrücktmachende Zustände reagieren.

Die meisten psychologischen Ansätze zur Bearbeitung eines Traumas gehen davon aus, daß das traumatische Ereignis in die Vorstellungs- und Erlebniswelt der Klientinnen integriert werden muß. Die traumatischen Erfahrungen sollen dazu verbalisiert oder szenisch ausagiert werden – dies gilt als Voraussetzung für die Reduzierung des Leidensdruckes. Diese Annahmen haben jedoch keine universelle Gültigkeit, denn in manchen Kulturen, wird es befürwortet, traumatische Erfahrungen unter Verschluß zu bringen. Auch das Kommunizieren über negative Zustände kann in anderen Kulturen ein sehr subtiler und komplizierter Prozeß sein, der sich von der westlichen Art der Gesprächsführung unterscheidet. Einige Patientinnen, die aus ländlichen Gebieten Bosnien-Herzegowinas stammen, beschreiben ihr "Trauma" als "Fremdkörper in der Seele", als schweren Stein, der in ihnen herumirrt und starke Schmerzen verursacht. Sie wünschen sich, man könnte ihn einfach nur herausoperieren und möge sie sonst in Ruhe lassen.

Wir Therapeutinnen sind herausgefordert, auf kreative Weise einen Zugang zur Innenwelt unserer Klientinnen zu finden. Wir müssen Wege finden, sie "da abzuholen, wo sie herkommen". Es sind vor allem solche Formen der Intervention sinnvoll, die den Menschen auch vertraut sind. So liegen in den Märchen, Geschichten, Parabeln, Mythen und Metaphern sowie den Kenntnissen um das Wesen der Träume, die sie aus ihren Kulturen mitbringen, über Tausende von Jahren erworbene Weisheiten und heilende Kräfte, die von Generation zu Generation tradiert wurden. Therapeutisch können wir uns diese Geschichten und Bilder zunutze machen, da die in ihnen eingebetteten Inhalte und Botschaften von den Klienten aufgenommen werden und so eine heilende Wirkung entfalten können.

Der Psychologe Boja Efraime beschreibt Heilrituale in der Therapie mit Kindersoldaten in Mozambique, eine Integration traditioneller und moderner psychotherapeutischer Interventionen wird auch aus Südafrika berichtet. In dem Projekt "Medica Zenica" arbeitet eine Mualima, eine Islam-Gelehrte und in spirituelle Heilrituale Eingeweihte. Michaela Schumacher (1996) teilt uns mit, wie wichtig die Anwesenheit und Mitarbeit einer Mualima für die muslimischen Frauen ist, "um das ihnen Angetane nicht fehl zu interpretieren, sondern auch spirituell durchzuarbeiten. Wir dürfen auch nie vergessen, daß die Menschen, die uns um Unterstützung bitten, eine Menge an Erfahrung, Fertigkeiten und Potential mitbringen, nach denen sie im Aufnahmeland nie gefragt werden. Sicherlich könnten wir, würden wir mehr nachfragen, auch viel von unseren Klientinnen lernen und somit unsere Ideen erweitern."

Ich möchte die Vielfältigkeit unserer "Angebote" am Behandlungszentrum mit dem Bild eines bunten Fächers beschreiben: Darin sind vertreten medizinische und soziale Kontakte, die auch in eine Psychotherapie münden können, wo wir als Kollegen und Kolleginnen einzeln sowie gemeinsam in Gruppen- und auch Einzelbehandlungen arbeiten. Wir haben einen integrativen Behandlungsansatz, der versucht, auch interkulturell therapeutische Möglichkeiten zu erschließen. Die Gestaltung der Behandlung reicht von der zunächst symptomorientierten Schmerzbewältigung und -reduktion über das Aufspüren von persönlichen und kulturellen Ressourcen vor dem Trauma bis hin zum Bewältigungs- oder manchmal auch Integrationsversuch der traumatisierenden Erlebnisse. Das heißt, ich muß einen verläßlichen Halt bieten und immer wieder bereit sein, mit den Patienten bildlich an die Orte des Schreckens zurückzugehen, wenn sie das wollen und aushalten können. So können sie Erfahrungen gewinnen, die den Gegenpol zu ihren Erfahrungen von Ohnmacht und Isolation bilden und die Möglichkeit zur Integration des Teils ihrer Lebensgeschichte erhalten, den sie am liebsten verdrängen und vergessen möchten. Dabei ist die Stärkung von Gegenwarts- und Realitätsbezügen sowie die Gestaltung von Zukunft nicht zu vernachlässigen. Neben kognitiven Verfahren oder verhaltenstherapeutischen angstreduzierenden sowie Entspannungs- und Atemtechniken sehen wir die Verwendung von Märchen und Geschichten, die Gestaltung der Phantasie- und Innenwelt, die Arbeit mit Träumen und das Reich der Metaphern als hilfreich im interkulturellen Austausch und der Arbeit mit Extremtraumatisierten an. Wir arbeiten mit der systemischen Familientherapie, der Hypnotherapie nach Erickson und gestalttherapeutisch. Die Spuren der Gewalt, das seelische Leid, ist manchmal nicht in Worte zu fassen. In der Kunst- und Gestaltungstherapie, in den gemalten Bildern der Patienten, können diese Spuren sichtbar werden. Sie können sich der symbolischen Bildersprache bedienen und so ihr z.T. unbewußtes inneres Erleben zum Ausdruck bringen. In der konzentrativen Bewegungstherapie wird der Versuch unternommen, über körper-und erlebnisorientierte Verfahren abgespaltene Emotionen aufzuspüren. Trotz zum Teil unterschiedlicher Herangehensweisen bewegen wir uns alle auf der Basis einer Behandlungsphilosophie, die der phänomenalen Vielfalt menschlichen Seins und menschlicher Vulnerabilität in ihren kulturellen und systemischen Bezügen Beachtung schenkt.

Die meisten existierenden Studien und klinischen Berichte zu den Leiden schwertraumatisierter Menschen haben westliche Diagnosekriterien verwandt. Kulturell und geschlechtsspezifisch sensiblere Forschungsinstrumente ergäben sicherlich auch mehr kulturelle und geschlechtsspezifische Variationen hinsichtlich der Symptombildung von PTSD. Reaktionen auf traumatische Ereignisse mögen universelle Anteile haben; bei der individuellen Vulnerabilität und der Phänomenologie von PTSD sowie den Behandlungmöglichkeiten können bei schweren Traumata ethnokulturelle und soziale Faktoren einen wichtigen Einfluß haben. Auch die Berücksichtigung der gesellschaftlichen Situation und der politischen Gegebenheiten, in denen wir leben, ist bei der Überwindung der Traumafolgen wesentlich. Solidarität unter den "Verschonten" und den Traumatisierten sowie gemeinsames Bemühen für "eine bessere Welt" mit all ihrer Vielfalt und Respekt vor anderen Menschen haben einen wesentlichen Anteil daran, eigenes und fremdes Trauma sinnvoll zu verarbeiten und in Lebensgeschichten zu integrieren.

Literatur

Elias, Norbert 1988: Die Gesellschaft der Individuen. Frankfurt a.M.

Frankl, V. 1984: Man's Search for Meaning. New York

Kopecný, Angelika 1998: ÜberLebensGeschichten – Eine Studie zum Coping von Folterüberlebenden im sozialen und kulturellen Kontext in Zusammenarbeit mit dem Behandlungszentrum für Folteropfer Berlin. (Unveröffentlichtes Manuskript)

Marsella, A. J. et al. 1993: Ethnocultural aspects of PTSD – an Overview of Issues, Research and Directions. In: Oldham, J. et al. (Hg.): Review of Psychiatry. Washington, DC, 157-182

Medico International e.V. (Hg.) 1997: Schnelle Eingreiftruppe "Seele" – auf dem Weg in die therapeutische Weltgesellschaft. Texte für eine kritische "Trauma-Arbeit". Frankfurt a.M.

Peltzer, Karl 1995: Ethnokulturelle Aspekte von Trauma und deren Behandlung. In: Peltzer, Karl et al. (Hg.):Gewalt und Trauma – Psychopathologie und Behandlung im Kontext von Flüchtlingen und Opfern organisierter Gewalt. Frankfurt am Main

Perren-Klingler, Gisela (Hg.) 1995: Trauma – vom Schrecken des Einzelnen zu den Ressourcen der Gruppe. Bern

Schumacher, Michaela A. C. 1996: Mische Dich ein, wo Toleranz und Neutralität unmenschlich sind – Krieg, Vergewaltigung und Folter. Genozid in Bosnien. In: Themenzentrierte Interaktion, 10 Jg., Heft 1,

Krieg – die Krise des Lebens. Trauma, die Inhalte der Arbeit. Wie kann frauenspezifische Fortbildung dabei sinnvoll sein?[1]

Agnes Büchele
Sabine Scheffler

Wir stellen in diesem Forum das Konzept unseres Fortbildungsprojektes vor, das wir für bosnische Kolleginnen in Kroatien durchgeführt haben. Dabei beschäftigen uns die persönlichen Motive, das feministische Engagement, die inhaltliche Planung und Fragen der kollegialen Durchführung. Im Mittelpunkt steht vor allem die Position, die wir mit dem Projekt einnehmen, und die Beziehung, die wir als "fremde" Leiterinnen von Seminaren und Fortbildungen zu den Kolleginnen aus den Krisen- und Kriegsgebieten einnehmen. Dies beeinflußt und bestimmt den Sinn von frauenspezifischen Inhalten und die Wahl der Methoden. Die Auswertung unserer praktischen Arbeit und unsere Überlegungen dazu stellen wir in diesem Forum zur Diskussion.

Unsere Motivation

Angriffe auf Frauen haben System: in zivilen Situationen und im Skandal "Krieg". Der Körper von Frauen ist seit je der Angriffspunkt – real und symbolisch. Die Würde aller Frauen ist infragegestellt. Mit unserer Arbeit wollen wir Heilung unterstützen und aktiv im Interesse von Frauen beeinflussen, die Chance auf eine emanzipatorische Entwicklung nach dem Krieg erhöhen.

Wir begannen das Training aber auch in der Überzeugung und mit den Erkenntnissen über die Heilsamkeit von Sprache, Solidaritätserfahrungen und der Gewißheit über kraftvolle Strategien von Frauen zum Überleben, wie sie in den Studien über Gewalt im Rahmen der Arbeit von Frauenhaus-Mitarbeiterinnen vielfach erforscht und bestätigt sind (vgl. Brückner, 1996).

Das Konzept der Fortbildung "Sozialtherapeutische frauenspezifische Betreuung von Trauma und Kriegsfolgen"

Ziele

Das Konzept dieser Fortbildung wurde für Frauen und Kolleginnen in Bosnien erstellt: Krankenschwestern, Ärztinnen, Pädagoginnen, Sozialarbeiterinnen, Psychologinnen, und hat die Stärkung der Professionalität in

der sozialtherapeutischen Arbeit mit den Folgen von Krieg, Flucht, Vertreibung und Gewalt zum Ziel. Es berücksichtigt drei Bereiche:
1. Erarbeitung und Vermittlung von Theorie,
2. Methodik des Beratungsprozesses,
3. Kontextbedingungen der Arbeit.

In den theoretischen Teilen der Fortbildung befassen wir uns mit der Psychodynamik von Trauma und Krise, der Diagnostik, der Soziodynamik des Krieges und Modellen zur Krisenintervention und Trauma-Begleitung. Methodisch berücksichtigen wir in Folge der dargelegten Grundpositionen die Arbeit mit

- Kontakt und Beziehung,
- Abwehr und Widerstand,
- Übertragungs- und Gegenübertragungsphänomenen,
- Gruppensettings,
- Medien und Techniken der Beratungsarbeit (kreative Medien und Träume, Rollenspiel, Körperinterventionen und Körpertechniken und übungszentriertes experimentelles Arbeiten).

Durch die Kontextbedingungen in der Beratungsarbeit, ist immer auch die Beraterin selbst im Mittelpunkt des Interesses, ihre Stärken, ihre eigene Psychohygiene, Burn-Out-Syndrome und die Dynamik ihrer institutionellen Arbeit im Krieg, auf dem Hintergrund eigener biographischer Erlebnisse und kollektiver Traumatisierung.

Aufbau

Die Gespräche mit den Teilnehmerinnen der Fortbildung während der Recherchenreise und die Diskussion der schriftlichen Fassung des Konzeptes dienten dem Kennenlernen und als Entscheidungsgrundlage für die Teilnahme. Wichtig war uns, daß Kolleginnen aus mehreren Projekten teilnehmen konnten, da für uns Vielfalt und Vernetzung in der Zusammensetzung der Gruppe berücksichtigt werden sollte. Die Fortbildung selbst dauerte 2 Jahre und bestand aus 6 Seminaren mit 40 Arbeitseinheiten à 45 Minuten, verteilt auf 5 Wochentage. Am Ende mußte jede Teilnehmerin einen Beratungsprozeß schriftlich darstellen und die Anwendung methodischer Inhalte der Fortbildung beschreiben. Die Frauen verpflichteten sich vertraglich bei dem ersten Seminar zur Teilnahme an der gesamten Fortbildung. Die Seminare hatten festgelegte Hauptthemen:
1. Professionelle Handlungsgrundlagen in der Arbeit mit Kriegsopfern und Traumatisierung,
2. Krise, Traumatisierung und ihre Folgen,

3. Sozialpsychologie des Krieges und der Gewalt, frauenzentrierte Sichtweisen, Bedeutung von vergeschlechtlichten Strukturen, Bedeutung für Geschlechter-Beziehungen und -Positionen nach dem Krieg,
4. Methodik der Beratung und Prozeßbegleitung (methodische Gestaltung der Beziehungsdynamik, mediale Arbeit),
5. Bedingungen der psychosozialen Arbeit im und nach dem Krieg,
6. Schriftliche Fallarbeit,
7. Abschluß von Beratungsprozessen und Besprechung der Fallarbeiten,
8. Supervision (nach 1-2 Jahren).

Diese Inhalte konnten durch die Wünsche und Bedürfnisse der Teilnehmerinnen ergänzt und von ihnen mitbestimmt werden.

Es war unser Anliegen, die Lernziele durch eine stetige Gruppenzentriertheit zu erreichen, um die Ressourcen zu stärken und die Erfahrung zu minimieren, daß solche Arbeit im individuellen Alleingang und als persönlicher Krafteinsatz bewältigt werden muß. Alle kreativen und übungszentrierten Interventionen waren deshalb auf die ganze Gruppe gerichtet (z.B. Traumarbeit, Rollenspiel und Skulpturarbeit). Außerdem ist die gruppenzentrierte Arbeitsweise persönlich weniger konfrontierend als die individuelle Einzelarbeit.

Die Grundpositionen feministischer Antigewaltarbeit in Stichworten zusammengefaßt:

1. Erkenntnisse aus der Praxis der Frauenbewegung und Frauenforschung;
2. Gewalt gegen Frauen ist Machtpolitik und Genderpolitik;
3. Interdisziplinärer Ansatz von: Geschlechtsspezifität, Geschichte und Kultur, therapeutisches Verständnis;
4. Dominanz, Gewalt, Benachteiligung, Mangelsituationen sind allgegenwärtig, Geschlechterverhältnis ist strukturell;
5. "Erst wenn die Wahrheit anerkannt ist, kann die Genesung des Opfers beginnen." (J. Herman)
6. Die Würde der Frau ist unteilbar. Würde und Freiheit von Frauen wird tendenziell bedroht, durch Ver-Schweigen ermöglicht/prolongiert.
7. Frauenbewegung basiert auf Solidarität und ist Beispiel für die Potenz von Frauen zur Entwicklung eigener Perspektiven aus Not, Demütigung und Entwürdigung.

Daraus sind Prinzipien für die Antigewaltarbeit mit Frauen abgeleitet:

- Unrecht und Verletzung anerkennen – ZeugInnenschaft,

- für das Geschehene eine Sprache finden,
- individuellen und kollektiven Selbstwert wiederherstellen,
- Selbstsicherheit fördern,
- Selbständigkeit und Abhängigkeit in ein ausgewogenes Verhältnis bringen,
- Professionalität stärken.

Daraus ergeben sich Leitlinien für die methodische Umsetzung:

- Jede Frau ist Expertin für ihre Situation
  Fortbildung: Wissen der Kolleginnen ist Ausgangsbasis für das, was wir vermitteln wollen.
- Gruppe und Gruppengeschehen stehen im Mittelpunkt; unsere Aktivität ist es, die Aktivität der Gruppe = der Frauen, untereinander zu fördern.
- Gleichwertige Beziehungen unter Berücksichtigung der Differenz (Position, andere Lebenssituation) bilden die Basis.

Die Evaluation der Fortbildung

Das Fortbildungsprojekt verlief im Zeichen der gegenseitigen guten Absichten, der Kooperation und Dankbarkeit, seitens der Leitung: angenommen werden als Personen und mit den gebotenen Inhalten, seitens der Gruppe: Hilfe bekommen in einem langwierigen Prozeß der Verarbeitung von Kriegsfolgen. Die Arbeitsatmosphäre im Projekt war charakterisiert durch Wille und Disziplin, die Umstände des Krieges, die externen und fortbildungsinternen widrigen Umstände zu bewältigen bzw. hinzunehmen. Am Ende standen Freude und Erleichterung über die gelungene und die gemeinsam getane Arbeit, über die Stärkung durch das Gelernte als fühlbare Form des Erfolges. Für Auswertung und Festigung des Konzeptes stellten wir Überlegungen zur Evaluation und zum Erzielen meßbarer und nachvollziehbarer Ergebnisse an.

Unser Vorgehen

1. Gruppenzentrierte Interventionen

(Diese werden hier aus Platzgründen nicht erörtert.)

2. Die Adjektive

Wir haben alle Eigenschaftswörter aus den Protokollen gezogen und sie in inhaltliche Kategorien sortiert. Dabei nutzen wir die Adjektive wie Attributierungen. Die Zuordnungskategorien wurden aus der Vorstellung heraus entwickelt, daß das komplexe Thema "Arbeiten mit traumatisierten

Frauen" auf allen Ebenen menschlichen Handelns, Reagierens und Wahrnehmens Stellungnahmen erzwingt. Wir setzen voraus, daß diese Bewältigungsstile durch unsere Interventionen im Sinne der Lernziele modelliert, verändert, unterstrichen, korrigiert und erweitert werden und dies im Gebrauch der Sprache sichtbar wird. Die Art des Sprachgebrauchs unsererseits spiegelt sowohl die Gruppensituation wie unsere Gegenübertragung. Veränderungen auf dieser Ebene sagen etwas über die Veränderungen im Training aus.

3. Die Kategorien der Adjektive

Insgesamt wurden 968 adjektivische Wörter in sechs Protokollen gefunden. Die Adjektive aus der Einschätzungsrunde der Teilnehmerinnen zu Abschluß der Ausbildung haben wir nicht verarbeitet.

Kategorie 1: Extremes Sprechen

Adjektive, die verstärken, intensivieren, verdeutlichen, Aussagen unterstreichen und extremer machen.

Beispiele: ganz normal, sehr professionell, ganz slow, große Betroffenheit, winzige Abweichungen, lauter deutsche Frauen, sehr albern, sehr diszipliniert, wenig Mut, viel Angst, sehr albern.

Kategorie 2: Bewertungen

Alle bewertenden Stellungnahmen, die im Protokoll getroffen werden.

Beispiele: gute präzise Antwort, falsch, schlecht, moralisch, schön, professionell, faul, sehr gute Haltung.

Kategorie 3: Körperempfindungen

Empfindungen, die auf der sinnlichen Ebene Orientierungen über die persönliche Situation geben.

Beispiele: gespitzte Ohren, übel, verwundet, beschissen, kräftig, gedrückt, schwer, tonlos, gequetscht, sexuell, leer.

Kategorie 4: Aktivität

Alle adjektivischen Äußerungen, die auf Initiative, Vitalität und Lebenskraft hinweisen und natürlich die Negationen dazu.

Beispiele: matt, explosiv, kraftvoll, schnell, mühsam, slow, zäh, lebendig, politisch aktiv.

Kategorie 5: Beziehungsaussagen
Alle Beschreibungen, die einen virtuellen anderen in die Attribuierung einbeziehen.
Beispiele: lernwillig, einfühlsam, höflich, sozial, offen, erotisch, präsent, reserviert, konkurrentig, allein, einsam, berührt, anerkennend, gemeinsam.

Kategorie 6: Gefühle
Beispiele: ängstlich, herzlich, schuldig, froh, wütend, sauer, verzweifelt, traurig, humorvoll, stolz.

Kategorie 7: Kognitionen und Fachausdrücke
Alle Äußerungen, die das Erkennen betreffen (Wahrnehmung und Denken).
Beispiele: ordnend, nachdenklich, resignativ, verblüfft, enttäuscht, unklar, beeindruckt, sehr pfiffig, traumatisch, depressiv, hysterisch

Kategorie 8: Befindlichkeiten
Alle Aussagen, die milde Einschätzungen über aktuelle Zustände ausdrükken; sie sind nicht eindeutig zu Gefühlen, Kognitionen oder Körperaussagen zuzuordnen.
Beispiele: beklommen, angenehm, zufrieden, erledigt, gemütlich, ungewohnt, diffus, aufgeräumt, offen, ruhig.

Bei der Evaluierung unserer Arbeit legen wir die Entwicklung unseres Sprachgebrauchs anhand unseres Protokolls in Kategorien der Adjektive (siehe Liste) zugrunde. Wir gehen davon aus, daß sich die Verwirklichung und das Erreichen der gesetzten Ziele in der Veränderung des Sprachgebrauchs, wie wir über die Frauen, über die Entwicklung der Gruppe und über die Themen in der Gruppe sprechen, in unserer Sprache nachvollziehen lassen.

Für die Durchführung der Untersuchung bildeten wir drei Thesen:

1. Die These der Entwicklung von Abhängigkeit zur Verselbständigung
2. Die These von der Bedürftigkeit der Opfer und der Notwendigkeit der Anerkennung von Unrecht hin zum Besinnen auf eigene Ressourcen
3. Die These von der Ambivalenz in den Beziehungen zur Entwicklung von kooperativen, solidarischen Beziehungen in der Traumaarbeit

Diese Thesen erläutern wir ebenfalls mit dem sich verändernden Sprachgebrauch; hier können wir die Thesen nur benennen.

Tabelle 1: Der adjektivische Sprachgebrauch im Überblick

Kategorien		**Trainingseinheiten**						**Σ Nennung**
		I	**II**	**III**	**IV**	**V**	**VI**	
Extremes Sprechen	Nennung	61	43	36	35	38	11	224
	%	24,11	29,45	26,08	18,81	20,0	16,91	
Bewertungen	Nennung	22	14	15	29	10	3	93
	%	8,69	9,58	10,87	15,60	5,26	4,62	
Körperempfindungen	Nennung	30	13	19	18	27	2	109
	%	11,85	8,90	13,76	9,67	14,21	3,07	
Aktivität	Nennung	26	17	20	27	19	14	123
	%	10,27	11,64	14,49	14,51	10,00	21,53	
Beziehung	Nennung	38	11	14	21	24	10	118
	%	15,01	7,53	10,14	11,29	12,64	15,38	
Gefühle	Nennung	21	17	9	11	21	12	91
	%	8,30	11,64	6,52	5,91	11,05	18,46	
Kognitionen	Nennung	18	16	6	19	26	10	95
	%	7,11	10,95	4,34	10,21	13,68	15,38	
Theorie/Fachbegriffe	Nennung	10			11	13		34
	%	4,9			5,91	6,84		
Befindlichkeit	Nennung	27	16	19	15	12	2	91
	%	10,67	10,96	13,77	8,07	6,31	3,08	
Σ		**253**	**146**	**138**	**186**	**190**	**65**	

Die Tabelle ist wie folgt zu verstehen: Die Adjektive sind geordnet nach den menschlichen Grundreaktionen, die Kategorien "Extremes Sprechen" und "Bewertungen" kommen hinzu und geben Aufschluß über die Intensität der Situation.

Über alle Kurse hin verändern sich die Häufigkeiten in den einzelnen Kategorien:

- Die Häufigkeit der Nennung von Körperempfindungen nimmt ab.
- Die Aktivitätsnennungen bleiben gleich, aber präzisieren sich inhaltlich von diffusen Nennungen hin zu klaren, eher von Vitalität bestimmten Aussagen.

- Die Beziehungsnennungen pendeln sich auf einem mittleren Niveau ein, je mehr sich die Beziehung zwischen Trainerinnen und Teilnehmerinnen festigt.
- Die Gefühlsbenennungen stabilisieren sich ebenfalls.
- Kognitionen und Fachausdrücke werden häufiger, für uns heißt das, daß eine gemeinsame Sprache und Bezugssysteme sich herstellen und benutzt werden.
- Die Sprache in Befindlichkeiten verringert sich, d.h., Aussagen über sich selbst werden prägnanter und werden weniger häufig als Befindlichkeiten geäußert. Die Frauen werden prägnanter und/oder wir benutzen prägnantere Formulierungen.
- Bedeutsam erscheint uns die Häufung von Adjektiven im ersten Treffen als Ausdruck der gespannten Situation, der mitgebrachten Belastungen und der Offenheit der Gruppenentwicklung.

Die Kategorien "Extremes Sprechen" und "Bewertung" verdeutlichen am besten die Beziehungsdynamik und den Sog des Themas wie des Erlebten. Dieser Sog "vieles doch ungeschehen machen zu wollen", hat uns an einigen Stellen erfaßt und drückt sich im "extremen Sprechen" aus; wir sind in der "totalen" Identifikation als Abwehr des vielfältigen, affektiven Geschehens. In den Pausen spürten wir den Druck, es gab heftige Auseinandersetzungen um das richtige Vorgehen, es gab rivalisierende Platzkämpfe, derweil die Gruppe sich zurückhielt und mit "gespitzten Ohren" konsumierte. Unser "extremer Sprachgebrauch" ist für uns ein Zeichen, wie wir zu Beginn in den Sog der Krise und in die Beziehungsdynamik gerieten. Am Ende wird das "extreme Sprechen" bedeutend geringer, und unsere Flexibilität im Hinblick auf die Beziehung zu den Frauen wird deutlich, indem es viel mehr Äußerungen zu Befindlichkeit, zu Gefühlen und zu Fachbegriffen gibt (vgl. dazu die Tabelle 1). Die bewertenden Stellungnahmen – sie nehmen im Verlauf des Trainings stetig ab – sind ein Hinweis für unser Bedürfnis nach Distanz und die Intensität der Situation, die bewältigt werden muß. Die zunehmende emotionale Klarheit, die stabilen Arbeitsbeziehungen, die kognitiven Differenzierungen erleichtern unsere Arbeit, entlasten vom Druck und ermöglichen es uns, auf Distanzierungen zu verzichten.

Damit sei hier nur ein Beispiel genannt dafür, daß wir annehmen können, daß die Fortbildung entlastende Wirkung hatte, die Gefühle des Ausgeliefertseins, der Ohnmacht und Erschöpfung treten in den Hintergrund und Beschreibungen, die Verselbständigungen in den Bewältigungsmustern andeuten, gewinnen an Gewicht. Dies sehen wir weiter verstärkt in den Aussagen der Teilnehmerinnen, die sie in den Case Studies machen, wie z.B. das Resümee einer Kollegin: "I felt changes on myself and towards other women. To show 'weakness' is human and creates relationship". Den erlebten Prozeß zu dieser Erkenntnis beschreibt sie in der Erfahrung: "Everything what comes out of the group is important. Each woman builds the bases. The group had/has ist own strength and energy, it was weak at the beginning with increasing capability of self-reflection".

Wir sind in unserer Überzeugung bestätigt, daß Feminismus Vielheit fördern muß und dabei von – differenten – kulturellen, aber doch Interessen der Frauen auszugehen ist. Die Würde der Frau ist unteilbar. Darin liegt eine politische Bedeutung, die uns in unserer Arbeit eine wichtige Dimension ist. Dies hat auch für die bosnischen Kolleginnen einen Sinn bekommen. Dazu möchten wir mit der Feststellung einer bosnischen Kollegin schließen: "Durch die Fortbildung bekommt die Arbeit Anerkennung im Land, das bedeutet Anerkennung für uns selbst, gegen die Verwahrlosung im Krieg".

Anmerkungen

1. Das Projekt wurde finanziell und organisatorisch ermöglicht von:
   - Arbeiterwohlfahrt (AWO) Bundesverband, Oppelnerstraße 130, D-53119 Bonn; Leitung DSA Karin Schüler,
   - Norwegian People's Aid, Oslo; Organisation: Liv Bremer,
   - Caritas Leverkusen, Leitung Dipl.-Betr.wirt Friedel Herweg,
   - Private Spenden von PsychotherapeutInnen des Fritz–Perls–Institutes, Düsseldorf,
   - Women's Association, Koordination am Kursort: Marja Borcic ,
   - Übersetzung Deutsch: Lejla Derzic, Tuzla, BiH,
   - Mitarbeiterin in zwei Kursen: Angela Reinhardt, Dipl.-Psych., Psychotherapeutin, Berlin,
   - Konzept, Leitung und Durchführung des Projektes: Prof. Dr. Sabine Scheffler; Dr. Agnes Büchele; Zentrum für angewandte Psychologie und Frauenforschung, Köln – Wien (ZAPF).
2. Die Inhalte und der Stundenumfang der Fortbildung wurden durch Zertifikate bestätigt, die auch dem Unterrichtsministerium in Bosnien vorliegen.

Literatur

Becker, D. 1993: Das Trauma der Verfolgten. Ohne Haß keine Versöhnung, Freiburg i.B.

Benjamin, J. 1992: Die Fesseln der Liebe, Psychoanalysen, Feminismus und das Problem der Macht. Basel/Frankfurt a.M.

Graessner, S./Gurris, N./Pross, C. 1996: Folter. An der Seite der Überlebenden. Unterstützung und Therapie. München

Herman, J. L. 1993: Die Narben der Gewalt. München

Laub, D./Weine, S. M. 1994: Psychotherapeutische Arbeit mit bosnischen Flüchtlingen. In: PSYCHE, Zeitschrift für Psychoanalyse und ihre Anwendungen, 48. Jg., H. 12, Stuttgart, 1101-1122

Nadig, Maya 1992: Der ethnologische Weg der Erkenntnis Das weibliche Subjekt in der feministischen Wissenschaft In: Knapp/Wetterer (Hg.): Traditionen Brüche. Entwicklung feministischer Theorie. Freiburg, 151-201a

Pendzik, S. 1996: Gruppenarbeit mit mißhandelten Frauen. Ein Handbuch. München

Root, M. P. P. 1992: Reconstructing the Impact of Trauma on Personality In: Brown/Ballou (eds.): Personality and Psychopathology. New York

Sander, H./Johr, B. (Hg.) 1992: Befreier und Befreite. Krieg, Vergewaltigungen. Kinder. München

Scheffler, Sabine/ Büchele, Agnes 1996: Nichts wird wieder so sein, wie es vorher war... – Ein Multiplikatorinnen-Training für die Arbeit mit Kriegsopfern (vergewaltigten und Flüchtlings-Frauen) in Kroatien. In: Lueger-Schuster, B. (Hg.): Leben im Transit. Über die psychosoziale Situation von Flüchtlingen und Vertriebenen. Wien, 145-154

---

[1] *Gekürzte Fassung eines Artikels im Erscheinen: "Women and Therapy", 1999, Vol. 1, Howarth Press.*

Anerkennung von sexualisierter Gewalt als Asylgrund – Politische Forderungen und Veränderungen

Regina Kalthegener

Einleitung: Gewalt gegen Frauen k(ein) Asylgrund

Sexuelle Übergriffe im Kontext von Krieg und Bürgerkrieg werden in Deutschland, wie es weitgehend der europäischen Praxis entspricht, überwiegend nicht als asylrelevant betrachtet. Grund für die geringe Anerkennungschance ist das Erfordernis einer *Verfolgung durch einen Staat oder Quasistaat.* Bei einem Zusammenbruch der staatlichen Autorität wird das nicht als erfüllt betrachtet. Auch werden Übergriffe häufig als nicht zielgerichtet oder privat gewertet. Nur in Einzelfällen wird der Flüchtlingsstatus gewährt.[1] Für Frauen ist es deshalb sehr schwer, in Deutschland Asyl zu erhalten, da nur Flüchtlinge, die Opfer von staatlicher oder staatlich geduldeter Verfolgung (sog. mittelbare Verfolgung) sind, als politisch verfolgt gelten. Frauenspezifische Fluchtgründe werden im derzeit geltenden Asylverfahren nur ungenügend berücksichtigt.[2] Dies bedeutet: Liegen die Voraussetzungen einer Asylanerkennung gemäß *Art. 16a Abs.1 Grundgesetz* nicht vor und besteht auch kein Anspruch auf *Abschiebungsschutz gemäß § 51 Abs.1 Ausländergesetz*, sind Menschenrechtsverletzungen an Frauen bzw. geschlechtsspezifische Verfolgungshandlungen *nichtpolitischer Art.* Ein Anspruch auf Asyl besteht nicht.

Trotzdem wird der Situation nach dem geltenden Ausländerrecht im Rahmen der Prüfung von *Abschiebungshindernissen gemäß § 53 Ausländergesetz* Rechnung getragen. Die Anerkennung solcher Abschiebungshindernisse steht allerdings unter der Voraussetzung einer *individuell konkret drohenden Gefährdung.* Ob Verfolgungshandlungen zu einem Abschiebungshindernis nach § 53 Ausländergesetz führen, prüfen das Bundesamt im Rahmen des Asylverfahrens und die gegebenenfalls gegen diese Entscheidungen angerufenen Gerichte.

Gerichtsentscheidungen der vergangenen Jahre machten deutlich, daß es *keine bundesweit einheitliche Regelung zu frauenspezifischen Fluchtgründen* gibt und es für eine Frau erheblich von Bedeutung sein kann, in welchem Bundesland sie gerade – zuständigkeitshalber – Widerspruch gegen einen Ablehnungsbescheid bei Gericht einlegt.

Allgemeine Gefahren im Herkunftsstaat, wie z.B. im Rahmen von Bürgerkriegssituationen, gelten nicht als Asylgrund, können aber bei Entscheidungen über die Anordnung eines Abschiebestopps nach *§ 54 Ausländergesetz* Berücksichtigung finden.

Internationale Rechtslage

Nach *Art. 33 Absatz 1 der Genfer Flüchtlingskonvention*[3] haben gefährdete Menschen das Recht auf Schutz. Danach darf kein Flüchtling ausgewiesen werden in Gebiete, in denen sein Leben oder seine Freiheit u.a. wegen seiner Religion und seiner Zugehörigkeit zu einer sozialen Gruppe oder wegen seiner politischen Überzeugung *bedroht sein würde*. Dies gilt auch für weibliche Flüchtlinge.

Nach *§ 53 Abs.4 AuslG i.V.m. Art. 3 EMRK* wäre eine Abschiebung einer Frau bei geschlechtsspezifischer Verfolgung unzulässig. Nach *Artikel 3 der Europäischen Menschenrechtskonvention*[4] darf *"niemand ... der Folter oder unmenschlicher oder erniedrigender Strafe oder Behandlung unterworfen werden."* Dabei stünde einer Anerkennung als Asylsuchende nicht entgegen, daß in einem Land z.B. die ursprüngliche Regierung über keine effektive Staatsgewalt mehr verfügt. Wenn einzelne Gruppen *systematisch* vorgehen, werden die Handlungen in Übereinstimmung mit der Einschätzung internationaler Beobachter als Teil eines eindeutig erkennbaren Schemas und somit als eine wichtige Komponente von Kriegs- und Vertreibungsstrategie bewertet und (bestätigt durch das BVerwG[5] und das OVG NRW [6]) erfüllen die Voraussetzungen einer *quasi-staatlichen Gruppenverfolgung* gegenüber einer Bevölkerungsgruppe. Dies war z.B. für muslimische Bosnierinnen[7] der Fall.

Die Feststellung mancher Verwaltungsrichter, daß Vergewaltigungen zwar massive Menschenrechtsverletzungen seien, die jedoch "in Kriegs- und Bürgerkriegssituationen nach aller Erfahrung tatsächlich nicht ungewöhnlich sind"[8], befremdet und wird in ihrer Konsequenz auch nicht den internationalen Konventionen gerecht.

Geschlechtsspezifische Verfolgung

Die Behandlung "frauenspezifischer Verfolgung" im Asylrecht und im Asylverfahren ist bereits seit Jahren Gegenstand der innenpolitischen Diskussion.[9] Hierbei würde oftmals – so wird behauptet – verkannt, daß sowohl bereits die bestehende Rechtslage geschlechtsspezifischen Verfolgungsschicksalen von Frauen hinreichend Rechnung trage, als auch die bestehende Asylpraxis, so die Auffassung der vormaligen Bundesregierung. Eine Ausdehnung des Flüchtlingsbegriffs auf "geschlechtsspezifische Verfolgung" lehnte sie ab, weil die vermeintliche Schutzlücke zum

Nachteil von Frauen nicht bestehe. Tatsächlich zeigen aber Gerichtsentscheidungen der vergangenen Jahre deutlich, daß die EntscheiderInnen des Bundesamtes doch noch Schutzlücken offen lassen bzw. frauenspezifische Gründe von Verwaltungsgerichten je nach Bundesland unterschiedlich interpretiert werden. Dies ist nicht verwunderlich, denn ein Bewußtsein für die spezielle Situation von Frauen existiert noch nicht lange. Die jetzige Bundesregierung will in diesem Punkt laut Koalitionsvertrag die Verwaltungsrichtlinien ändern.

Die *Weltmenschenkonferenz 1993 in Wien* und besonders die *Vierte Weltfrauenkonferenz 1995 in Peking* brachten es an die Öffentlichkeit, daß Gewalt gegen Frauen Menschenrechtsverletzung ist. Trotz dieser Feststellung werden weltweit Frauen weiter unter dem Deckmantel von Tradition, Kultur, Religion und Moral körperlicher, sexualisierter und seelischer Gewalt ausgesetzt.

Nach Schätzungen des UNHCR sind laut Pressemitteilung vom 8. März 1995 80% aller Flüchtlinge in der Welt Frauen und Kinder. In den westeuropäischen Ländern sind 20-30 % der erwachsenen Asylsuchenden Frauen.

Frauen flüchten, weil sie im "anerkannten Sinne" *politisch verfolgt* werden oder mittelbar betroffen sind durch die Verfolgung von Familienangehörigen.

Frauen flüchten aber auch wegen besonderer, *frauenspezifischer Gründe*, weil ihnen Zwangssterilisation, Zwangsabtreibung, Zwangsverheiratung, Genitalverstümmelung, grausame Bestrafungen wegen Vergehen gegen spezifische Bekleidungs- und Verhaltensregelen drohen, weil sie in Gefahr stehen, als Witwen verbrannt zu werden oder als Sklavin verkauft werden sollen.

Frauen flüchten, weil sie in *Kriegs- oder bürgerkriegsähnlichen Situationen* vergewaltigt oder unmittelbar der Gefahr ausgesetzt waren. In der deutschen Öffentlichkeit wurde nach Bekanntwerden der Massenvergewaltigungen und besonderen Schicksale der bosnischen Frauen (z.B. Sendung im ZDF von Mona Lisa 1993) dieser Problematik besondere Aufmerksamkeit geschenkt. Dieses öffentliche Interesse und Mitgefühl steht jedoch in einem *krassen Mißverhältnis* zu der *Nichtberücksichtigung frauenspezifischer Fluchtgründe* im Asylverfahren. Dr. Judith Kumin, UNHCR-Vertreterin in der Bundesrepublik Deutschland sah sich veranlaßt, dies auf der Bundespressekonferenz zum Internationalen Frauentag (am 6.März 1997) zu betonen.[10]

Die *Generalversammlung der UNO* stellte 1993 fest: Gewalt an Frauen ist "*Ausdruck der historisch bedingten ungleichen Machtverhältnisse zwischen Mann und Frau, die zur Beherrschung und Diskriminierung der Frau durch den Mann sowie zur Verhinderung der vollen Entfaltung der Frau geführt haben.*"[11]

Trotz der Tatsache, daß Gewalt an Frauen Menschenrechtsverletzung ist und frauenspezifische Fluchtgründe Asyl begründen können, tat sich die bisherige Bundesregierung schwer mit einer konsequenten Umsetzung. Bezüglich der Anerkennung frauenspezifischer Verfolgung als politischer Asylgrund steht die Bundesrepublik Deutschland immer noch hinten an, wie auch die meisten europäischen Länder, mit Ausnahme von Österreich, Frankreich, Italien, Schweiz, die laut Härtefallkommission Regelungen erlassen haben, die die besonderen Belange von Flüchtlingsfrauen berücksichtigen. Weiter sind dagegen die Länder Kanada, USA, Australien und Neuseeland.

Kanada hat z.B. zum 8.März 1993 (Internationaler Frauentag) *Richtlinien zu frauenspezifischer Verfolgung erlassen.* Die darin festgelegten Kriterien zur Prüfung frauenspezifischer Verfolgung legen als Maßstab die internationalen Menschenrechtsabkommen umfassend zugrunde: z.B. aus der *Allgemeinen Erklärung der Menschenrechte* Art. 3 (Recht auf Leben, Freiheit, körperlicher Unversehrtheit), Art. 5 (Verbot der Folter oder grausamer, unmenschlicher oder erniedrigender Behandlung). *Sexuelle Gewalt* wird als *Form von Folter* bewertet.[12]

In den *USA* gab die amerikanische Einwanderungsbehörde 1995 spezielle Richtlinien heraus zu frauenspezifischen Fluchtgründen.[13] Es gibt aber erst wenige gerichtlich entschiedene Fälle.

Australien hat im Juli 1996 Richtlinien zu frauenspezifischer Verfolgung veröffentlicht. Die für die Gewährung eines humanitären Aufenthalts in Australien bereits existierenden Grundsätze wurden überarbeitet und behandeln nunmehr auch geschlechtsspezifische Themen. Neben der Gewährung des Flüchtlingsstatus verfügt Australien über ein sog. humanitäres Programm, das auch ein "Women at Risk"-Projekt, speziell für schutzbedürftige Frauen und deren Kinder, beinhaltet. [14]

Neuseeland[15] stellt allen Asylentscheidern die vom UNHCR erstellten Richtlinien zur Verfügung. Dabei wird klar von vier Grundprinzipien ausgegangen:

- Verfolgung ist eine andauernde oder systemimmanente Verletzung grundlegender Menschenrechte, *gegen die ein Staat keinen ausreichenden Schutz bietet.*

- Auf *die Urheberschaft der Verfolgung kommt es nicht an*, allein, ob gegen Verfolgungsmaßnahmen staatlicher Schutz erlangt werden kann. Dies schließt Kriegs- und Bürgerkriegsflüchtlinge mit ein. Jegliche nichtstaatliche oder "private" Gewalt kann grundsätzlich ein Anerkennungsgrund sein.
- Asylgesuche werden nach der *Allgemeinen Erklärung der Menschenrechte* und dem in den *Internationalen Menschenrechtspakten* verankerten Standart vorgenommen.
- *Keine Berücksichtigung von kultureller Differenz* zwischen Asylland und Herkunftsland. Menschenrechte können durch nationale Systeme weder gewährt noch entzogen werden.

Die Voraussetzungen für eine Asylgewährung in Deutschland

Die *Verfolgung wegen der Geschlechtszugehörigkeit* sollte – entgegen der bisherigen Asylverfahrenspraxis – unter dem Oberbegriff der Verfolgung wegen Zugehörigkeit zu einer *sozialen Gruppe* im Sinne der Flüchtlingsdefinition der Genfer Flüchtlingskonvention unter dem Wortlaut des *Art. 16a I GG* erfaßt werden: "*Politisch verfolgte genießen Asyl.*"

Nach Art. 16a I GG gilt diejenige als politisch verfolgt, die sich bei einer Rückkehr in ihre Heimat Verfolgungsmaßnahmen ausgesetzt sieht, die eine unmittelbare Bedrohung von Leib, Leben oder persönlicher Freiheit bedeuten. Dabei erfolgt die Anerkennung als schützenswerter Flüchtling in Deutschland in den vergangenen Jahren aber nur dann, wenn eine gezielte Verfolgung durch *staatliche* Behörden vorliegt. Nach *ständiger Rechtsprechung* des Bundesverwaltungsgerichts liegt eine *Verfolgungsgefahr* dann vor, wenn der Asylsuchenden bei verständiger, nämlich objektiver, Würdigung der gesamten Umstände ihres Falles politische Verfolgung mit beachtlicher Wahrscheinlichkeit droht, so daß ihr nicht zuzumuten ist, im Heimatstaat zu bleiben oder dorthin zurückzukehren. Dabei ist eine "*qualifizierende*" Betrachtungsweise im Sinne einer Gewichtung und Abwägung aller feststehenden Umstände und ihrer Bedeutung einzulegen. Es kommt darauf an, ob in Anbetracht dieser Umstände bei einem vernünftig denkenden besonnenen Menschen in der Lage der Asylsuchenden (begründet) Furcht vor Verfolgung hervorgerufen werden kann (*Bewertung des ganzen Lebenssachverhaltes*)[16].

Besondere Probleme bereitet immer wieder Frauen das Asylerfordernis, keine *inländischen Fluchtalternativen* zu besitzen.

Darüber hinaus kommt es zu Ablehnungen, weil nicht sofort in der ersten Anhörung frauenspezifische Gründe vorgetragen wurden. Späteres

Vorbringen wird als *"gesteigertes Vorbringen"* negativ und ablehnend bewertet.

Bisherige Haltung der Bundesregierung seit 1988

In der Antwort der christlich-demokratisch, liberalen *Bundesregierung* vom 2.November 1988 auf die große Anfrage zum Thema Menschenrechtsverletzung an Frauen[17] machte sie deutlich, daß sie "kein sachliches Bedürfnis" sah, sich für die Erweiterung des Flüchtlingsbegriffs der *Genfer Flüchtlingskonvention* um den Verfolgungsgrund "Geschlecht" einzusetzen.

Diese sehr enge Interpretation der Genfer Flüchtlingskonvention relativierte die Bundesregierung bereits selber in ihrer Antwort auf eine kleine Anfrage am 3.Juli 1992[18] unter Berücksichtigung verwaltungsgerichtlicher Rechtsprechung[19]. Danach könne sexuelle Gewalt gegen Frauen nur dann als Asylgrund in Betracht kommen, wenn sie in dem Staat zurechenbarerweise von staatlichen Organen oder von Dritten, gegen die der Staat die ihm an sich verfügbaren Machtmittel nicht einsetzt, ausgeübt wird.

Die bisherige Bundesregierung hat es versäumt, ihren Verpflichtungen aus der *Aktionsplattform der Weltfrauenkonferenz von 1995* nachzukommen und sachentsprechend umsetzen. Hierzu gehört die Anerkennung geschlechtsspezifischer Verfolgung als Asylgrund. Es ist fraglich, ob die schlichte Änderung der Verwaltungsrichtlinien zur tatsächlichen Anerkennung führt oder wenigstens zu mehr Beachtung, wie es die jetzige Koalition laut Koalitionsvertrag erreichen will.

Anhang I:

Die Referentin stellte für die anschließende Diskussion Forderungen verschiedener Nichtregierungsorganisationen vor (siehe Text im Anhang II). Diese wurden kritisch und konstruktiv diskutiert. Als Ergebnis formulierten die TeilnehmerInnen die nachfolgenden 13 Forderungen:

1. Ergänzung des § 24 AsylVfG: *Verpflichtung* des Bundesamtes für die Anerkennung ausländischer Flüchtlinge, im Rahmen der Ermittlung der Gefährdung von Frauen zu prüfen, ob die Gefahr durch geschlechtsbezogene Verfolgungsakte begründet oder erhöht wird oder ob die Verfolgung an eine Ungleichbehandlung von Mann und Frau anknüpft, sie fördert oder sich diese zunutze macht.
2. Ergänzung des § 25 AsylVfG: Ehepaare *stets getrennt* vernehmen, auf *Wunsch* aber auch zusammen. Rücksichtnahme auf die psychische Si-

tuation der Asylbewerberin: ggfs. Unterbrechung und Fortsetzung der Anhörung zu einem späteren Zeitpunkt, wenn Schilderungen über erlittene Folter, grausame oder erniedrigende Strafe oder Behandlung oder sexuelle Gewalt beschrieben wird.

3. Änderung des § 25 Abs. 3 AsylVfG (parallel § 74 AsylVfG): ein *verzögertes Vorbringen* soll in der Regel dann als genügend entschuldigt gelten, wenn sich die Asylsuchende auf die o.g. Verfolgungsakte beruft. Grund: Gerade für Menschen, die eine Verletzung ihrer körperlichen und persönlichen Integrität erlebt haben, ist es in der Regel nicht möglich, schon nach kurzer Zeit in der Anhörung vor dem Bundesamt und vor dem Verwaltungsgericht und dazu noch vor einer fremden Person über die erlittenen Verletzungen Auskunft zu geben.
4. Der Schutz durch § 51 Ausländergesetz, der den Flüchtlingsbegriff der Genfer Flüchtlingskonvention aufgreift, darf *nicht* von der Existenz einer staatlichen oder staatsähnlichen Ordnungsmacht abhängig gemacht werden.
5. Abschiebeschutz muß auch dann gewährt werden, wenn *keine* staatliche Gewalt existiert.
6. Ein rechtsstaatlich einwandfreies Asylverfahren sowie ein effektiver Rechtsschutz müssen wieder hergestellt werden, wobei insbesondere die Situation *traumatisierter* Flüchtlinge berücksichtigt werden muß. Es müßte im Einzelfall die Möglichkeit bestehen, ein Verfahren wieder aufzunehmen.
7. Bei *frauenspezifischer Verfolgung* ist Asyl zu gewähren.
8. Berichte von deutschen und auch internationalen *Nichtregierungsorganisationen müssen* für Entscheidungen des Bundesamtes *herangezogen werden.* Die Lageberichte des Auswärtigen Amtes müssen hinreichend ausführliche Informationen über die Menschenrechtssituation von Frauen enthalten.
9. *Richtlinien* für die EntscheiderInnen, damit das Vorliegen geschlechtsspezifischer Verfolgung erkannt werden kann. Die *Fortbildung* von EntscheiderInnen diesbezüglich muß *regelmäßig* gewährleistet werden.
10. Sicherstellen der notwendigen *medizinischen und therapeutischen Versorgung für die Opfer* sexualisierter Gewalt, besonders auch bei minderjährigen Vergewaltigungsopfer.
11. Traumatisierte Flüchtlinge (Vergewaltigung, sexualisierte Gewalt) sollten nicht zwangsweise zurückgeführt werden. *Fachgutachten* über die Reisefähigkeit sollten respektiert werden. Die Unzumutbarkeit der Rückführung sollte überprüft werden. Rückführung sollte dem Umstand

Rechnung tragen, daß Flüchtlinge aufgrund erlittener spezifischer Traumatisierung auch dann nicht an den früheren Wohnort zurückkehren können, wenn dort "sichere" Verhältnisse herrschen.

12. In den Aufgabenkatalog des *Ständigen Internationalen Strafgerichtshof* muß ausdrücklich der Schutz der Frauen-Menschenrechte aufgenommen werden.

13. Verpflichtung zur Einrichtung von *Frauen-Härtefallkommissionen* in allen Bundesländern als Kontrollinstanz zur Überprüfung von Ablehnungen von Asylanträgen von Frauen (*Wiederaufnahmeverfahren*).

Anhang II:
Politische Forderungen von Nichtregierungsorganisationen
– Auszüge –

1. ai Sektion der Bundesrepublik Deutschland e.V.[20]

- Ergänzung des § 24 AsylVfG: Verpflichtung des Bundesamtes für die Anerkennung ausländischer Flüchtlinge, im Rahmen der Ermittlung der Gefährdung von Frauen zu prüfen, ob die Gefahr durch geschlechtsbezogene Verfolgungsakte begründet oder erhöht wird oder ob die Verfolgung an eine Ungleichbehandlung von Mann und Frau anknüpft, sie fördert oder sich diese zunutze macht.
- Ergänzung des § 25 AsylVfG: Wunsch der Asylbewerberin berücksichtigen, ob sie von einer Entscheiderin angehört werden möchte mit Sprachmittlung durch eine Dolmetscherin. Ehepaare stets getrennt vernehmen, auf Wunsch aber auch zusammen. Rücksichtnahme auf die psychische Situation der Asylbewerberin: ggfs. Unterbrechung und Fortsetzung der Anhörung zu einem späteren Zeitpunkt, wenn Schilderungen über erlittene Folter, grausame oder erniedrigende Strafe oder Behandlung oder sexuelle Gewalt beschrieben wird.
- Änderung des § 25 Abs. 3 AsylVfG (parallel § 74 AsylVfG): ein verzögertes Vorbringen soll in der Regel dann als genügend entschuldigt gelten, wenn sich die Asylsuchende auf die o.g. Verfolgungsakte beruft. Grund: Gerade für Menschen, die eine Verletzung ihrer körperlichen und persönlichen Integrität erlebt haben, ist es in der Regeln nicht möglich, schon nach kurzer Zeit in der Anhörung vor dem Bundesamt und vor dem Verwaltungsgericht und dazu noch vor einer fremden Person über die erlittenen Verletzungen Auskunft zu geben.

2. FORUM MENSCHENRECHTE (FMR)[21]

- Der Schutz durch § 51 Ausländergesetz, der den Flüchtlingsbegriff der Genfer Flüchtlingskonvention aufgreift, darf nicht von der Existenz einer staatlichen oder staatsähnlichen Ordnungsmacht abhängig gemacht werden.
- Abschiebeschutz muß auch dann gewährt werden, wenn keine staatliche Gewalt existiert.
- Ein rechtsstaatlich einwandfreies Asylverfahren sowie ein effektiver Rechtsschutz müssen wieder hergestellt werden, wobei insbesondere die Situation schwer traumatisierter Flüchtlinge berücksichtigt werden muß.
- Bei frauenspezifischer Verfolgung muß Asyl gewährt werden.

3. Forderungen des FMR, Hearing 1996[22]

- Anerkennung geschlechtsspezifischer Verfolgung als Asylgrund.
- Berichte von Nichtregierungsorganisationen müssen für Entscheidungen des Bundesamtes herangezogen werden. Die Lageberichte des Auswärtigen Amtes müssen hinreichend ausführliche Informationen über Menschenrechtssituation von Frauen enthalten.
- Richtlinien für die EntscheiderInnen, damit das Vorliegen geschlechtsspezifischer Verfolgung erkannt werden kann. Die Fortbildung von EntscheiderInnen diesbezüglich muß gewährleistet werden.
- Sicherstellen der notwendigen medizinischen und therapeutischen Versorgung für die Opfer sexualisierter Gewalt, besonders auch bei minderjährigen Vergewaltigungsopfer.
- Vergewaltigung und sexualisierte Gewalt müssen als Abschiebehindernis anerkannt werden.
- Traumatisierte Flüchtlinge (Vergewaltigung, sexualisierte Gewalt) sollten nicht zwangsweise zurückgeführt werden. Rückführung sollte dem Umstand Rechnung tragen, daß Flüchtlinge aufgrund erlittener spezifischer Traumatisierung auch dann nicht an den früheren Wohnort zurückkehren können, wenn dort "sichere" Verhältnisse herrschen.

4. Katholischer Deutscher Frauenbund[23]

- In den Aufgabenkatalog des Ständigen Internationalen Strafgerichtshofs muß ausdrücklich der Schutz der Frauen-Menschenrechte aufgenommen werden.
- Geschlechtsspezifische Unterdrückung und sexuelle Gewalt müssen als Gründe für Asylgewährung anerkannt werden.

5. Medica Mondiale und TERRE DES FEMMES[24]

- Gesicherten Aufenthaltsstatus für traumatisierte Frauen sowie das Recht auf kostenlose medizinische und psychotherapeutische Behandlung.
- Einrichtung von Frauen-Härtefallkommissionen in allen Bundesländern.
- Konsequente und verantwortungsvolle Umsetzung der von der Bundesrepublik mitunterzeichneten Verpflichtungserklärung der Weltfrauenkonferenz 1995. Darin verpflichten sich die Staaten, die Menschenrechte der Frau "voll anzuerkennen, wirksam zu schützen und umzusetzen".

6. PRO ASYL u.a.[25]

- Bei geschlechtsbezogener Verfolgung Asyl und Abschiebeschutz nach der Genfer Flüchtlingskonvention.
- Klarstellung in § 51 AuslG, daß auch Verfolgung aus "geschlechtsspezifischen Gründen" ein asylrechtliches Abschiebungshindernis darstellt.
- Der Bundesinnenminister soll das Bundesamt entsprechend seiner Weisungsbefugnis nach § 53 AuslG anhalten, sexuelle Übergriffe als Abschiebungshindernis i.S. von § 53 AuslG zu akzeptieren, wenn und solange im Herkunftsland die gesellschaftliche Realität ein Leben in Würde der Frau nicht erwarten läßt.
- Bund und Länder sollen prüfen, inwieweit Abschiebungsschutzregelungen für Gruppen verfolgter Frauen nötig sind, und diese ggfs. beschließen. Verstärkte Ausbildung von EntscheiderInnen, damit diese mit den spezifischen Problemen von Frauen im Verfahren umgehen können (Erarbeitung von Richtlinien empfohlen).
- Frauen sollte die Möglichkeit gegeben werden, frauenspezifische Fluchtgründe auch nach der Anhörung noch vorzubringen, ohne daß dies als sogenanntes "gesteigertes Vorbringen" gewertet wird.

---

[1] Feststellungen des UNHCR , Amt des Vertreters in der Bundesrepublik Deutschland, in der Darstellung "Berücksichtigung von frauenspezifischen Verfolgungsgründen in westlichen Asylländern" vom 25. September 1997.

[2] Vgl. Einleitung zur Kleinen Anfrage 674 vom 11. März 1997 BÜNDNIS 90/DIE GRÜNEN Landtag Rheinland-Pfalz.

[3] Abkommen über die Rechtsstellung der Flüchtlinge (Genfer Konvention -GK) v. 28.7.1951; zugestimmt und veröffentlicht durch Gesetz v. 1.9.1953 (BGBl.II 559).

[4] Europäische Konvention zum Schutze der Menschenrechte und Grundfreiheiten (EMRK) v. 4.11.1950, Gesetz v. 7.8.1952 (BGBl. II S. 685, 953), in Kraft seit 3.9.1953 (BGBl. 1954 II 14).

[5] BVerwGE 95, 42 (45ff.) U.v. 18.1.1994-9 C 48.92; zudem BVerfGE 80, 315, 340: "*Der Asylantrag setzt in den Fällen die effektive Gebietsgewalt nicht voraus, weil die staatlichen Kräfte zur physischen Vernichtung von als Bürgerkriegsgegner betrachteten Personen übergegangen sind*".

[6] OVG NW, U.v. 26.5.1995,– 23 A 2751/93.A–, S.25f.

[7] Vgl. VG Aachen, U.v. 26.8.1993 –9 K 3700/93.A.; VG Würzburg, U.v. 22.2.1994–W 9 K 92.31152–; VG Ansbach, U.v. 15.3.1994 – AN 17 K 93.43809 –; VG Saarland, U.v. 25.11.1994 – 12 K 96/94.A–; VG Stuttgart, U.v. 5.12.1994 – A 8 K 12713/93–; VG Düsseldorf, U.v. 1.3.1995 – 7 K 6093/92.A–; a.A. VG Ansbach, U.v. 27.5.1993, S.9.

[8] Vgl. VG Ansbach, U.v.25.4.1994 –AN 21 K 93.42780–, S.9; ebenso U.v.18.5.1995 – AN 9 K 93.46011–.

[9] Vgl. Feststellung in der Antwort der Bundesregierung vom 29. Januar 1998, BT-Drs. 13/9715, auf die Große Anfrage von BBÜNDNIS 90/DIE GRÜNEN, BT-Drs.13/8217.

[10] Statement von *Dr.Judith Kumin* am 6.März 1997, UNHCR, S.2.

[11] Art. 1 der VN-Deklaration vom 20. Dezember 1993 zur Beseitigung von Gewalt gegen Frauen.

[12] S. Hinweis in dem Informationsfaltblatt "Verfolgte Frauen schützen!" zum 8.3.1997, S.3 (Hrsg.) *Deutscher Frauenrat, Förderverein PRO ASYL e.V.*

[13] "Considerations for Asylum Officers Adjudicating Asylum Claims from Women" vom 26.Mai 1995, Hinweis vom UNHCR, Bonn.

[14] Vgl. Hinweis UNHCR, Bonn vom 25. September 1997, S.9.

[15] Vgl. Hinweis UNHCR, Bonn vom 25. September 1997, S.10f.

[16] Vgl. BVerwG U.v. 28.2.1988-9 C 32.87; U.v. 15.3.1988-9 C 278.86; BVerwGE 79, 143, 150,151).

[17] BT-Drs.11/3250/neu.

[18] BT-Drs.12/3015.

[19] Vgl. BVerwG U.v. 28.2.1988-9 C 32.87; U.v. 15.3.1988-9 C 278.86; BVerwGE 79, 143, 150,151); BVerfGE 80, S. 315, 336.

[20] Schreiben an die CDU/CSU-Fraktion, Dr. Wolfgang Schäuble, MdB am 16.Oktober 1997 (Geschlechtsspezifische Verfolgung von Frauen Vorschläge für eine Änderung des Asylverfahrensgesetzes).

[21] Policy Paper des FORUM MENSCHENRECHTE (FMR) Deutschland, beschlossen am 22. September 1998 in Bonn. Das FMR ist ein Zusammenschluß von 37 in der Menschenrechtsarbeit aktiven Nichtregierungsorganisationen in Deutschland und setzt sich für einen verbesserten, umfassenden Menschenrechtsschutz ein: weltweit, in bestimmten Weltregionen und Ländern sowie in der Bundesrepublik Deutschland. Seit fünf Jahren begleitet das FMR kritisch und konstruktiv die bundesdeutsche Menschenrechtspolitik. Sekretariat seit 1998 bei TERRE DES FEMMES c/o Kanzlei Kalthegener, Wilhelmstr. 26, 53111 Bonn.

[22] Hearing 1996: "Vergewaltigung – Verbrechen an Frauen in Kriegs- und Friedenszeiten" am 25. April 1996 in Bonn, FMR Materialien Nr. 6, Unkostenbetrag DM 5,00, Bezug: Sekreatiat des FMR c/o Kanzlei Kalthegener, Wilhelmstr. 26, 53111 Bonn.

[23] Erklärung des Katholischen Deutschen Frauenbundes zu "50 Jahre Menschenrechtserklärung", Bad Honnef, Juli 1998, S.5.

[24] Presseerklärung am 14. April 1997 in Bonn anläßlich der symbolischen Frauen-Härtefallkommission.

[25] Kampagne "Verfolgte Frauen schützen" seit Frühjahr 1997.

Wem nützt das androzentrische Medizinsystem in Bosnien?

Ein Diskurs über die komplexen Machtstrukturen in der Anwendungspraxis der medizinisch-technischen und psychologischen Methoden an den traumatisierten Frauen des Jugoslawienkrieges und anderswo. Denn "die Macht ist der Krieg, der mit anderen Mitteln fortgesetzt wird." (M. Foucault)

Lidija Rukavina

Vorwort

Ich spreche von androzentrischer Medizin, um auf den Umstand aufmerksam zu machen, daß medizinischen Maßnahmen keine Wertneutralität zukommt (Harding 1994). Die sogenannte "objektive" Wissenschaft und die mit ihr verbundenen Technologien wie die Medizintechnologie, sind abhängig von der sozialen Ordnung und ihren Machtverhältnissen. Der Prototyp des Wissenschaftlers ist der weiße, ökonomisch privilegierte Mann mit seinem androzentrischen Wissen, das ihm Vorteile gegenüber den Menschen der "dritten Welt", ethnischen Minderheiten und den Armen sichern soll. Die weiße, privilegierte, "wissende Frau" befindet sich keineswegs in einem wertneutralen, machtfreien Raum, wenn sie als Hilfsperson in Konflikt- und Kriegsgebieten handelt. Vielmehr vollziehen sich auch die gutgemeinten Hilfsbestrebungen inmitten einer subtilen Machtmaschinerie und tragen die Machtstrukturen durch den Technologietransfer weiter. Die weiße "wissende Frau" entspringt genauso der Macht- und Wissenskonstellation wie der weiße Wissenschaftler oder Mediziner. Spricht man nur von der ethischen Motivation der Hilfsaktionen in Kriegs- und Krisengebieten, so bleibt der Aspekt des Nutzens solcher Aktionen für die privilegierten Wissenden, sowie der Aspekt der verdeckten Machtzusammenhänge unerwähnt. Ein feministischer Diskurs sollte diese Strukturen der medizinisch-technischen und der psychologischen Macht- und Wissenszusammenhänge offenlegen. Dabei sollte die besondere Position der "wissenden Frau" im genannten Machtgefüge berücksichtigt werden, die einerseits gegenüber dem "wissenden Mann" als untergeordnete, aber andererseits gegenüber der hilfsbedürftigen Frau als überlegene fungiert. Diese "doppelte" Besetzung einer Position des Machtraumes als einerseits machtlos und andererseits mächtig, verdankt sich der Feinstruktur des Machtnetzes und bildet die Grundfigur der foucaultschen panoptischen Maschinerie (Foucault 1976 a).

Ein feministisches Hilfsprojekt müßte demnach die Verstrickungen in die technologische Machtmaschine kritisch offenlegen und die Folgen für die Anwendung der eigenen Behandlungsmethoden diesbezüglich prüfen. Der Einsatz des medizinischen Wissens und der Technologie kann nicht "an sich" gut sein, sondern erweist sich als geeignet oder ungeeignet bezüglich seiner Machtausübung über die traumatisierten Opfer. Folgt man dem Ansatz von Foucault, daß es sich bei der Machtausübung um einen Krieg handelt, der nur mit anderen Mitteln fortgesetzt wird, so sollten feministische Projekte die eigene Verwicklung bzw. die Absetzung von den interessegebundenen Machtstrukturen thematisieren.

Der Mythos von einer objektiven und interessenlosen Wissenschaft

Sandra Harding stellt den objektiven Status einer Wissenschaft- und Erkenntnistheorie, die nur "reine Information" liefern soll, in Frage (Harding 1994).

Die Wissenschaften und die mit ihnen verbundenen Technologien wie die Medizintechnologie sind sozial verortet und können deshalb weder interessenlos noch unparteiisch sein. Die wissenschaftlichen Strukturen und Ziele entspringen einer bürgerlichen, patriarchalen Politik bestimmter, privilegierter Gesellschaftsgruppen. Wegen des Prototyps des Wissenschaftlers, den der weiße, privilegierte Mann darstellt, nennt Harding eine solche Wissenschaft androzentrisch. Das bedeutet aber nicht, daß androzentrische Wissenschaft und die sich ihr verdankenden Technologien und Disziplinen, nicht auch von Frauen in ähnlich androzentrischer Weise ausgeübt werden können.

Zunächst legt die Methode der modernen Wissenschaft es nahe, daß die erkennenden Personen austauschbar sind. "Jeder kann durch mein Teleskop sehen", sagte Galilei. Das bedeutet, daß jeder der durch die Optik schaut, genau das gleiche Ergebnis vorfindet, eine objektive und allgemeingültige Wahrheit. Wenn aber die Erkennenden austauschbar sind, dann ist das Wissen des weißen, privilegierten Mannes genauso gut wie das Wissen einer anderen x-beliebigen Person. Dieser Standpunkt legt die Unabhängigkeit des Ergebnisses vom Beobachter, d.h. Forscher, nahe und vernachlässigt die Beeinflussungsmöglichkeiten des Ergebnisses durch den Experimentator. Harding thematisiert die Abhängigkeit des wissenschaftlichen Ergebnisses von der sozialen Zugehörigkeit des Wissenschaftlers. Eine solche Betrachtung ermöglicht die Offenlegung von "race, class" sowie imperialistischen Aspekte der Wissenszusammenhänge. Demnach sind Überlegenheitsansprüche bestimmter Ethnien, ökonomische

Privilegien und Eurozentrismus Probleme, die die Wissenschaften mitbedingt haben. Die Wissenschaften bringen "Wissende" hervor, die sich in Absetzung von den Unwissenden, d.h. gegenüber der übrigen "unterentwickelten Welt", diverse Vorteile verschaffen können. Der Glaube an den wissenschaflich-technologischen Fortschritt, der dazu dient, den Technologietransfer in die unterentwickelten Weltregionen zu beschleunigen, wäre keineswegs wertneutral, sondern eindeutig profit- und machtorientiert.

Harding belegt ihre These mit Beispielen aus den amerikanischen Untersuchungen, die zeigen, daß afrikanisch-amerikanische Frauen viel stärker an den negativen Folgen der Wissenschaft und der Technologie leiden als die europäische Amerikanerinnen. Auffälligkeiten werden vor allem in der Reproduktionstechnologie deutlich. Es finden sich überproportional viele afrikanische Amerikanerinnen unter den Frauen, die ohne Einwilligung sterilisiert wurden. Außerdem wird durch Rassismus und Armut der afrikanischen Amerikanerin der Zugang zu einer medizinisch korrekten Abtreibung verwehrt.

In einer nach "Rassen" differenzierten Gesellschaft bringt die soziale und biologische Reproduktion wieder "Rassen" hervor, und nicht "rassisch" anonyme Kinder (vgl. dazu ausführlich Sandra Harding, 1994). Es erstaunt deshalb nicht, daß in einer solchen Gesellschaft die Reproduktionspolitik darüber entscheidet, wer leben darf und wer nicht. Mit Reproduktionspolitik ist im engeren Sinne die Verhütung und die Geburt gemeint, aber andererseits auch die Verteilung der Chancen für die Gesundheit in späteren Lebensphasen.

Es sollte in diesem Zusammenhang nicht unerwähnt bleiben, daß in Indien bis zu 90 % der durch Amniozentese diagnostizierten "weiblichen" Föten abgetrieben werden. Die "Leihgebärmutter" der armen Dritte-Welt-Frauen für die Austragung der Kinder von ökonomisch privilegierten europäisch-amerikanischen Paaren ist keine Seltenheit mehr. Ebenso die Verhütungsmitteltests an armen Frauen, die auf Kosten der Gesundheit dieser Frauen, zum Vorteil der sicheren Emfängnisverhütung der privilegierten weißen Frau durchgeführt werden (Beispiel Puerto-Rico).

Im 19. Jahrhundert wurden unzählige gynäkologische Experimente an afrikanisch-amerikanischen Sklavinnnen durchgeführt. Einer der "pro-mi-nenten" Forscher, J. Marion Sims, setzte für die Experimente nicht einmal die zur dieser Zeit schon bekannte Anästhesieverfahren ein.

In dieser Tradition befinden sich auch die Experimente an jüdischen KZ-Gefangenen im Dienste der Verbesserung der medizinischen Versorgung von deutschen Bürgern.

Alle diese Beispiele, einschließlich der heutzutage bekannten und umstrittenen Praktiken des illegalen Organhandels aus den Kriegs- und Krisengebieten, verweisen auf die eindeutigen Profitinteressen der wissenschaftlich fundierten Technologien.

Die Hervorbringung der Opfer und der Täter durch die Machtstruktur

Hardings Analyse legt die Identifizierung und die Trennung der Mächtigen einerseits und der von ihnen ausgebeuteten machtlosen Opfer andererseits nahe. Häufig findet man allerdings komplexe Machtverhältnisse vor, die eine eindeutige Identifizierung der Täter und der Opfer nicht möglich machen. Vielmehr findet sich manchmal, wie es das erwähnte Beispiel der weißen, privilegierten Frau zeigt, eine offensichtliche "Doppelbesetzung" des Machtausübungsortes vor. Die weiße, privilegierte Frau fungiert als unterlegene dem weißen, privilegierten Mann gegenüber und auf der anderen Seite als überlegene und mächtige der Dritte-Welt-Frau gegenüber. Wie ist eine solche "Doppelrolle"denkbar?

Foucault verweist auf eine andere Struktur der Macht als Harding. Er beschreibt die Macht nicht als ein massives und homogenes Phänomen der Herrschaft einer Gruppe oder Klasse über die andere. Demnach ist die Macht nicht etwas, worüber die einen verfügen und der die anderen ausgeliefert sind. Er analysiert die Macht vielmehr als etwas, was wie eine Verkettung funktioniert. Die Individuen oder die Gruppen dieser Machtstruktur sind stets in der Position, in der sie die Macht sowohl ausüben wie auch erfahren. Sie sind nicht die "Zielscheiben", sondern die "Bindeglieder" der Machtausübung. Die Opfer und die Täter wären demnach eine Hervorbringung der Macht, ganz im Gegensatz zu der Vorstellung, daß die Macht von einem identifizierbaren Zentrum des Täters ausgeht. "Tatsächlich ist das, was bewirkt, daß Körper, daß Gesten, Diskurse, Wünsche als Individuen identifiziert und konstituiert werden, bereits eine erste Wirkung der Macht. Das Individuum ist also nicht das gegenüber der Macht; es ist, wie ich glaube, eine seiner ersten Wirkungen. Das Individuum ist eine Wirkung der Macht und gleichzeitig – oder genau insofern es eine ihrer Wirkungen ist – ihr verbindendes Element. Die Macht geht durch das Individuum, das sie konstituiert hat, hindurch."(Foucault 1976 a).

Die Betonung in der foucaultschen Machtfigur liegt nicht auf der Festlegung der Täter und der Opfer auf ihre Rollen, sondern auf der lückenlosen Kontrolle in der Machtmaschine. Die Individuen sind innerhalb eines geschlossenen und überwachten Raumes an festen Plätzen angeordnet und sämtliche Bewegungen und Ereignisse werden registriert. Jedes Individuum wird ständig erfaßt und geprüft und in die unterschiedlichen Kategorien wie z. B. lebend, krank oder tot eingeordnet. Die Überwachung wird durch alle Beteiligten gewährleistet, jeder überwacht jeden und wird seinerseits wiederum überwacht. Diese Machtstruktur wird von Foucault auch als Panopticon bezeichnet, eine perfekte Disziplinaranlage. Das Panopticon ist eine Machttechnologie der einseitigen Transparenz. Jedes Kettenglied besetzt einen Ort von dem aus er lückenlos gesehen und überwacht wird, ohne selber die Überwachungsinstanz einzusehen. Die Hauptfunktion eines solchen Apparates ist die Sicherstellung des permanenten Sichtbarkeitszustandes, um das automatische Funktionieren der Macht zu ermöglichen. Foucault bezeichnet das Panopticon als eine Art Laboratorium der Macht. Das Ziel ist die Perfektionierung der Machtausübung und die Aufrechterhaltung des selbsttätigen Mechanismus der Kontrolle.

Die Macht ist so gesehen kein Wesen, sondern eine Art Operation. Sie ist kein Attribut, sondern ein Verhältnis, wobei die Gesamtheit der Kräfteverhältnisse sowohl durch die herrschenden wie auch durch die beherrschten Kräfte gebildet werden. Macht als ein Diagramm von Macht und Ohnmacht! Foucault will nicht die Repression und die Ideologie ignorieren, sondern den Widerstreit der Kräfte in Frage stellen, die er vielmehr in einem maschinenähnlichen Zusammenhang verbunden sieht. Das reibungslose, abstrakte Funktionieren dieser Machtmaschine ermöglicht eine vielfältige gesellschaftlich-politische Verwendung, wie z.B. in der Strafanstalt, dem Krankenhaus, den Schulen und in den Produktionsstätten. Diese Machttechnologie hat, so Foucault, die Entstehung der modernen Disziplinargesellschaft erst ermöglicht.

Das Machtdiagramm bewirkt eine rasterförmige Erfassung des gesamten Feldes, es ist die Karte der Kräftebeziehungen, die jeden Augenblick durch jeden Punkt hindurchgehen.

Medizinische und psychologische Methoden als Disziplinarpraktiken der Machtmaschine

Foucault spricht im konkreten Sinne von der Maschine, wenn er von der Gefängnis-Maschine, der Schul-Maschine oder der Hospital-Maschine spricht. Das Krankenhaus, die Schule oder die Werkstatt wurden nicht durch die Disziplinen einfach "in Ordnung gebracht", sondern bilden selbst einen Apparat im Disziplinargefüge. Das bedeutet, daß medizinische und psychologische Maßnahmen wesentliche Stützpunkte der Disziplinargesellschaft bilden. Demzufolge wäre das Überwachungselement für die medizinischen und psychologischen Maßnahmen konstituierend. Andere Aspekte wären diesem Machtmechanismus untergeordnet oder würden sogar zur Verdeckung des Disziplinarcharakters beitragen. Foucault sieht die Konstituierung der empirischen Wissenschaften durch den Ansatz der Gerichtsuntersuchung, d.h. durch die Inquisitionsverfahren mit ihrer "klein-lichen und boshaften Gründlichkeit der Disziplinen und Nachforschungen" (Foucault 1976 b). Die Wissenschaften spielen damit für die Psychologie, Psychiatrie, Pädagogik und Medizin die seltsame Rolle der Inquisition. "Diese Techniken verweisen das Individuum nur von einer Disziplinarinstanz zur anderen und in konzentrierter und formalisierter Spielart reproduzieren sie das jeder Disziplin eigene Schema von Macht/Wissen." (Foucault 1976 b).

Schlußbetrachtung – Wie ist ein feministisches Hilfskonzept denkbar?

Als Ausgangspunkt für diese Betrachtung diente die Frage, ob ein sinnvolles therapeutisches Handeln in Hilfsprojekten der Kriegs- und Krisengebieten der Erde, wie z.B. im Jugoslawienkrieg, ohne eine differenzierte Analyse der Machtzusammenhänge möglich ist. Insbesondere interessierte mich die Frage, ob die traumatisierten Frauen durch "westliche" medizinisch-therapeutische Maßnahmen eine Hilfestellung oder womöglich eine erneute Traumatisierung erfahren.

Zusammenfassend muß auf eine diffizile Machtverwicklung der im Handeln befindlichen Hilfspersonen mit den traumatisierten Opfern hingewiesen werden. Diese Machtmaschine ist nicht einfach zu überwinden, da eine Eindeutigkeit in der Täter-Opfer Identifizierung nicht immer vorliegt. Die Disziplinar-Machtmaschine hat vielmehr kein Zentrum, von dem die Wirkung ausgeht. Die einzelnen Punkte in der Machtstruktur erfahren eine Doppelbesetzung von Mächtigkeit und Ohnmacht, wie das am Beispiel der privilegierten "weißen Frau" gezeigt werden konnte. Mit der Anwendung der medizinischen und der psychologischen Methoden erfahren die Machtstrukturen ihre Wirksamkeit. Ein Handeln im "machtfreien Raum" ist demnach selbst bei guter Absicht nicht möglich. Man könnte sogar überspitzt sagen, die Macht handelt – durch alle gesellschaftlichen und politischen Schattierungen und Spielarten hindurch. Auch im Hilfegeschäft.

Der Medizin- und Technologietransfer in die unterentwickelten Regionen der Erde kann nicht "an sich" gut sein, sondern folgt den eigenen Nützlichkeitskriterien. Daraus resultiert hier wie auch anderswo, daß medizinische oder psychologische Maßnahmen nicht deshalb durchgeführt werden, weil sie objektiv sinnvoll sind, sondern weil sie nutzbringend für die Behandler und den dazugehörenden Kontext sind. Darüber hinaus erfüllen gerade die therapeutischen Verfahren die Kriterien der Disziplinarmaschine. Nicht die Gesundheit, sondern die Überwachung der Individuen ist das primäre Ziel der Disziplinartechnologie. Berücksichtigt man die genannten komplexen Zusammenhänge, so wird die Schwierigkeit einer feministisch orientierten Hilfsmaßnahme deutlich. Eine weitergehende Betrachtung der speziellen Zusammenhänge der Frauenhilfe für Bosnien, unter der besonderen Berücksichtigung der Machtverhältnisse der Medizintechnologie und der psychologischen Methoden, würde diesen einführenden Rahmen sprengen. Ich möchte aber auf eine mögliche Strategie der Sensibilisierung gegenüber den Disziplinarstrategien und Ausbeutungsmechanismen durch den Technologietransfer hinweisen. Um weiteren Traumatisierungen und dem technologischen Mißbrauch der Gewaltopfer vorzubeugen, wäre eine kritische Überprüfung der Behandlungsmethoden bezüglich der repressiven Elemente notwendig.

Als Beispiel erwähne ich nur die routinemäßige Vorsorgeuntersuchung bei Frauen, die im Westen zum Standard der Gynäkologie gehört. Betrachtet man diese Maßnahme unter dem Disziplinaraspekt, als reinen Kontrollmechanismus über den weiblichen Körper, so erscheint es fragwürdig, wieso sich ausgerechnet moslemische Frauen dieser Kontrollmaßnahme unterziehen sollten. Wird hier unter dem Deckmantel einer vorbeugenden Untersuchung die Kontrolle installiert und die Akzeptanz für weitere Technologie-eingriffe erhöht?

Es geht hier nicht um eine generelle Verurteilung der medizinischen und psychologischen Hilfsmaßnahmen als "Vollstreckungsorte" der Macht-maschine. Ich sehe vielmehr in einem feministischen Diskurs die Möglichkeit der Sensibilisierung gegenüber den unterschiedlichen Disziplinar- und Repressionstechniken dieser Apparatur.

Literatur

Butler, Judith 1993: Körper von Gewicht. New York

Deleuze, Gilles 1987: Foucault. Frankfurt a.M.

Duden, Barbara 1991: Der Frauenleib als öffentlicher Ort. Hamburg/Zürich

Foucault, Michel 1976 a: Dispositive der Macht. Berlin

Foucault, Michel 1976 b: Überwachen und Strafen. Frankfurt a.M.

Harding, Sandra 1994: Das Geschlecht des Wissens. Frankfurt a.M.

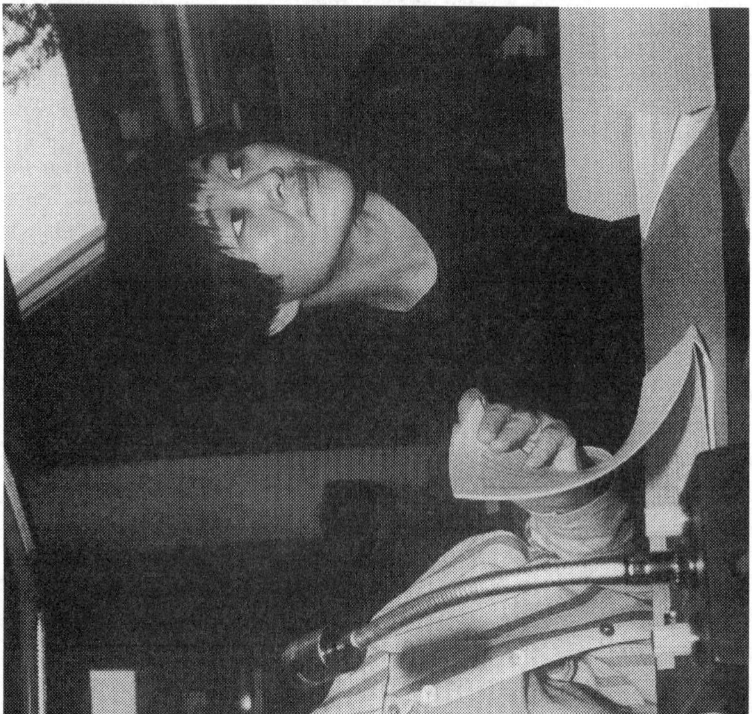

Teilnehmerinnen während der Tagung

Psychotherapeutische Begleitung, Behandlung und Beratung traumatisierter Frauen im Krieg und im Nachkriegs-Bosnien-Herzegowina[1]

Edita Ostojic

Einführung

Wenn wir den konzeptionellen Anspruch bedenken, der im April 1993 im vom Krieg betroffenen Bosnien zur Gründung des Projekts Medica Zenica geführt hat, so können wir sagen, daß es sich dabei um das Zusammentreffen von Grundsätzen des westlichen Feminismus mit Denkweisen der einheimischen Fachfrauen handelte. Das Projekt wurde bereichert durch die bereits differenzierten Ansichten des westlichen Feminismus über die Machtverteilung zwischen den Geschlechtern, über die Dringlichkeit von uneingeschränkter Hilfe für Frauen, die Überlebende von Gewalt waren sowie über die Notwendigkeit eines nicht-institutionellen Therapieansatzes, welcher auf einem Machtgleichgewicht im therapeutischen Verhältnis beruht. Mit ihrem Wissen über die Beziehungen in der Gemeinschaft, über die kulturellen Besonderheiten und speziellen Bedürfnisse von Frauen in unserem Kulturkreis sowie über die Erfordernisse, die der Krieg mit sich gebracht hatte, haben die einheimischen Fachfrauen bei der Artikulierung dieser Themen mitgewirkt, so daß sie vor Ort auch angenommen werden konnten.

Ich muß betonen, daß wir damit in unserem psychologischen Team Neuland betreten haben: Nicht eine von uns hatte sich zuvor mit psychischen Traumata oder sexueller Gewalt befaßt. Als wir mit der Arbeit bei Medica begannen, bildeten wir uns gleichzeitig in diesen Bereichen weiter, errichteten eine ideelle Plattform, auf welcher unsere Arbeit beruhte, nahmen die Erweiterung des Projekts in die Hand und trugen dabei all jenes, was der Krieg uns selbst und unseren Familien angetan hatte, mit uns herum. Wir versorgten Frauen, die bei dem Projekt Hilfe gesucht hatten und faßten im Verlauf der Arbeit alle Punkte, die im Namen des Projekts bei der Zusammenarbeit mit öffentlichen Einrichtungen hilfreich sein könnten, in Worte.

Während des Ausbaus des Projekts haben sich einige *Grundsätze* herauskristallisiert, die den beim Projekt beschäftigten Frauen als praktische Orientierungshilfe dienten. Diese Grundsätze sind:

- In unserer Haltung einer Frau gegenüber, die ein Trauma überlebt hat, konzentrieren wir uns nicht auf ihre Rolle als Opfer, sondern als Überlebende.
- Wir sind solidarisch und glauben der Frau bedingungslos. Wir arbeiten mit ihren Erlebnissen und den Dingen, die sie verletzt haben. Dabei bestehen wir nicht darauf, daß sie uns Details erzählt, für die sie psychisch noch nicht bereit ist. Wir wollen verhindern, daß sie sich genötigt fühlt, durch detaillierte Schilderungen ein "Recht" auf Hilfe verdienen zu müssen.
- Schutz für die betroffenen Frauen vor ausbeuterischen, sensationslüsternen und politischen Tendenzen.
- Ausweitung der Wahlmöglichkeiten für Frauen.
- Unterstützung für Frauen bei der Inanspruchnahme dieses Rechts.
- Supranationale Lösungsansätze.
- Der Glaube daran, daß jedes ehrliche menschliche Engagement eine therapeutische Wirkung haben kann.
- Die Notwendigkeit der Arbeit auf gesellschaftlicher Ebene.

Das Kriegstrauma

Ein Kriegstrauma hat zahlreiche und unterschiedliche Quellen: Angst um das eigene Leben, Angst um nahestehende Personen, der Verlust von materiellen Gütern, der Verlust von Menschen, die gestorben sind, vermißt werden oder weit weggegangen sind, der Verlust von Freundschaften und dem Vertrauen in andere Menschen, der Verlust vom "früheren Ich", der Verlust des Gefühls von Sicherheit, Verwundungen oder Verlust von Körperteilen. Kurz gesagt: Es handelt sich um die größte physische, psychische und soziale Bedrohung. Gleichzeitig müssen die Betroffenen mit sehr schweren Lebensbedingungen fertig werden, welche nach dem zentralen traumatischen Ereignis weiterhin erheblich auf den Alltag und dadurch auch auf die Genesung der überlebenden Person einwirken. Die traumatischen Ereignisse sind fast immer vielfältig und finden entweder gleichzeitig oder hintereinander statt.

Wenn man die psychischen Folgen bedenkt, die ein Kriegstrauma hervorrufen kann, dann ist es wichtig, einige grundlegende Definitionen und Gesetzmäßigkeiten über die Entwicklung eines Traumas im Gedächtnis zu behalten.

Bei der Entstehung eines psychischen Traumas muß zwischen dem traumatischen Ereignis und dem psychischen Trauma unterschieden werden. Das traumatische Ereignis ist ein Ereignis außerhalb der normalen menschlichen Erfahrung. Nicht, weil es selten vorkommt, sondern weil in diesen Momenten die normalen adaptiven Mechanismen des Menschen für normale Lebenssituationen regelrecht überschwemmt werden. Traumatische Ereignisse rufen bei manchen Menschen Streß hervor, bei anderen können sie aber zum Post Traumatic Stress Disorder (PTSD) führen. Das psychische Trauma ist die psychische Antwort auf eine traumatische Erfahrung. Die Tatsache, daß mehrere Menschen einer traumatischen Situation ausgeliefert sein können, jedoch nur einige von ihnen die psychischen Folgen des Post Traumatic Stress Disorder tragen müssen, spricht dafür, daß das traumatische Ereignis allein nicht ausreicht, um die Intensität und die Form des psychischen Traumas zu beschreiben. Für den Therapeuten, der mit traumatisierten Menschen arbeitet, ist es daher wichtig herauszufinden, warum das als traumatisch geschilderte Ereignis für den Klienten traumatisch war: welche *Bedeutung* er dem Ereignis beigemessen hat und wie er dieses Ereignis heute interpretiert. Allen Formen der Traumatisierung ist der Verlust des Gefühls der Sicherheit gemeinsam. Dieser Sicherheitsverlust betrifft die Umgebung, die Menschen, die Werte und das Selbst. Die Psychotherapie bietet die Möglichkeit einer Neuinterpretation des traumatischen Ereignisses. So sind für den Genesungsprozeß folgende Punkte wichtig:

- die Identifikation des erschütterten Weltbildes,
- die Identifikation dessen, was durch das Trauma zerstört wurde,
- die Feststellung, warum dieses Ereignis für den Klienten traumatisch war.

Das erste Problem, mit denen eine HelferIn beim Zusammentreffen mit einer traumatisierten KlientIn konfrontiert wird, ist zum Beispiel, daß die KlientIn oft nicht die Ursachen für ihren jetzigen Zustand wiedererkennt und nicht genau weiß, warum sie eigentlich Hilfe sucht. Sie kommt mit einer Fülle von Symptomen, die ihr Angst machen, fühlt sich selbst verändert und sagt verängstigt, daß dies der Weg in den "Wahnsinn" sei. Aufgrund des massiven Unglücks um sie herum, kann sie oft nicht verstehen und akzeptieren, daß jenes, was ihr passiert ist, sie verletzt hat und solche Nachwirkungen mit sich bringen konnte: "Andere Leute haben noch viel Schlimmeres durchgemacht." Darüber hinaus hat die KlientIn oft nur geringe Möglichkeiten, das Geschehene zu beschreiben. Nicht nur, daß sie ihre Gefühle oft nicht wiedererkennen und ihrer nicht bewußt sind. Sie sind auch nicht in der Lage, Worte für diese Gefühle zu finden oder auf entsprechende Fragen zu antworten. Einerseits kann man dieses Unvermögen mit dem kulturellen Milieu erklären und andererseits mit der Tatsache, daß sie es nicht gewöhnt sind, auf ihre Gefühle zu achten und sich ihrer bewußt zu werden. Dazu gehört auch die spezifische Unsensibilität psychischen Problemen gegenüber, die wiederum dazu führt, daß die Menschen nicht bereit sind, bei Störungen einen Spezialisten aufzusuchen. Erst dann, wenn die Störungen eskalieren und für die Umwelt oder die Person selbst unerträglich werden, wenn die Folgen zu einer Daseinskrise führen, wird Hilfe gesucht. Grundsätzlich aber nimmt die KlientIn ihre eigene Verletzbarkeit und sich selbst, mit den Störungen unter denen sie leidet, nicht an.

Das Trauma der Vergewaltigung

Im Vergleich zu anderen Traumata *birgt die Vergewaltigung einige Besonderheiten in sich*, welche die Bedeutung des traumatischen Ereignisses für die Überlebende bestimmen. Eine Vergewaltigung verletzt die körperliche Integrität im sexuellen Bereich, welcher in fast allen Gesellschaften mehr oder weniger tabuisiert ist. Das beeinflußt die Überlebende sowie die Beziehungen der Umwelt zu ihr:

- Die Überlebende ist bereit, sich selbst die Schuld für das Geschehen zuzuschreiben. Sie glaubt, die Vergewaltigung durch ihr Aussehen, ihr Verhalten oder Ähnliches provoziert und verursacht zu haben.
- Aufgrund der tabuisierten Sexualität verweigert die Umgebung oft der Überlebenden Verständnis und Hilfe in dem Maße, wie sie anderen Gewaltopfern entgegengebracht wird. Die Schuldgefühle des Opfers werden verstärkt und das Empfinden, daß in ihrer Umgebung niemand glücklich über ihr Überleben ist. Die Überlebende fühlt sich für immer gezeichnet, erniedrigt und es kommt vor, daß ihre Umgebung denkt, daß sie "besser gestorben" wäre.

Anstatt die Tat der Vergewaltigung mit anderen reinen Gewaltverbrechen gleichzusetzen, wird hier vor allem der sexuelle Aspekt betont. Es fehlt an Verständnis dafür, daß die Gewalttat dem Gefühl der Überlegenheit und der Dominanz des Täters entspringt, daß der Täter beim Opfer das Gefühl der Wertlosigkeit hervorruft, daß er es erniedrigt, beschämt, verletzt, daß pure Gewalt und Verachtung dem Opfer und ihrem gesamten Umfeld gegenüber demonstriert werden. All dies trifft insbesondere auf Vergewaltigungen im Krieg zu. Neben allen üblichen Folgen des Psychotraumas, wie dem Verlust des Gefühls der Sicherheit, Veränderung der Beziehungen zur Außenwelt sowie dem Verlust an Kontrolle, muß das Opfer auch mit einem anderen Körpergefühl, mit veränderten Beziehungen zum anderen Geschlecht und zur Sexualität leben, was sich auf ihr ganzes Leben auswirken wird. Auswirkungen sind zu erwarten auf die psychische und die somatische Gesundheit, auf die Geschlechtlichkeit und die Fruchtbarkeit.

Bei den Frauen, die eine Vergewaltigung im Krieg überlebt haben und somit die Zielgruppe unseres Projekts darstellen, treffen wir in den meisten Fällen eine Reihe bedeutender Faktoren der psychischen Destabilisierung an: der Verlust von Menschen, die der Frau viel bedeutet haben, das Trauma der Flucht, der ständige Druck, keine feste Bleibe zu haben, materielle Unsicherheit, eine unsichere Perspektive und die Unmöglichkeit, die Zukunft zu planen, Trennung von Familienmitgliedern, Ungewißheit bezüglich des Schicksals nahestehender Personen, neue Informationen über Verluste und die damit verbundenen Gefühle, das Wissen um die Leiden von Familienmitgliedern, die ihrerseits traumatische Erfahrungen gemacht haben. Darüber hinaus ereignete sich die traumatische Situation sehr häufig in Anwesenheit von Familienmitgliedern oder Bekannten, wobei das eigene Leben oder das Leben einer nahestehenden Person – häufig des Kindes – bedroht wurde.

Die Frauen, die eine Vergewaltigung überlebt haben, kommen mit den klassischen Trauma-Symptomen: Gereiztheit, unzählige psychosomatische Symptome, intrusive Symptome von Zwangsvorstellungen und Gedanken, von denen man sich nicht befreien kann, konstruktive Symptome der Vereinsamung und Angst vor bestimmten Orten, Ausflüchte bei bestimmten Themen während der Kommunikation usw. Sie kommen mit einem Gefühl von Scham und Schuld und sind häufig zu blockiert, um von der Vergewaltigung oder der Hilflosigkeit sprechen und dadurch die Geschichte mit dem Helfer teilen zu können. Diese Frauen klagen über Bauchschmerzen, Ekel vor Essen, Konzentrationsstörungen, sie klagen, daß ihnen alles egal sei, daß sie keinen Kontakt zu ihren Mitbewohnern haben könnten, daß sie den Kindern gegenüber aggressiv seien, daß sie Teile ihres Körpers nicht spürten, daß sie das Bedürfnis hätten, sich ständig zu waschen und zu baden.

Bei einigen Frauen, die ins Therapiezentrum kamen, lag die traumatische Erfahrung einige Monate, manchmal auch über ein Jahr zurück. In diesem Zeitraum hatten die Frauen für sich selbst Überlebensstrategien entwickelt. Zu fortgeschrittenen psychotischen Symptomen kam es bei den Frauen, die nach einer überlebten Vergewaltigung gezwungen waren, in dem Gebiet zu bleiben, in dem sich die Vergewaltigung ereignet hatte. Unsere Aufgaben waren:

- gesunde Strategien bewußt zu machen, sie zu stützen und weiterzuentwickeln, die Frau auf ihre eigenen Ressourcen aufmerksam zu machen,

welche es ihr ermöglicht haben, sich selbst zu helfen, und die Ausdruck ihres gesunden Wesens sind;
- fehlerhafte adaptive Mechanismen aufzudecken und bessere Lösungen anzubieten.

Frauen, die unmittelbar nach dem überlebten traumatischen Ereignis zu uns kamen, konnten sich leichter in unsere Obhut begeben und das Trauma leichter bearbeiten. Nachdem sie sich langsam an den ersten sicheren Ort, den sie seit ihrer Flucht gefunden hatten, gewöhnt hatten, suchten wir gemeinsam Wege aus der Hilflosigkeit und halfen ihnen dabei, ihre eigenen Kräfte zu erkennen.

Das Konzept der psychologischen Arbeit

Der Prozeß, den unsere stationären Patientinnen während ihres Aufenthalts im Therapiezentrum von Medica durchlaufen, ist der von Hoffnungslosigkeit zu Hoffnung, von dem Ereignis, das wie das Ende des Lebens erschien bis zu einem Neuanfang, vom unaussprechlichen Geheimnis, der Scham und des Schuldgefühls zu neuerlangtem Selbstbewußtsein und Selbstachtung. Dieser Prozeß findet aber nicht nur in den regelmäßigen Therapiestunden statt, sondern wird auch durch das Zusammenleben und die Beziehungen innerhalb des Projekts bestärkt. Ebenso verhält es sich mit der Unterstützung bei der Wiederaufnahme von sozialen Beziehungen und der Beziehung zu sich selbst, dem Gefühl des Angenommenseins, dem Gefühl, Kontrolle über die Situation zu bekommen, dadurch, daß Verantwortung für die eigene Zukunft übernommen wird, daß Probleme des Alltags gelöst und neues Wissen und neue Fähigkeiten erworben werden. So wie die Teilnehmerinnen dieses Prozesses durch sich selbst überlebt haben, so haben alle Mitarbeiterinnen des Medica Teams solche Erfahrungen machen müssen.

Der Wunsch, der der Gründung des Frauentherapiezentrums zugrunde lag, war:
- den Frauen einen Schutzraum zu bieten, in dem sie sich sicher fühlen konnten und wußten, daß ständig jemand für sie da war, der praktische Hilfe leisten wollte und emotional und menschlich engagiert war;
- einen Ort zu schaffen, an dem den Berichten der Überlebenden Glauben geschenkt wird und wo die Überlebende, wenn sie es wünscht, ihre Geschichte mit jemandem teilen kann und dann verstanden und angenommen wird;
- zu versuchen, den Frauen den Glauben an Dinge, Menschen, Solidarität usw. wiederzugeben.

Das Konzept, das unserer psychologischen Arbeit zugrunde lag, basierte auf unserem psychologischen Grundwissen, dem, was wir intuitiv über die Bedürfnisse von Frauen, die eine Vergewaltigung überlebt hatten, wußten sowie der spärlichen Literatur, die uns während der Blockade zugänglich war. Wir fühlten, daß unsere MitbürgerInnen Hilfe, Sicherheit und den Respekt vor ihren Leiden bräuchten, gleichzeitig aber auch ihre eigenen Überlebenskräfte gestärkt werden müßten. Das erste Buch, welches unsere Sensibilität für die psychologischen Folgen einer Vergewaltigung und den therapeutischen Ansatz dieser Arbeit weckte, war "Courage to heal" der amerikanischen Autorinnen Ellen Basse und Laure Daves über die Möglichkeiten der Selbstheilung von Frauen, die sexuelle Gewalt überlebt haben. Auf dem Buch basierend haben wir am Anfang den Prozeß der Gruppentherapie in dreizehn Phasen unterteilt. Das uns fehlende theoretische Wissen haben wir gleichzeitig durch die Arbeit mit unseren Patientinnen wettgemacht, welche neben den fachlichen Aspekten für uns wahrhaftige menschliche Begegnungen und menschliches Verständnis darstellten. Wir wurden mit einer ganzen Reihe von verschiedenen psychologischen Reaktionen auf den erlebten Streß konfrontiert, der verursacht wurde durch: Mißhandlung, Vertreibung, Eingesperrtsein, den Verlust von Familienmitgliedern usw.

Das Konzept beinhaltete die folgenden Elemente:

- der Frau helfen und ihr zeigen, daß sie angenommen und ihre Kraft, die ihr das Überleben ermöglicht hat, respektiert wird;
- der Frau helfen, ein realistisches Bild ihrer psychischen Reaktionen auf das traumatische Ereignis zu entwickeln, so daß sie weiß, daß sie normal auf abnormale Umstände reagiert hat;
- Schaffung von Bedingungen für die Aufarbeitung von unterdrückten Emotionen und traumatischen Inhalten im Rahmen der Bearbeitung des Traumas;
- Integration des Traumas und Hinwendung zur Zukunft, die Entwicklung und Realisierung von kurzfristigen Plänen und Strategien.

Unter den Bedingungen des Krieges, unter denen unser Projekt begann und wir mit vielfältigen und sich fortsetzenden Traumata konfrontiert waren, mußten wir die Ziele, die wir uns selbst für die therapeutische Arbeit gesteckt hatten, jedoch einschränken:

- Wir mußten erkennen, welche psychische Verletzung das traumatische Ereignis hervorgerufen hat (im Sinne der Normalisierung).
- Wir mußten die Symptome erkennen und dazu die bestmöglichen Strategien entwickeln.

- Zur Bearbeitung des Traumas sind wir oft gar nicht gekommen, da viele unserer Klientinnen nicht bereit dazu waren. Der Schwerpunkt der therapeutischen Arbeit lag dann darin, es der Klientin möglich zu machen, mit dem Trauma zu leben und ihr Leben nicht länger auf das Geschehene, sondern auf die Zukunft auszurichten. Bei der Bearbeitung des Traumas sind wir die Aspekte der traumatischen Erfahrung angegangen, für die die Frauen sich auch bereit gefühlt haben.
- Wir wollten die Möglichkeit bieten, daß sich die Frau durch neues Wissen und neue Fähigkeiten stärker fühlt, z. B. konnte sie manchmal an bestimmten Aktivitäten unseres Projekts mitarbeiten, und wir wollten neue Hilfsnetze in der Umgebung der Frau schaffen oder bestehende verstärken.

Es bestand die Notwendigkeit, unsere Erwartungen hinsichtlich der therapeutischen Ergebnisse mit Blick auf die Realität neu zu definieren: Wir waren uns bewußt, daß wir nicht erwarten konnten, daß die Symptome des Traumas vollständig geheilt werden könnten. Dies ist ein Prozeß, der oft Jahre dauert und ein Gefühl der Sicherheit voraussetzt, welches wir ausreichend anbieten wollten und konnten. Unsere Erwartungen an die therapeutische Arbeit (Gruppen- und Einzeltherapie) waren:

- die Reduzierung der schlimmsten Symptome;
- das Verständnis für die Entstehungsmechanismen der traumatischen Symptome;
- die Entwicklung von Fähigkeiten, die notwendig sind, um mit einem Trauma leben zu können;
- die Erkenntnis verstärken, daß wir nichts an dem, was den Menschen zugestoßen war, ändern konnten, die Menschen jedoch selbst stärker werden konnten und damit das Geschehen leichter annehmen und ertragen konnten;
- erreichen, daß nach dem Überleben des Traumas ein Sinn im Leben gefunden wird;
- die Motivation verstärken, weiter an sich zu arbeiten;
- die Motivation für Bildung und eine eigenständige Erwerbstätigkeit zur Existenzsicherung verstärken.

Aufgrund des neuen Wissens aus der Literatur, aus Seminaren und begrenzten Supervisionseinheiten haben wir versucht, angemessene und effiziente Techniken in unserer Arbeit anzuwenden. Unser *therapeutischer Ansatz ist ekletisch*, denn wir waren bereit und offen für alles, was von unseren Klientinnen angenommen wurde und zu positiven therapeutischen Ergebnissen führen konnte. So haben wir unser Konzept des kognitiven

Ansatzes durch Ansätze angereichert, die sich auf den Körper, auf Emotionen, auf Visualisierung, angeleitete Phantasien, Entspannungstechniken und Elemente des Psychodramas stützen. Diese Techniken ermöglichten es den Frauen, zu sich selbst zurückzukehren, ihren verlorenen und abgelehnten Körper wiederzuerkennen, seine Reaktionen zu verstehen und ihn erneut lieben zu lernen. Neben der therapeutischen Behandlung bot unser Projekt auch eine Reihe von Aktivitäten an, die eine therapeutische Wirkung hatten. Zum Beispiel haben wir einen Tanzkurs angeboten, der wieder Lachen in die Gesichter und Würde in die verkrampften und abgelehnten Körper brachte.

Der therapeutische Prozeß

In unserer Arbeit gliedert sich der *therapeutische Prozeß* in vier Hauptphasen:

- *Sicherheit schaffen* – Eine Phase, in der die Frau das Gefühl bekommt, daß sie sicher und beschützt ist. Ihr Tagesablauf wird durch die eingeführte Routine wieder strukturiert, die Kinder sind versorgt, sie lernt die Möglichkeiten des Zentrums und die anderen Frauen kennen, schließt Freundschaft mit ihnen, lernt die Mitarbeiterinnen des Medica Psychologinnen-Teams kennen und baut eine Beziehung und Vertrauen zu ihnen auf. Nachdem die Frau ausreichend Zeit hatte, sich an den Aufenthalt im Therapiezentrum für Frauen zu gewöhnen, beginnt in dieser Phase die gezielte psychotherapeutische Arbeit: Einzel- oder Gruppentherapien. Zu Beginn klärt die Therapeutin die Frau über die Gesetzmäßigkeiten und Prinzipien der therapeutischen Arbeit auf und vermittelt dadurch der Frau, daß sie die Möglichkeit und das Recht auf volle Kontrolle in jeder Bearbeitungsphase hat. Die Frau fühlt sich ermutigt, ihre psychischen Bedürfnisse und ihre Grenzen zu erkennen, lernt diese während der therapeutischen Arbeit ernst zu nehmen und diese Beachtung auch von der Therapeutin einzufordern.
- Die zweite Phase konzentriert sich auf die *psychische Stärkung*, welche die Frau auf die emotional schwierigste Phase des therapeutischen Prozesses vorbereitet: die Bearbeitung des Traumas. In dieser Phase der Stärkung lernt die Frau durch verschiedene Techniken (Entspannung, Visualisierung, Massagen, Körperarbeit, emotionale Arbeit) sich selbst, ihre Reaktionen und ihre Stärken kennen, setzt wieder neue Grenzen, welche durch das Trauma niedergerissen wurden und bekommt Selbstvertrauen, verläßt sich auf ihre eigenen Fähigkeiten und Ressourcen –

Ressourcen aus dem Leben vor dem Trauma und Ressourcen aus ihrer traumatischen Umklammerung.

- In der dritten Phase der *Bearbeitung der traumatischen Erfahrung* deckt die Klientin mit Hilfe der Therapeutin und/oder der Gruppe ihre traumatische Erfahrung auf und stützt sich auf alles, was sie sich in den beiden vorangegangenen Phasen bewußt gemacht, wiederhergestellt und ausgebaut hat und bezieht neue Fragmente mit ein. Durch die Arbeit an den Symptomen, den Erinnerungen, Emotionen, Gefühlen, dem Glauben an etwas und mit der Gewißheit, daß sie jetzt die Kontrolle über die Erinnerungen hat und selbst weiß, wann und wie weit sie sich an die Inhalte heranwagen kann, beginnt der Prozeß der Integration des traumatischen Ereignisses in die Gesamtheit der Lebenserfahrungen der Frau. In dieser Phase kann die Frau einen Verlust betrauern, welcher durch das Trauma verursacht wurde und erkennen, welche Bedeutung, aber auch welche zerstörerische Kraft das traumatische Ereignis für sie hatte.
- Mit vollem Bewußtsein über das, was das Trauma verursacht hat, wird in der letzten Phase versucht, den Sinn des Lebens wiederzufinden und sich der *Zukunft hinzuwenden*. Die traumatische Erfahrung wird eine unter vielen Erfahrungen, die die Frau in ihrem Leben gemacht hat und mit denen sie konfrontiert war, und sie legt sie bei den anderen Erinnerungen ihres Lebens ab. In dieser Phase werden neue Netzwerke aufgebaut und, wenn die Frau es wünscht, auch alte verstärkt, je nachdem wie sinnvoll diese für ihr Leben erachtet werden und wie qualitativ wertvoll sie sind. Wir versuchen mit Hilfe von anderen zukunftsgerichteten Projekten von Medica Arbeitsmotivation zu wecken sowie Eigenständigkeit und das Recht auf eigene Entscheidungen zu bestärken.

Diese Phasen des therapeutischen Prozesses sind nicht streng voneinander getrennt, sondern haben fließende Übergänge. Abhängig vom psychischen Zustand der Frau und der objektiven Ereignisse in der Umgebung muß man oft zu einer vorangehenden Phase zurückkehren. Deshalb haben wir auch die schwierigen Arbeitsbedingungen betont, die der Krieg uns auferlegt hat: ständig der Gefahr ausgeliefert, Bombardierung, niederschmetternde Nachrichten während der Therapie über das Schicksal von Verwandten, Tote, Nachrichten über neue Mißhandlungen, Jahrestage von schlimmen Ereignissen.

Die Dauer dieses Prozesses ist sehr unterschiedlich und hängt von verschiedenen Faktoren ab. Die wichtigsten Faktoren sind: Schwere und Ausmaß des Traumas, die Qualität der Hilfe, welche die Frau in ihrer unmittelbaren Umgebung hat, und über welche Kräfte und Ressourcen sie verfügt. Daher ist der Aufenthalt der Frauen in unserem Projekt zwar nicht unbegrenzt, aber auch nicht vorhersehbar und richtet sich nach der psychischen Verfassung der Frau und ihrer eigenen Einschätzung über diese Verfassung.

Der erste Kontakt

Uns scheint die Erfahrung, die wir im Laufe unserer Arbeit im Zusammenhang mit dem *therapeutischen Potential des ersten Gesprächs zwischen der Klientin und der Therapeutin* gemacht haben, sehr wichtig zu sein. Dies ist für die Frau häufig der erste Schritt heraus aus einer Phase, in der sie versucht hat, alleine mit dem fertig zu werden, was ihr zugestoßen ist, und mit den Symptomen, die danach auftraten. Sich dessen bewußt zu sein, wieviel Überlegungen und Unsicherheit diesem Schritt vorangehen und wieviel Mut und Entschlossenheit es braucht, diesen Schritt zu tun, deutet auch darauf hin, wie groß die Verantwortung der Helferin ist, dieses erste Treffen so zu gestalten, daß es nicht entmutigend wirkt, daß es die Frau nicht wieder in ihre Isolation zurückwirft, daß es ihr erschüttertes Vertrauen in die Welt und die Menschen nicht ein weiteres Mal beschädigt. Neben dem durch das Trauma zerstörte Vertrauen in die Menschen bringt die Frau/Klientin in das erste Gespräch ein zerstörtes Selbstbewußtsein mit, eine zerstörte Selbstachtung, mangelndes Verständnis für sich selbst und Nichtakzeptanz ihrer selbst und den bei ihr auftretenden Symptomen gegenüber. Sie hat häufig auch Angst, als "geistesgestört" stigmatisiert zu werden, und glaubt nicht daran, daß ihr überhaupt jemand helfen kann.

Im ersten Gespräch hat die Frau/Klientin die Möglichkeit, der Helferin und damit indirekt auch sich selbst den Verlauf der Geschehnisse zu schildern, sich "selbst zu hören". Es ist ebenfalls wichtig, der Frau/Klientin die Entscheidung zu überlassen, wieviel sie erzählt, und sie zu ermutigen, die Grenzen, die sie fühlt, zu erkennen und sie zuzulassen –, für die Therapeutin ist es nicht unbedingt erforderlich, alle Einzelheiten über das Ereignis zu kennen und die Fakten zu ordnen. Das Wesentliche beim ersten Gespräch ist, daß die Frau mit jemandem das teilt, was passiert ist und wie sie es empfunden hat, und daß sie dabei das Gefühl hat, akzeptiert zu werden. Die grundlegenden Ansätze im ersten Gespräch sind die Validation der Erfahrung, die Normalisierung der Symptome und das Herauslassen der Emotionen. Diese drei Ansätze haben folgendes Ziel:

- Dadurch, daß sie das ernst nimmt, was die Frau offenbart, daß sie nicht versucht, "das Gesagte sofort zu verbessern", zu helfen oder das Problem zu mindern, zeigt die Helferin der Frau direkt, daß nicht ihre Schwäche die Verletzung herbeigeführt hat, daß das, was sie durchlebt hat, nicht unwichtig ist und daß ihr Problem wichtig ist. Die Frau soll selbst begreifen und annehmen, daß eine Reihe solcher Ereignisse eine psychische Verletzung und die von ihr als solche empfundenen Störungen hervorrufen kann –, mit anderen Worten, die Helferin soll ihre Erfahrung validieren.
- Die Frau akzeptiert, daß ihre Reaktionen normale Reaktionen auf abnorme Erfahrungen sind, die sie durchlebt hat; sie hat weniger Angst vor den Symptomen und dem "Wahnsinn" – sie normalisiert die Symptome.
- Die Frau kommt mit ihrer Verletzlichkeit in Kontakt, sie begreift und akzeptiert sie; mit anderen Worten, sie nimmt sich selbst an als jemand, der verletzbar ist und verletzt ist; sie läßt den damit verbundenen Gefühlen freien Lauf – d.h. sie läßt die Gefühle heraus.

Das erste Gespräch gibt der Frau die Möglichkeit, Unterstützung anzunehmen, ihre Angst und Ungewißheit im Hinblick auf ihre Reaktionen, die für sie neu und unbekannt sind, zu reduzieren.

Dieser erste Kontakt entscheidet darüber, ob die Frau eine Therapie annimmt, und spielt für den Aufbau der zukünftigen therapeutischen Beziehung eine entscheidende Rolle. Manchmal genügt bereits das erste Gespräch, damit die Persönlichkeit ihre inneren Selbstheilungspotentiale mobilisiert.

Die therapeutische Arbeit in der Gruppe

Durch ihre Struktur kann die *therapeutische Arbeit in der Gruppe* einige Lösungen anbieten, die genau den Bedürfnissen der Menschen, die ein Trauma durchlebt haben, entsprechen:

- Struktur, Vorhersehbarkeit, Kontrolle,
- Möglichkeit, Gefühle in einer Atmosphäre der Sicherheit auszuleben,
- soziale Fähigkeiten erlernen und das Vertrauen in die Menschen zurückgewinnen,
- Arbeit mit fremden und eigenen Grenzen,
- erneute Verbindung zu Menschen aufbauen und bei ihnen Unterstützung finden, aus der Isolation heraustreten,
- Verständnis für sich gewinnen und Selbsterkennung durch ein tieferes Verständnis für andere erreichen.

Die Gruppe ist der Ort, an dem der Einzelne soziale Fertigkeiten erlernt, sein Verhältnis zu anderen festlegt, es mit seinen Bedürfnissen in Einklang bringt und dabei auf die Bedürfnisse anderer achtet; ein Ort, an dem der Einzelne lernt, mit Macht umzugehen, Einblick in die Rollen bekommt, die er in der Regel gegenüber der Umwelt einnimmt, und die Möglichkeit erhält, diese zu korrigieren, wenn sie für ihn eine Belastung darstellen.

Die therapeutische Arbeit in der Gruppe ermöglicht die Erfahrung, daß Veränderungen, persönlich oder nach einem Modell, möglich sind, und dies schafft Hoffnung. Die Gruppe läßt den Einzelnen erkennen, daß seine Schwierigkeiten universal sind. Dadurch gewinnt der Einzelne Verständnis für sich selbst. Die Arbeit in der Gruppe bietet die Gelegenheit, auch von anderen Menschen, die Ähnliches erlebt haben, etwas zu erfahren und von ihnen Informationen oder einen Rat zu erhalten. In der Gruppe haben wir die Möglichkeit, Hilfe zu bekommen, aber auch Hilfe zu geben – und das gibt Kraft. Die Möglichkeit, die Meinung anderer Gruppenteilnehmer über uns und über das, was wir tun, zu hören, macht es möglich, etwas zu lernen. Das verbindet auch. In der Gruppe kann der Einzelne, auch wenn er selbst nicht viel redet, durch Beobachten lernen. Mit der Hilfe anderer Gruppenteilnehmer hat der Einzelne die Möglichkeit, wichtige Dinge über sich zu erfahren. Teilnehmer in der Gruppe zu sein, weckt im Einzelnen das Gefühl der Zugehörigkeit und das Gefühl, daß die anderen Teilnehmer der Gruppe auf ihn aufpassen. Die Gruppe regt die Bewußtwerdung der Gefühle an und vermittelt das Gefühl, daß den Empfindungen, die wir anderen Menschen gegenüber haben, Beachtung geschenkt wird.

Damit die Gruppe eine therapeutische Wirkung haben kann, muß sie für ihre Mitglieder einen "sicheren Ort" darstellen. Die Sicherheit in der Gruppe wird durch Vertrauen, Beständigkeit und Vorhersehbarkeit der Struktur der Arbeitsgruppe geschaffen. Dies vermittelt den Teilnehmern ein Gefühl der Sicherheit. Erreicht wird dies durch gemeinsame Schaffung von Regeln und das Akzeptieren dieser Regeln seitens aller Gruppenmitglieder.

Wenn die Frau aufgrund der Art ihres Traumas oder aus anderen Gründen (Zusammensetzung der Gruppe, persönliche Charaktereigenschaften der einzelnen Teilnehmerinnen usw.) in der Gruppe nicht zur Verarbeitung ihres traumatischen Erlebnisses kommt, kann die gruppentherapeutische Arbeit sie auf die Durcharbeitung ihres Traumas vorbereiten und ihr Kraft für die *einzeltherapeutische Arbeit* geben. Die einzeltherapeutische Arbeit kann mit der Gruppenarbeit kombiniert werden, und häufig stellt sie die einzige Möglichkeit dar, mit der Frau zu arbeiten. Sie umfaßt die bereits aufgezählten Phasen des Therapieprozesses.

Der psychiatrische Ansatz

Das Kriegstrauma hat bei der Behandlung psychischer Störungen einen neuen Aspekt in den *psychiatrischen Ansatz* gebracht, denn die Psychiatrie sah sich mit vielen Menschen konfrontiert, die bis zum Krieg ein normales Leben führten und bei denen der Krieg Veränderungen verursachte –, die Menschen fanden sich in einem Zustand wieder, der dem psychiatrisch kranker Menschen (epilepsieähnlicher Zustand, Dissoziation etc.) sehr ähnlich ist. Die Reversibilität dieser Zustände wurde nicht aus dem Blickwinkel der schweren Pathologie betrachtet; Hoffnung auf Reversibilität gab uns die Tatsache, daß diese Menschen bis dahin ein normales Leben geführt hatten und daß eine genetische Prädisposition in der Amnesie fehlte. Dies hat im therapeutischen Ansatz den Schwerpunkt von der Pathologie auf die Stärkung gesunder Persönlichkeitspotentiale verlagert. Die Erstellung der Diagnose und die Benennung der Symptome stehen jetzt in der Funktion der Psychotherapie –, die Stigmatisierung, welche die Diagnose im klassischen biologischen und pharmakologischen Psychiatrieansatz mit sich bringt, bleibt aus. Dies hat dazu geführt, daß der humane, feministische und ethnopsychiatrische Ansatz nicht nur bei der Behandlung von Traumata – ausgelöst durch Krieg und Vergewaltigung – verstärkt eingesetzt wird, sondern auch bei der Behandlung von Borderline-Fällen, die wir, basierend auf unserem Verständnis von Trauma, als Folgen extremer Traumatisierung und im Licht komplexer posttraumatischer Störungen betrachten. Und im Falle akut psychotischer Zustände arbeiten wir mit einem erweiterten Ansatz: Um die durch die Diagnose und den pharmakologisch-therapeutischen Ansatz ausgelöste Marginalisierung der Patientin in ihrer Umwelt zu vermeiden, haben wir die Familientherapie angeboten. Die Familientherapie konzentriert sich auf das Informieren über die Symptome mit dem Ziel, in der Familie die Angst vor den Symptomen und möglichen Reaktionen des Patienten zu verringern, damit die Bereitschaft der Familie zunimmt, sich weiterhin um den Patienten zu kümmern und sich aktiv an seiner Genesung zu beteiligen.

Dieser Wendepunkt im therapeutischen Ansatz brachte auch eine humanere Aufteilung der Macht im therapeutischen Verhältnis mit sich. Auch das pharmakologisch-therapeutische Konzept hat sich im Hinblick auf die beobachtete Besonderheit und die Möglichkeiten der pharmakologischen Therapie zugunsten des psychotherapeutischen Ansatzes verändert.

Der religiöse Ansatz

Für einen Teil der Frauen, die das Trauma der Vergewaltigung überlebt hatten, war der *religiöse Ansatz* der einzige Zugang, über den sie Hilfe annehmen konnten. Seit dem Beginn unserer Arbeit im Team haben wir eine islamische Theologin an unserer Seite, die den Kontakt zu den Frauen herstellt und mit ihnen therapeutisch arbeitet. Die gewohnten Besuche im Rahmen ihrer normalen Arbeit in der Glaubensgemeinschaft haben ihr die Türen zu den Familien geöffnet. Sie hat die Frauen, die unbedingt anonym bleiben wollten, nachdem sie die Vergewaltigung überlebt hatten, vor der Stigmatisierung in der Gemeinschaft bewahrt und ihnen gleichzeitig ermöglicht, psychologische Hilfe unter für sie annehmbaren Bedingungen zu erhalten. Aufgrund der Erkenntnis, daß der Pfeiler der Identität, der vom Trauma meistens als letzter zerstört wird, der Pfeiler des Glaubens ist, bei dem auch die Religion eine wichtige Rolle spielt, haben wir auch den Glauben in die therapeutische Arbeit mit traumatisierten Frauen und Kindern aufgenommen.

Einer der bedeutendsten Beiträge der therapeutischen Arbeit über den Weg des Glaubens ist die adäquate und wissenschaftlich-autoritäre Trennung des eigentlichen religiösen Standpunkts von der traditionell verwurzelten Deutung religiöser Quellen in der Gemeinschaft. Mit diesem Ansatz war es möglich, die Überlebenden bei dem Kampf um ihr Selbstbewußtsein, das durch ihr Trauma erschüttert wurde, zu unterstützen. Mit Hilfe der Theologin war es auch möglich, die Schuldgefühle der Frauen zu bekämpfen: Die Theologin trat als religiöse Autorität auf und unterstützte die Genesung der Frau mit Hilfe der Religion soweit es für die jeweilige Frau erforderlich war.

Die Arbeit vor Ort

Die Arbeit vor Ort verfolgt mehrere Ziele:

- den Aufbau von Kontakten zwischen den Klientinnen und dem Projekt: sie sollen erfahren, was das Projekt ihnen bieten kann;
- Angebot direkter erster psychologischer Hilfe, d.h. sich mit dem Symptomen von Streß vertraut machen, und Normalisierung der Symptome;
- sich mit den Bedürfnissen der potentiellen Klientinnen vor Ort vertraut machen; Vertrauen in das Projekt aufbauen; ihnen zeigen, daß man kon-

kret an ihnen und an ihren Bedürfnissen interessiert ist und sich um diese kümmert; dies ist die Grundlage für die weitere Arbeit;
- Identifikation und Auswahl jener Fälle, die eine Behandlung in Medica oder andere Arten der Unterstützung erforderlich machen.

Die Arbeit vor Ort läuft häufig in Gruppen ab. Der Vortrag über erste psychologische Hilfeleistungen bietet die Möglichkeit, einem Teil der Menschen bereits durch Informationen über die typischen menschlichen Reaktionen auf Streß und Trauma zu helfen oder ihre Symptome zu lindern. Dies zeigt ihnen, daß ihre Schwierigkeiten im Hinblick auf das Erlebte normal sind; es reduziert die Angst vor diesen Symptomen und mobilisiert ihre Selbstheilungspotentiale. Die Tatsache, daß andere Menschen ähnliche Schwierigkeiten haben, läßt sie ruhiger werden und vertieft das gegenseitige Verständnis. Dies kann sich positiv auf die Mobilisierung der inneren Ressourcen der Gruppe auswirken.

Unter Kriegsbedingungen, in denen die verkehrstechnische Kommunikation erschwert oder unterbrochen war, bot dies eine Möglichkeit, Klientinnen zu erreichen, die ansonsten keine Hilfe hätten erhalten können. Diese Art der Arbeit war für unser Projekt außerordentlich wichtig, denn so war es möglich, offen über die Probleme der Vergewaltigung im Krieg und der Vergewaltigung im allgemeinen zu sprechen und uns mit ihnen auseinanderzusetzen. Wir gingen dabei wie folgt vor:
- Wir stellten das persönliche Leiden der Frau, die vergewaltigt wurde, in den Mittelpunkt.
- Wir gaben diesem Leiden eine Legitimität.
- Wir zeigten der Frau, die eine Vergewaltigung überlebt hatte, Wege aus ihrer Isolation und Möglichkeiten der Unterstützung.

Außerdem verdeutlichte diese Art der Arbeit den Trägern des Projekts, wo die tatsächlichen Bedürfnisse der Gemeinschaft, in der sie arbeiteten, lagen, und ermöglichte es so auch, in Übereinstimmung damit den Tätigkeitsbereich zu erweitern und auf diese Bedürfnisse einzugehen.

Perspektiven

Das Projekt hat mit *seinem Überleben und Bestehen dem Thema der Gewalt an Frauen und dem Thema der sexualisierten Gewalt überhaupt in unserer Gemeinschaft Legitimität verliehen.* Dies hat die Möglichkeit eröffnet, daß sich die Gemeinschaft und die Experten auch außerhalb der Kriegsereignisse offener mit diesem Thema beschäftigen.

Auf Grundlage der bisherigen Erfahrung in der Arbeit mit Gewalt und dem psychologischen Trauma und auf Grundlage der Erkenntnisse, die wir während unserer Arbeit gewonnen haben, denken wir, daß neben der Bereitschaft, uns auch weiterhin mit dem Thema der Gewalt und ihren Folgen auseinanderzusetzen, *auch die Verpflichtung besteht, weiter tätig zu sein.*

Das Kriegstrauma endet nicht mit dem Ende des Kriegszustandes. Der Krieg hat den psychischen Zustand unterschiedlicher Bevölkerungsgruppen beeinflußt – von Frauen, Kindern, Männern – und damit auch den psychischen Zustand der Familie. Die Nachkriegszeit stellt uns vor die Aufgabe, die Frauen dabei zu unterstützen, die psychologischen Folgen der Kriegstraumata zu überwinden und den Familien bei der Anpassung an die strukturellen Veränderungen, die der Krieg hinterlassen hat, zu helfen:

- veränderte Rollen zwischen Eltern und Kindern,
- Schwächung des erzieherischen Einflusses der Eltern,
- Anstieg der Scheidungsraten,
- Anstieg der Zahl alleinerziehender Mütter aufgrund des Todes und Verschwindens ihrer Männer im Krieg,
- Wahrnehmung von Gewalt und geringere Toleranz gegenüber Gewalt nach dem Krieg.

Wenn wir einer Frau, die Gewalt im Krieg und Gewalt in der Ehe überlebt hat, psychologische und materielle Unterstützung bieten sowie die Möglichkeit, Wissen zu erwerben und ihr Selbstbewußtsein und ihre wirtschaftliche Unabhängigkeit zu stärken, dann bedeutet das für uns auch, vorbeugend zu verhindern, daß die Frau in eine gewalttätige Gemeinschaft zurückkehrt oder diese lange erträgt. Wenn man alleinerziehende Mütter, Kriegswitwen, junge Frauen rechtzeitig dabei unterstützt,

- ihr Selbstbewußtseins zu stärken,
- den Begriff der Gewalt, ihre Mechanismen und Folgen kennenzulernen,
- die Menschenrechte, die sie schützen, kennenzulernen,
- ihr Wissen und ihre Fähigkeiten auszuweiten, mit dem Ziel, wirtschaftlich unabhängig zu werden,

wird dies für sie zu einer sicheren Grundlage, von der aus sie Gewalt früh genug erkennen und die ihnen eine Stütze sind, wenn sie sich dazu entschließen, eine gewaltsame Beziehung zu verlassen.

Unseren Erfahrungen nach hat der Krieg zu so viel Not und Leid in der Gemeinschaft geführt, daß ein großer Teil der Menschen Bedürfnis nach einer Art psychologischer Betreuung hatte, und ein Teil diese auch gesucht hat. Unter diesen Umständen war die Zahl der Fachleute, die eine derartige Hilfe anbieten konnten, ungleich gering. Außerdem stellten die Fachleute fest, daß gerade die Tatsache, daß es in unserer Kultur ungewöhnlich war, bei psychischen Störungen Hilfe zu suchen, und das damit einhergehende Stigma dazu führten, daß ein großer Teil der Menschen erst dann Hilfe suchten, als die Störungen bereits stark fortgeschritten waren – zeitlich gesehen also nach einem halben Jahr oder einem Jahr erfolglosen Kampfes gegen diese Störungen.

Auf der anderen Seite warf die Stärkung des Bewußtseins für die Erhaltung und Pflege der mentalen Gesundheit in der Gemeinschaft die Frage auf, wie die bereits zu geringe Zahl von Fachleuten auf die gestiegenen Bedürfnisse reagieren sollten, wenn es tatsächlich gelingen sollte, das Bewußtsein der Gemeinschaft dafür zu stärken, daß die *Erhaltung und Pflege der mentalen Gesundheit* von Bedeutung ist.

Die logische Antwort auf diese Frage war, daß *das Netz von Nicht-Fachleuten* mit Hilfe von Bildungsmaßnahmen *ausgebaut* werden müßte. Unser Schulungskonzept, das wir unterschiedlichen Gruppen helfender Nicht-Fachleute sowie Hilfsgruppen anderer Bereiche (Sozialarbeitern, Lehrern in Schulen) in staatlichen Institutionen anbieten, umfaßt neben theoretischen Kenntnissen auch die Möglichkeit für die Helfer, sich selbst mit ihren eigenen Kriegstraumata und ihrer Verletzbarkeit auseinanderzusetzen, sich ihrer inneren Kräfte und Ressourcen bewußt zu werden und diese zu stärken, – jene Kräfte und Ressourcen, die es möglich gemacht haben, daß sie trotz aller ihrer persönlichen Schwierigkeiten die Kraft aufgebracht haben, anderen zu helfen.

Wir sehen eine bedeutende Rolle unserer Arbeit auch darin, die Idee der nicht-institutionalisierten Art der medizinischen und psychologischen Unterstützung zu fördern und auszuweiten, was im Grunde auch zu einer veränderten Machtaufteilung im therapeutischen Verhältnis führt.

Auf Ebene der Bildung fachlicher und nicht-fachlicher HelferInnen für die Arbeit mit Gewalt und Kriegstraumata sehen wir die Möglichkeit, den Fachleuten eine Fortbildung anzubieten, das Netz der nicht-fachlichen HelferInnen vor Ort zu erweitern und allgemein zur *Sensibilisierung der Öffentlichkeit für das Thema der Gewalt gegenüber Frauen und Kindern in der Gemeinschaft* beizutragen.

Die nächste Aufgabe ist die *Vernetzung und Verbreitung des Wissens von ExpertInnen aus unterschiedlichen Bereichen, die sich mit dem Thema Gewalt gegenüber Frauen und Kindern beschäftigen*: Untersuchungsgremien, Stellen für Sozialarbeit, Gesundheitseinrichtungen und die Gerichte.

Die Konfrontation mit Gewalt und die Arbeit mit den Opfern von Gewalt läßt die HelferInnen eine Stellung einnehmen, die nicht neutral ist. Dies bedeutet, eine moralische Position einzunehmen, die zur Aktivität auffordert. Im Falle der Gewalt bedeutet Aktivität, *dazu beizutragen, daß der Täter vor Gericht gebracht wird und die gerechte Strafe erhält.* Praktisch heißt dies, daß das Opfer von Gewalt die vom Rechtssystem geforderten Beweise zu erbringen hat, damit das Urteil und eine Verurteilung ausgesprochen werden können. Betrachtet man dieses System mit den Augen der Opfer von Gewalt, dann hören die Dinge auf, einfach zu sein. Das Opfer hat viele Gründe, die es daran hindern, sich mit seinem Fall vertraulich an das Rechtssystem zu wenden. Diese sind:

- persönliche Gründe: die Reaktion der Gemeinschaft auf das, was sie erlebt hat, das eigene Gefühl der Schuld, welches das Trauma als eines der Symptome hinterläßt, die Angst um die eigene Sicherheit und die Sicherheit der Familie;
- gemeinschaftliche Gründe: ungenügender Schutz der Zeugen;
- Gründe, die dem Rechtssystem entspringen: die Art der erforderlichen Aussagen der traumatisierten Zeugen, damit sie im Rechtssystem Gültigkeit haben.

Betrachtet man das Problem aus dieser Perspektive, so führt die Frage im Hinblick auf die Zeugenaussage über die Gewalttat zu einer Kollision zwischen der nicht neutralen moralischen Stellung gegenüber Gewalt auf der einen Seite und dem Respekt gegenüber der Frau, ihren Gründen und ihrer Sicherheit als dem wichtigsten Grund für ihre Entscheidung auf der anderen Seite. Wir haben begriffen, daß wir auf jeden Fall die Frau bei dem zu unterstützen haben, wofür sie sich selbst entscheidet; außerdem ist es erforderlich, sich bei der Arbeit auf eine breitere Ebene zu konzentrieren, damit günstige Bedingungen für Zeugenaussagen geschaffen werden, unter denen es möglich ist, daß die Frau sich für diesen Schritt entscheiden kann, ohne sich dabei unnötig einer Gefahr, dem Leiden und erneuten Verletzungen aussetzen zu müssen.

Am Ende einige Worte über uns

Wie haben wir als Psychologinnen und Therapeutinnen gearbeitet, wenn doch wir selbst auch Teil einer vom Krieg traumatisierten Gemeinschaft sind?

Als Medica gegründet wurde, hatten wir das Gefühl, daß unser bisheriges fachliches Engagement im Krieg ein Zuhause bekam und daß wir nützlich sind für eine bestimmte Art von Problemen –, den Problemen von durch Gewalt betroffenen Frauen. Die angenehme Atmosphäre im Haus von Medica, das für unsere Klientinnen ein sicheres Dach über dem Kopf bedeutete und uns an ein normales Leben vor dem Krieg erinnerte, war für uns Mitarbeiterinnen und Therapeutinnen ein Ort, an dem unsere Verzweiflung gegenüber der Gewalt die Form eines konstruktiven Kampfes gegen sie annehmen konnte. Diese erste Welle des Enthusiasmus konnte in gewissem Maße unsere persönliche Betroffenheit durch den Krieg absorbieren und rettete uns vor der Rolle des passiven Opfers. Das zeitliche und emotionale Engagement überstieg häufig auch die normalen Grenzen des Erträglichen. Dadurch, daß wir in unserer Arbeit einem Ansatz folgten, der am Anfang unsere Unkenntnis bei der Arbeit mit Traumata ausglich, und durch unser starkes Engagement kam es zu einer starken Übermüdung und zum Burn-Out. Die Schutzmethoden, die wir anwendeten – gemeinsame Treffen, Freundschaften, gegenseitige Unterstützung, die vorbildliche Stärke unserer Klientinnen, Sinn für Humor – reichten irgendwann nicht mehr aus. Unsere übertriebene Pflege der Klientinnen schuf eine erneute Abhängigkeit und führte zu ihrer Schwächung. Die nächste Etappe unserer Arbeit war durch das Nachdenken über unsere eigenen Grenzen gekennzeichnet: Dadurch, daß wir auf unsere eigenen Grenzen achteten, halfen wir uns und boten unseren Klientinnen Modelle, die ihnen zeigten, wie sie sich verhalten sollten. Gleichzeitig verschob sich der Akzent der therapeutischen Arbeit dahingehend, daß wir bewußt die Situation kontrollierten und die Verantwortung für den therapeutischen Prozeß und seine eigene Genesung übernahmen.

In dieser Phase waren die Quellen unserer Kraft das gestiegene, eigene Bewußtsein der Effizienz unserer Arbeit, aufbauend auf einem erweiterten Wissen und der Möglichkeit, dieses Wissen mit Hilfe von Fachleuten aus aller Welt fortwährend auszuweiten; die Tatsache, daß wir uns besser um uns selbst kümmerten und der Erfolg, den wir über die erzielten Erfolge unserer Klientinnen erlebten.

Außerdem können wir uns durch die gesellschaftliche Ebene, die wir durch die Durchführung unserer *Programme zur Sensibilisierung der Öffentlichkeit für die Probleme der Gewalt* im Rahmen unserer Schulungen für fachliche und nicht-fachliche Helfer erreicht haben, von jenen abgrenzen, die nur "die Tränen der Unglücklichen trocknen". Wir zählen zu jenen, die eine aktive Rolle einnehmen, und die die Ursachen der ungerechten Verhältnisse in der Gesellschaft bekämpfen, welche dazu beitragen, daß einige ihrer Mitglieder zu Opfern werden.

---

[1] *Aus dem Bosnischen übersetzt von Eva Lautenschlager und Valentina Vincic.*

Grundlagen therapeutischer Arbeit mit Kindern[1]

Mirha Pojskic

Therapeutische Arbeit mit Kindern bei Medica Zenica

Medica ist ein Therapiezentrum für Frauen und Kinder, welches im April 1993 mit dem Ziel gegründet wurde, psychologische, medizinische und existentielle Hilfe für vom Krieg traumatisierte Frauen und Kinder durch stationäre und ambulante Behandlungs- und Genesungsprogramme zu bieten.

In den vergangenen fünf Jahren waren bei Medica 290 Frauen und 198 Kinder stationär untergebracht. Die Länge des Aufenthalts reichte von sechs Monaten bis zu mehreren Jahren. Die meisten psychischen Probleme der Kindern hingen mit dem Kriegstrauma zusammen, welches sie mit ihrer Familie erleben mußten. Sei es, daß sie unmittelbare Zeugen von Gewalt an den Eltern oder an anderen Menschen waren, sei es, daß sie selbst Gewalt erfahren mußten oder durch die Reaktionen der Eltern auf deren Trauma selbst indirekt traumatisiert wurden. Es ist bekannt, daß Kleinkinder, die noch nicht verstehen, was um sie herum vorgeht, während und nach der traumatischen Erfahrung, die traumatisierten Reaktionen der Erwachsenen annehmen.

Zu Beginn wurde das Zentrum vor allem für Frauen eingerichtet, die Opfer einer Vergewaltigung geworden waren (später aber auch für alle anderen Formen der Traumatisierung bei Frauen und Kindern). Daher hatten wir auf unserer Station eine beträchtliche Anzahl von Kindern, die mit ansehen mußten, wie ihre Mütter vergewaltigt oder auf andere Weise gefoltert worden waren. Abgesehen von den üblichen psychischen Problemen traumatisierter Kinder, litten diejenigen unter ihnen, deren Mütter vergewaltigt worden waren, an der lange andauernden psychischen Verschlossenheit ihrer Mütter. Gerade vergewaltigte Frauen litten häufig an psychischen Störungen, wie Hypersensibilität, Ängstlichkeit, Depressionen, Vereinsamung und Aggressivität und wiesen das komplette klinische Bild des PTSD auf (gemäß der Untersuchungsergebnisse von Medica von 1995 zu den Folgen einer Vergewaltigung). All dieses verschlimmert die Folgeerscheinungen des Traumas beim Kind. Alle Untersuchungsergebnisse bei Kindern mit akuten Traumareaktionen lassen darauf schließen, daß die Reaktion der Eltern während und nach dem Trauma die kindliche Traumareaktion beeinflußt. Als Erklärung für die große Bedeutung der elterlichen Reaktion führen Masten u. a. (1991) folgendes an: Kinder nutzen Eltern und Erwachsene als Informationsquellen über ihre Umwelt. Da Kinder selbst kaum wissen, was Gefahr bedeutet, richten sie sich nach den Reaktionen der Mutter und des Vaters. Wenn die Reaktionen der Eltern massiv sind, so wird auch das Kind massiv reagieren. Andererseits können Eltern aufgrund der Traumatisierung in ihrer Elternrolle versagen und nicht mehr angemessen auf das Kind reagieren (wenn die Mutter zum Beispiel in Folge einer massiven Bedrohung schreit und wegläuft, so kann sie in diesem Augenblick kaum noch für ihr Kind da sein). Daher reagieren Kinder sehr unterschiedlich, je nachdem welcher Person sie sehr nahestehen. Wenn diese Personen mit Angst und Zusammenbruch reagieren, so werden sie zum Modell für die kindliche Reaktion.

In der ambulanten Beratungsstelle von Medica haben sich bis jetzt 2001 Personen, darunter mehr als 500 Kinder, eingefunden. Kinder werden überwiegend in die Beratungsstelle gebracht, weil sie nicht über den Verlust des Vaters oder anderer Familienmitglieder trauern können. Weitere Gründe sind verschiedenartige Entwicklungsstörungen, die durch kriegerische oder nichtkriegerische Ereignisse verursacht worden sind.

Die Störungen, die wir bei den Kindern, mit denen wir arbeiteten und immer noch arbeiten, am häufigsten antrafen, waren:

- Sie "kleben" an der Mutter und sind nicht in der Lage, sich auch nur für kurze Zeit von ihr zu lösen (charakteristisch für Kleinkinder);
- Schreckhaftigkeit und Unruhe, die sich auf verschiedene Art und Weise manifestiert haben, wobei am häufigsten folgende Störungen vorkamen: Ängstlichkeit, Hyperaktivität, Aggressivität, Zurückgezogenheit, Verhaltens- oder Lernstörungen;
- Niedergeschlagenheit und Trauern über einen Verlust;
- Regressives Verhalten, wie z.B. nächtliches Bettnässen oder Stuhlgang in die Hose bei Kindern, die schon längere Zeit trocken waren;
- Kinder, die eine Reihe von PTSD-Reaktionen aufwiesen;
- Stottern und verschiedene Ticks;
- Kinder, die Opfer häuslicher Gewalt oder Inzest geworden sind.

Grundlagen therapeutischer Arbeit mit Kindern

Aus der therapeutischen Arbeit mit Kindern, sei es nun bei Gruppen- oder Einzeltherapien, resultieren die folgenden Arbeitsphasen:

I. Aufbau von Sicherheit und Vertrauen

Hier versuchen wir langsam dem Kind das Gefühl zu geben, daß es an einen Ort gekommen ist, wo seine Persönlichkeit von Bedeutung ist, wo es seine Phantasie und Kreativität entfalten, aber auch jedes Gefühl zeigen kann, ohne, daß es dabei bewertet wird (gut – schlecht, annehmbar – unannehmbar). Darüber hinaus helfen wir dem Kind, seine eigenen Kräfte zu entdecken. Während dieser Phase stärken wir das Kind auch psychisch. Wir machen es mit seinen Kräften vertraut, benennen sie und vermitteln dem Kind ein positives Selbstbild. Dabei bedienen wir uns verschiedener Techniken, wie z.B. dem Erzählen und Malen von positiven Erlebnissen, dem Erinnern an Erfolge usw.. In dieser Phase erklären wir dem Kind, was Emotionen sind, wie man sie benennt, wiedererkennt und zuläßt (vor allem schwere Emotionen) und üben Entspannungstechniken ein, so daß es sich selbst vom Streß befreien kann. Auf welche Art und Weise wir nun ein Gefühl von Sicherheit und Vertrauen schaffen können, hängt vom Kind ab. Jedes Kind braucht einen spezifischen Ansatz und die Prinzipien, die unserer Arbeit zu Grunde liegen, sind jeweils neu zu bewerten.

II. Bearbeitung der traumatischen Erfahrung

Diese beginnt manchmal schon beim ersten Treffen mit dem Kind mittels symbolischer Spiele, Zeichnungen oder anderer Ausdrucksformen. Bevor wir uns aber auf die Bedeutung konzentrieren und bevor wir das Kind auffordern, etwas aus diesem symbolischen Nachspielen der traumatischen Situation zu verbalisieren und Ereignisse und schmerzhafte Emotionen aus seinem Leben in das Spiel miteinzubeziehen, versuchen wir unbedingt Vertrauen zu schaffen und es psychisch zu stärken. Abhängig vom Alter des Kindes beginnen wir dann mit der Bearbeitung der traumatischen Erfahrung. Bei Kleinkindern (zwischen drei und fünf Jahren) gehen wir davon aus, daß schon allein das Spiel, in dem das Trauma nonverbal nachgestellt wird, zu einer Erleichterung führen kann. Im Spiel bekommt das Kind die Kontrolle über das Erlebnis und behält diese auch bei. Bei älteren Kindern führt das Nachspielen des Erlebnisses und die nachfolgende Verbalisierung dazu, daß das Ereignis nicht länger verdrängt wird – etwas, das bei Kindern sehr oft vorkommt – und dazu, daß sie das Ereignis schrittweise integrieren.

III. Integration der traumatischen Erfahrung und Hinwendung zur Zukunft

Es werden verschiedene Methoden der Auseinandersetzung mit der Zukunft eingeübt und weiterentwickelt. Die Tolenranzschwelle des Kindes wird erhöht und seine sozialen Netze verstärkt. In unserer Arbeit konzentrieren wir uns darauf, die Stärken des Kindes aufzudecken und herauszufinden, wie es mit Streß umgeht. Dann versuchen wir, neue Auseinandersetzungstechniken zu finden und einzuüben. Wir bedienen uns dabei verschiedener Übungen und Techniken. In dieser Phase zeigen wir den Kindern, wie sie ihre eigenen Bedürfnisse erkennen und einfordern können. Ebenso helfen wir ihnen dabei, ihre Gefühle und schmerzlichen Erfahrungen zu erkennen und anzunehmen. In dieser Phase unterstützen wir die Kinder beim kognitiven Verstehen des Ereignisses, decken die progressive Fehleinschätzung ihrer eigenen Rolle beim traumatischen Ereignis auf und helfen bei der Richtigstellung dieser progressiven Fehleinschätzungen.

Um den Kindern mit einer Therapie helfen zu können, ist es unumgänglich auch mit den Eltern (am häufigsten mit den Müttern) zusammenzuarbeiten. Die Eltern und die ganze Familie sollen ihre Rolle bei der Genesung des Kindes erkennen. Bei der Umsetzung unserer therapeutischen Ziele, die wir am Anfang der Behandlung gesteckt haben, stellen die Eltern einen entscheidenden Faktor im Gesundungsprozess des Kindes dar. Unser Ziel ist es, den Eltern die Zusammenhänge zwischen dem traumatischen Ereignis und den Symptomen des Kindes deutlich zu machen. Wenn Störungen vorliegen, so versuchen wir den Eltern begreiflich zu machen, daß das Kind "nicht weint, weil es böse oder dickköpfig ist, sondern daß dies ein Ausdruck von Hilflosigkeit in zwischenmenschlichen Beziehungen ist, daß das Kind dies noch nicht begreifen kann und daß Schläge und Schelte keine Verhaltensänderung beim Kind hervorbringen können, da diese schlechte Kontaktmodelle darstellen und dem Kind erneut nicht als Beispiel für positive Kommunikation dienen können." (Elisabet Lukas: "Auch dein Leiden hat einen Sinn").

Manchmal führt die Veränderung im Verhalten der Eltern zu der gewünschten Verhaltensänderung beim Kind. Es ist sehr wichtig, daß Eltern erkennen, daß es einen Zusammenhang gibt zwischen den kindlichen Symptomen und dem Klima zu Hause, ihrem Auftreten dem Kind gegenüber, dem Verhältnis der Eltern untereinander, der Art und Weise wie die Eltern auf Streß und Krisensituationen reagieren und später damit umgehen sowie der Erlebniswelt außerhalb des Hauses (Kindergarten, Schule, Spielkameraden). Wir machen die Eltern mit den Faktoren der Verletzbarkeit und des Schutzbedürfnisses bei ihren Kindern vertraut, so daß sie sich derer bewußt werden und selbst auf die Verstärkung der Schutzfaktoren und die Reduzierung der Verletzbarkeit hinwirken können. Wir erklären ihnen auch, daß die Symptome des Kindes seine Reaktion auf eine Situation ist, die für das Kind unverständlich ist. Wir erklären, daß diese Zeichen an die Erwachsenen wichtig sind und daß man den Bedürfnissen des Kindes gerecht werden muß.

Unserer Erfahrung nach sind einige Eltern mehr, andere weniger dazu bereit, etwas zu verändern, um damit ihrem Kind zu helfen. Auch gibt es Eltern, die aufgrund ihres eigenen Traumas nicht in der Lage sind, am Genesungsprozeß des Kindes mitzuwirken. In solchen Fällen ist die Genesung der Eltern, am häufigsten der Mutter (wenn es die Mütter waren, die die Kinder zu uns gebracht haben), eine wichtige Voraussetzung für die Genesung des Kindes. Leider gibt es auch Fälle, in denen die Eltern die größte Schuld an der Verletzung des Kindes tragen und aufgrund unveränderlicher Rahmenbedingungen dem Kind nicht helfen wollen oder können.

In der Arbeit mit Kindern mit psychischen Störungen folgen wir den humanistischen Prinzipien der Therapie:

- Wir glauben daran, daß Verbesserungen möglich sind.
- Wir nähern uns dem Kind mit Empathie.
- Wir glauben daran, daß jedes Wesen Kapazitäten zur Genesung und Selbstheilung besitzt.
- Wir glauben daran, daß die Rolle des Therapeuten darin liegt, dem Kind (und den Eltern) zu helfen, die eigenen Kapazitäten zu erkennen und zu aktivieren.
- Wir betrachten das Kind als ganzheitliches Wesen, welches über eigene Gesundungsmechanismen verfügt.
- Wir betrachten die kindlichen Symptome als Signale an die Erwachsenen, daß seine Bedürfnisse nicht erfüllt werden.
- Wir versuchen im therapeutischen Prozeß ein Gleichgewicht zwischen Macht und Machtlosigkeit zu finden. Das bedeutet, daß wir dem Kind während der therapeutischen Arbeit eine Kontrollmöglichkeit bieten. Wir machen nur vorsichtig von den therapeutischen Möglichkeiten Gebrauch und ermöglichen dem Kind, daß es während der Therapie seine eigenen Kompetenzen erfährt und sich angenommen fühlt, daß es sich selbst als Person betrachtet und das annimmt, was es während der Therapie erfährt.

In der Arbeit mit Kindern versuchen wir mit unserem Ansatz das Gefühl von Sicherheit bei den Kindern zu entwickeln. Während unserer Arbeit versuchen wir einen guten körperlichen Kontakt zu dem Kind herzustellen, so daß wir es beruhigen und die kindlichen Signale verstehen können. Wir möchten einen vertrauensvollen Kontakt zu dem Kind aufbauen und ihm zeigen, daß wir uns selbst an diesem Kontakt erfreuen.

Ob das Kind angemessene Hilfe, die es von den Eltern und später von anderen Erwachsenen bekommt, auch annehmen kann, hängt von zwei

Faktoren der Erziehung des Kindes ab. Damit es sich auf sozio-emotionaler, intellektueller und physischer Ebene normal entwickeln kann, müssen während der Erziehung zwei Grundbedingungen erfüllt sein:

1. *Das Kindes muß sich geliebt, kompetent und positiv fühlen.*
2. *Das Kindes muß wissen, daß es sicher und beschützt ist und daß es Vertrauen zu den Menschen aus seiner Umgebung haben kann.*

Traumatische Ereignisse oder Krisen stellen diese Grundbedingungen des Gefühls und Vertrauens in Frage und führen zu einem Stabilitätsverlust beim Kind. Ebenso verhält es sich mit unangemessenen elterlichen (vor allem mütterlichen) Handlungen, die dann die Gefühle und das Vertrauen des Kindes erschüttern können. Wenn das Kind ohne diese Grundvoraussetzungen, d.h. ohne das Gefühl aufwächst, daß es geliebt wird, kompetent und positiv ist, daß es sicher und beschützt ist, kann dies zu einem niedrigen Selbstwertgefühl oder zu psychischen Störungen führen.

Während des Therapieprozesses versuchen wir diese Grundbedürfnisse des Kindes zu befriedigen, damit wir dann eine Arbeitsbeziehung zu ihnen aufnehmen können. Wenn wir es geschafft haben, daß sich die Kinder im Therapieraum mit uns angenommen, sicher und kompetent fühlen, können sie sich mit Vertrauen öffnen, können rückhaltlos alle inneren Ereignisse herauslassen.

---

[1] *Aus dem Bosnischen übersetzt von Eva Lautenschlager.*

Strategien psychosozialer Interventionen[1]

Nurka Babovic
Enisa Hodzic

Einleitung

Der Krieg in Bosnien begann 1992. Im Gebiet der Stadt Zenica, die von Anfang an unter der Kontrolle der Armee Bosnien-Herzegowinas stand, kamen bereits im Juni desselben Jahres die ersten Flüchtlinge aus Kozarca bei Prijedor an, d.h. aus den nördlichen Teilen Bosniens und aus der bosnischen Krajina: muslimische Familien, die aus diesen Gebieten vertrieben wurden. In Schulen, leeren Möbelgeschäften, Kinosälen, Pavillons, Kindergärten usw. wurden zur Unterbringung der Menschen Flüchtlingszentren aufgebaut. Danach begann der Strom der Flüchtlinge aus dem Osten Bosniens, aus Podrinja. Im Laufe der Zeit verließ ein Teil dieser Menschen dieses Gebiet in Richtung der Staaten Europas, andere blieben hier. Ende 1992 schlossen sich ihnen Flüchtlinge aus Jajce an, einem Ort in 100 km Entfernung von Zenica. Sie alle wurden vertrieben oder waren aus ihren Dörfern, die sich unter serbischer Besetzung befanden, geflüchtet. Anfang 1993 begannen in der Nähe von Zenica, in Zentralbosnien, wie auch in den Gebieten Westbosniens Kämpfe zwischen der kroatischen HVO und der Armee Bosnien-Herzegowinas. Aus den Orten um Zenica (Vitez, Busovaca, Zepce) und dann auch aus anderen Orten kamen die ersten Nachrichten von der Verschleppung der Bevölkerung in die Lager, vom Terror in den Orten, aus denen sie vertrieben wurden: Überfälle auf die Häuser, Durchsuchungen, Vertreibungen, Morde. Viele Flüchtlingsfamilien kamen nicht vollzählig an, einige blieben in den Lagern interniert, und ihr Schicksal ist ungewiß. Im Sommer 1992 ertönte in Zenica täglich Fliegeralarm, die Geschäfte wurden immer leerer, die Gehälter der Beschäftigten immer unregelmäßiger. Die Nachrichten von den Leiden und der immer größer werdende Zustrom von Flüchtlingen in die Stadt war ein Aufruf an alle Bürger, sich zu organisieren und etwas Nützliches zu tun, konkrete Hilfe anzubieten, durch die Arbeit, die sie bereits machten, zu helfen, wie es z.B. die Beschäftigten der Gesundheitseinrichtungen taten. Andere wiederum suchten nach Wegen, wie sie ihre Fertigkeiten in den Dienst der Hilfe stellen konnten, oder sie organisierten sich in unterschiedlichen Vereinigungen und Organisationen.

Im Dezember 1992 kam die deutsche Gynäkologin Monika Hauser, ihrer Einstellung nach eine Feministin, nach Zenica. Ihr Beweggründe waren die Massenvergewaltigungen in Kroatien und Bosnien-Herzegowina. Sie wollte ein Zentrum gründen, das Frauen hilft, die Vergewaltigungen überlebt haben. Sie kehrte nach Deutschland zurück, um das notwendige Geld für die Eröffnung eines solchen Zentrums zu sammeln. Und im März 1993 kam sie mit einem Laster voll mit unentbehrlicher Ausrüstung nach Zenica, einem der letzten Laster, die vor der endgültigen Blockade der durch die kroatische HVO kontrollierten Straßen ungehindert in Zenica einfahren konnten. Die Straßen aus Zenica in Richtung Osten und Norden waren von serbischen Streitkräften besetzt und praktisch schon seit Beginn der kriegerischen Auseinandersetzungen gesperrt. Unmittelbar nach der Eröffnung des Zentrums Medica Zenica, am 15.4.1998, kam es in dem Dorf Ahmici zu einem Massaker und der Vertreibung der überlebenden Einwohner muslimischer Herkunft. Das Massaker wurde durch die HVO-Truppen begangen. Einige Tage danach fiel auch auf Zenica das erste Mal ein Granatenhagel. Es kam zu einem Massaker im Zentrum der Stadt, dort, wo sich die Bürger versammeln. So wurde bereits am Anfang der Arbeit von Medica Zenica der Bedarf deutlich, daß die Unterbringung im Frauentherapiezentrum auch den Frauen und Kindern angeboten werden muß, die auch andere Traumata erlebt haben, wie z. B dem Massaker entkommen zu sein, die Gefangenschaft in den Lagern überlebt zu haben usw.

In diesem Zeitraum verschlechterte sich wegen der Blockade die Versorgung der Stadt mit Nahrungsmitteln und Medikamenten stark. Flüchtlingswellen erreichten die Stadt und die weitere Umgebung. Die Energieversorgung war bereits seit dem ersten Kriegsjahr unregelmäßig. Die Situation verschlimmerte sich jetzt durch die Unterbrechungen der Wasserversorgung, denn die Wasserleitungen befanden sich teilweise auf dem von der HVO kontrollierten Gebiet, teilweise auf dem von der Armee Bosnien-Herzego-winas kontrolliertem Gebiet.

Die Bedeutung der stationären Unterbringung

Wie bereits am Anfang gesagt, begann über Zenica ein Flüchtlingsstrom hereinzubrechen; die Zahl lag zu diesem Zeitpunkt bei bis zu 70.000 Menschen – neben den 120.000 einheimischen Bewohnern der Stadt. Die Bedingungen, unter denen die Flüchtlinge untergebracht wurden, waren äußerst schlecht. Schulen, Sporthallen, Kindergärten, Arbeitersiedlungen, Möbelgeschäfte usw. wurden zu Flüchtlingsstellen umgewandelt (einige der Stellen existieren heute noch). Die Zahl der Flüchtlinge in einigen der Räume, wie z.B. in den Sporthallen, lag bei bis zu 700 Menschen.

Bei der Unterbringung der Flüchtlinge in den Sammelstellen hat man weder auf die Altersstruktur geachtet, noch hat man die Kranken berücksichtigt. So kam es vor, daß sich in den gleichen Räumlichkeiten alte Menschen, Babies und kranke Menschen befanden. Es gab auch Fälle von TBC-Kranken. Das Essen, das sie aus der gemeinsamen Küche bekamen, war ohne Geschmack, ohne Salz und eintönig – jeden Tag Bohnen, Reis. Für alle Menschen, die in der Sammelstelle untergebracht waren, gab es nur ein Bad und ein WC. Es standen keine Mittel für die persönliche Hygiene und die Hygiene der gemeinsam genutzten Räumlichkeiten zur Verfügung. Unter diesen Bedingungen ist Medica Zenica entstanden.

Zu Medica 1, dem Therapiezentrum für Frauen gehören: eine stationäre Abteilung, in der 20 Frauen mit ihren Kindern untergebracht werden können, eine Küche mit einem Speisezimmer, eine psychologische Abteilung mit Räumen für Psychotherapie, ein medizinischer Bereich mit einer gynäkologischen Praxis, die über Ultraschalluntersuchungsgeräte, einen Operationssaal, eine Ambulanz der allgemeinen Medizin sowie eine Apotheke und einen Verwaltungsbereich verfügt.

Die Mehrzahl der Klientinnen, die an diesem Projekt teilnahmen, litten unter mehrfachen Traumata, die sie vor ihrer Ankunft durchlebt hatten, oder es erreichten sie während ihres Aufenthalts Nachrichten über neue Verluste. Mit ihrer Ankunft im Medica-Zentrum bekamen die Frauen ihr eigenes Bett, einen sicheren und geschützten Raum; sie wurden in einer angenehmen Atmosphäre empfangen und spürten die Bereitschaft all jener um sie herum – die bei Medica angestellten Mitgliederinnen –, ihnen zu helfen und ihre Person zu achten. Außerdem bot Medica Bedingungen, u. a. Seife, Waschpulver, Zahncreme, die viel bedeuteten, denn diese konnte man nirgendwo bekommen. Von außen betrachtet sind dies zwar minimale und normale Dinge, aber verglichen mit den Bedingungen, unter denen die Frauen in den Flüchtlingsstellen lebten, war Medica mit den sicheren drei Mahlzeiten am Tag, den Produkten für die Hygiene, Kleidung und Schuhen usw. das Paradies auf Erden. In Medica hatten sie Platz, sich mit anderen Frauen, die das gleiche oder ein ähnliches Trauma hatten, zu treffen, Freundschaften zu schließen und Verständnis füreinander zu zeigen im Hinblick auf das, was sie durchlebt und überlebt hatten – sowohl in als auch außerhalb der Therapie.

Die traumatisierten Frauen hatten die Möglichkeit, neue soziale Fähigkeiten zu erlernen und ihre zerstörten persönlichen Grenzen und die gestörte Beziehung zu anderen wieder aufzubauen. In Medica haben sie begonnen, wieder Sicherheit zu spüren, sie hatten eine gute Unterkunft,

Essen, die wesentlichen Dinge, die für das Leben erforderlich waren. Auf der anderen Seite verspürten sie die Unsicherheit im Hinblick darauf, wie lange ihr Aufenthalt in Medica dauern würde, denn die Entlassung bedeutete eine Rückkehr in die gleichen Bedingungen, in Elend und Unsicherheit.

Die gynäkologische Ambulanz und die Ambulanz der Allgemeinmedizin arbeitete sowohl für die Bedürfnisse der stationär behandelten Frauen als auch der Frauen in der Stadt. Alle Leistungen waren und sind kostenlos, ebenso die Medikamente, die in der Apotheke von Medica ausgegeben wurden. Dabei erhielten Flüchtlingsfrauen Vorrang vor den einheimischen BewohnerInnen.

Die Bedeutung der Theologin im Team

Frauen, die irgendeine Art von Trauma überlebt hatten, insbesondere das Trauma der Vergewaltigung, hatten als Folge davon ein zerstörtes Weltbild. Sie hatten das Vertrauen in die Menschen und auch in ihre eigenen Fähigkeiten verloren, fühlten sich in Verbindung mit dem Trauma schuldig. Die Pfeiler ihrer persönlichen Stabilität waren ins Wanken geraten oder fast vollkommen zerstört. Einer der Pfeiler der persönlichen Stabilität, der Glaube an Gott, konnte durch die Arbeit unserer Mualima, einer islamischen Theologin, erneut aufgebaut werden. Bei einigen Frauen konnten dadurch auch die anderen Pfeiler der Stabilität (Beziehung zu sich selbst, zu anderen, zur Arbeit) wieder aufgebaut werden.

Für den Großteil der Frauen war die Theologin (neben den Therapeutinnen) die Vertrauensperson, an die sie sich wandten, und mit der sie bereit waren, über das Trauma zu sprechen, das sie durchlebt hatten. Die Anwesenheit der Theologin machte es möglich, Rituale durchzuführen, die einen religiösen Ursprung hatten und an die Vergangenheit erinnerten. Dadurch wurde die Integration von Vergangenheit und Gegenwart unterstützt. Nach dem Trauma (Lager, Vergewaltigung, Vertreibung usw.), das sie nur durchlebt haben, weil sie einem bestimmten Volk angehören, flößte die Anwesenheit der Theologin Sicherheit und Vertrauen ein und gab ihnen die Freiheit, Glaubensrituale durchzuführen.

Versorgung der Kinder im Kindergarten

Der Kindergarten von Medica wurde zu Beginn der Arbeit des Medica-Zentrums gegründet. Dort wurden sowohl Kinder der stationär behandelten Klientinnen als auch Kinder aus dem umliegenden Flüchtlingssammelpunkten untergebracht. Unter der Leitung von qualifizierten Erzieherinnen konnten die Kinder durch Spielen, Lernen und künstlerische Aktivitäten hier einen Teil ihrer durch das Kriegsgrauen und das Flüchtlingsdasein ausgelösten Traumata, die sie zusammen mit ihren Eltern und Verwandten durchlebt hatten, verarbeiten.

Im Kindergarten hatten sie die Möglichkeit, sich vorübergehend, aber regelmäßig aus der Erwachsenenwelt auszuklinken, in der ständig und immer wieder die Erinnerungen an das, was sie gemeinsam durchlebt haben, geweckt wurde. Der Kindergarten war ein Ort, an dem sie zwei sichere Mahlzeiten und einige Süßigkeiten bekamen, an die sie sich bereits kaum mehr erinnern konnten. Aufgrund der Traumata hatte der Großteil der Frauen, die in Medica stationär behandelt wurden, Schwierigkeiten, sich auf angemessene Art und Weise um ihre Kinder zu kümmern. In der Zeit, in der die Kinder im Kindergarten waren und in der die Erzieherinnen sich um sie kümmerten, hatte die Mutter Zeit für sich, um ihre Traumata durchzuarbeiten oder sich mit den anderen im Medica-Zentrum untergebrachten Klientinnen zu treffen und auszutauschen. Zudem hat Medica ihren Klientinnen die Möglichkeit der Arbeitsaufnahme angeboten, damit die Frauen das Vertrauen in ihre eigenen Fähigkeiten zurückzugewinnen konnten.

Die Beratungsstelle und der ganzheitliche Ansatz

Das Projekt von Medica zeichnet sich gerade durch seinen ganzheitlichen Ansatz aus. Wir beschäftigen uns nicht mit der Diagnose, sondern mit der Person als Persönlichkeit, mit all der notwendigen Achtung, unabhängig davon, wer sie ist, woher sie kommt, welche Stellung sie hat oder nicht hat usw.

Wenn eine Frau oder jemand anderes (hier denke ich an Kinder und Männer, denn 1996 haben wir für kurze Zeit auch mit ehemaligen Lagerinsassen, den Ehemännern unserer Klientinnen, gearbeitet) durch die Türen des Medica-Zentrums tritt, wird sie/er von unserer Empfangschefin begrüßt, und schon durch diesen guten ersten Kontakt fühlt sich die Person besser und wohler. Für die Frau ist das der erste Schritt aus der Isolation, der katastrophal sein könnte, wenn der erste Kontakt anders wäre. Wenn die Frau sich entscheidet, zum ersten Mal nach Hilfe zu fragen, ist das ihr erster Schritt zur Gesundung. Daher ist dieser erste Kontakt an der Tür von besonderer Bedeutung.

Während des Krieges kamen manche Frauen nur, um nach Paketen mit Grundnahrungsmitteln zu fragen. In dem ersten Gespräch mit ihnen ergaben sich auch ganz andere Dinge, so daß sie oft unterschiedliche Untersuchungen hatten machen lassen, bevor sie das Zentrum wieder verließen.

Die Möglichkeit, Aus- und Fortbildungen zu machen, Wissen zu erwerben und seine Freizeit zu planen

Bereits nach den ersten Monaten unserer Arbeit tauchten zwei Probleme auf: Wie können wir vermeiden, unsere Klientinnen in den Zustand der Abhängigkeit zu bringen, der durch ihren Aufenthalt in den geschützten Lebensverhältnissen des Therapiezentrums verursacht werden könnte? Zweitens wie können wir die Rückkehr in die Umstände verhindern, wie sie in den Sammelunterkünften herrschen, die mit Sicherheit in kurzer Zeit alles zerstören würde, was auf der Ebene psychischer Stabilität mit dem Aufenthalt im Therapiezentrum Medica erreicht wurde. So entstand das Projekt Medica 2.

Medica 2 ist ein Projekt, das im Juli 1993 als Folge des Bedarfs nach stationärer Versorgung von Frauen und Kindern entstanden ist. Von der Konzeption her war es am Anfang als Wohnprojekt gedacht, an dem Frauen teilnahmen, die bereits eine Behandlung im Medica 1-Therapiezentrum erhalten hatten. Außer der stationären Versorgung hatte dieses Projekt die Aufgabe, der Frau durch Beschäftigungstherapie zu ermöglichen, sobald wie möglich ins normale Leben zurückzukehren und ihr Selbstwertgefühl und ihre Selbstachtung wiederzugewinnen.

Das Team von Medica 2 ebenso wie das gesamte Team von Medica waren zum ersten Mal mit der Arbeit in kriegerischen Auseinandersetzungen konfrontiert; wir waren Pionierinnen, denen die Aufgaben vorgegeben waren. Wir haben bei der Arbeit gelernt und haben die Aspekte der Beschäftigungstherapie nach eigenem Ermessen ausgewählt, wobei wir der Ansicht waren, daß die sogenannten Frauenarbeiten wie Stricken und Nähen jeder Frau bekannt sind. So waren die ersten Kurse genau auf diese Art der Beschäftigung ausgerichtet. Die Beschäftigungstherapie begannen wir in der Fabrik KIMO. Obwohl dies am Anfang sehr gut aussah, sahen wir doch, daß wir mit den Kursen in dieser Fabrik nicht die gesetzten Ziele erreichen konnten, denn die Frauen erlernten dort zwar während der Ausbildung das Nähen, aber sie stellten nur Teile der Kleidungsstücke her. So haben wir am Ende der sechs Monate, als wir eine Evaluation durchführten, festgestellt, daß keine Frau selbständig ein vollständiges Kleidungsstück nähen konnte. Zudem konnten sie so nicht dabei gefördert werden, ihr Selbstvertrauen wiederzugewinnen. Nach dieser Ausbildung haben wir uns für andere ausgewählte Aspekte der Beschäftigungstherapie entschieden. Wir boten die Teilnahme an einem vollständigen, funktionierenden Haushalt, an Aus- und Fortbildungsprogrammen im Rahmen von viermonatigen Kursen sowie Programme für den Abschluß von Ausbildungslehrgängen, Schulungen und Umschulungen. Das Ziel war die Verbesserung der materiellen Grundlage für ein selbständiges existenzsicherndes Leben.

Um die aufgestellten Programmaufgaben der Aus- und Fortbildung zu erfüllen, haben wir Kursleiterinnen für ausgewählte Kurse angestellt. Ende 1994 begannen wir mit folgenden Kursen: Schneiderei- und Nähkurs, maschinelles Stricken, Friseurkurs, Webkurs und seit neuestem organisieren wir Tapezierkurse, die von den Frauen sehr gut angenommen werden, auch wenn diese Beschäftigung seit jeher als männlich definierter Arbeitsbereich betrachtet wird.

Es gelang uns in Zusammenarbeit mit den Schulen in der Stadt, für die Mädchen unter 18 Jahren die Fortführung ihrer im Krieg unterbrochenen Ausbildung zu ermöglichen. Den Mädchen über 18 Jahren konnten wir finanzielle Unterstützung anbieten, so daß sie als externe Schülerinnen die Mittelschule absolvieren konnten; denn für diese Art der Ausbildung werden pro Schuljahr ungefähr 300-400 DM pro Schülerin benötigt. Unsere fünfjährige Erfahrung hat deutlich gezeigt – und es ist wichtig, dies zu betonen –, daß die Aus- und Fortbildungsprogramme unerläßlich sind, damit Frauen in den normalen Lebensablauf integriert werden können.

Im Krieg blieben viele Frauen ohne ihre Ehemänner, die Ernährer der Familie, und viele Kinder ohne Väter, so daß sich die Mütter in einer für sie vollkommen neuen und unsicheren Situation wiederfanden. Durch den Krieg hat sich die Rolle des Ernährers in der Familie geändert, so daß zum ersten Mal Frauen vom Dorf die Rolle der Familienernährerin übernahmen. Durch die Stärkung der Frau, die Wiederentdeckung ihrer Selbstachtung und ihrer eigenen Werte bis hin zur Erreichung wirtschaftlicher Selbständigkeit leistete Medica 2 dazu einen wichtigen Beitrag.

Das Projekt Medica 2 befindet sich in einem anderen Teil der Stadt: es besteht aus einem Grundstück mit zwei Häusern und einem großen Obstgarten. In der Atmosphäre des eigenen Heims und der Anwesenheit anderer Frauen mit den gleichen Geschichten aus dem Krieg, wächst in jeder Frau ein Gefühl der Sicherheit und des Vertrauens. Sie findet sehr schnell einen neuen Lebenssinn: Sie lernt, wirtschaftlich unabhängig zu sein, und dieses Lernen ist in diesem Haus einfach ansteckend. Insbesondere ist es in diesem Haus jeder Frau möglich, als Persönlichkeit respektiert zu werden, ihre Überlebenskraft stößt auf Respekt, das Leben an sich ist hier von unschätzbarem Wert. Das ist ein Ort, an dem Frauen lernen, ihre innere Kraft zu erkennen, sie zu pflegen und auszubauen und sich in Zukunft auf sie zu verlassen. Eine so gestärkte Frau wird auch später ein vollwertiges Leben führen.

Im Laufe der fünfjährigen Entwicklung des gesamten Projekts von Medica haben wir Werte herauskristallisiert, auf denen die praktische Arbeit der an diesem Projekt beteiligten Frauen basiert, denn jedes ehrliche Engagement eines Menschen hat eine Wirkung in und außerhalb der Therapie. Seit Beginn der Projektarbeit haben wir den Standpunkt vertreten, daß alle Mitarbeiterinnen am Projekt, jede in ihrem Bereich, Einfluß auf den Genesungsprozeß der Teilnehmerinnen an diesem Projekt hat.
Diese Werte sind:

1. Ein Verhältnis zur Frau als einer Persönlichkeit aufbauen, d.h. die Frau nicht nur als Opfer von Gewalt sehen, sondern als Frau, die die Gewalt überlebt hat;
2. Solidarität;
3. bedingungslos das glauben, was die Frau sagt;
4. Hilfe anbieten, unabhängig von der nationalen Zugehörigkeit der Frau;
5. Unterstützung und Hilfe zur Verfügung zu stellen für Frauen, damit sie ihr Recht zu wählen verwirklichen können;
6. Einsatz für das Recht der Frau, wählen zu können;
7. Schutz vor Ausbeutung dessen, was die Frau geschaffen hat;
8. Schutz vor sensationssüchtigen Medien, politischen oder anderen Zwekken, die dem Genesungsprozeß der Frau entgegenstehen;
9. Notwendigkeit, auf breiter, gesellschaftlicher Ebene zu wirken.

In unserer Arbeit sind wir täglich mit den Folgen von Gewalt konfrontiert. Dies läßt nicht zu, daß wir moralisch neutral bleiben. Es ist ein Aufruf, einen parteilichen Standpunkt einzunehmen und den Kampf gegen Ursachen und Folgen von Gewalt aufzunehmen.

Wir haben uns nach diesen Werten gerichtet, auch als wir Pläne für die Zukunft von Medica gemacht haben. Mit Blick auf die Bedürfnisse der Nachkriegsgesellschaft, in der die häusliche Gewalt eskalieren wird, haben wir mit der Arbeit an der Eröffnung eines neuen Projekts, dem SOS-Telefon begonnen, so daß wir präventiv auf das Auftauchen häuslicher Gewalt reagieren können. Wir haben im Projekt Medica 2 die Aus- und Fortbildung von 20 engagierten Volontärinnen, die bereits fünf Monate am SOS-Telefon arbeiten, organisiert.

Die Arbeitsprinzipien am SOS-Telefon basieren auf feministischen Prinzipien:

- Jede Situation hat einen Ausweg.

- Die Frau trägt nie die Schuld.
- Frauenrechte sind Menschenrechte.
- Jeder Frau muß man glauben.
- Jede hat Recht auf ein Leben ohne Gewalt.

Unser Projekt läuft unter dem Namen SOS-Telefon für Frauen und Kinder, Opfer von häuslicher Gewalt. Die Arbeitszeit ist von 17.00 bis 21.00 Uhr. Jeden Tag sind jeweils zwei Frauen im Dienst. Sie warten auf Anrufe von Frauen und sind bereit, ihre Zeit, ihr Fachwissen zur Verfügung zu stellen und haben den Wunsch, den Frauen zuzuhören und ihnen zu helfen.

In der viermonatigen Aus- bzw. Fortbildung, die von Fachfrauen mit fünfjähriger Erfahrung aus Belgrad und Zagreb geleitet wurde, haben die Volontärinnen gelernt, eine Frau zu unterstützen, nicht, indem sie ihr Ratschläge geben, sondern indem sie ihr helfen, selbst eine Lösung für ihr Problem zu finden. Die Anonymität und Diskretion jedes Gesprächs ist garantiert. Die Zahl der Anrufe nimmt zu, aber sie hängt zum großen Teil davon ab, wie präsent wir mit unseren Kampagnen in den Medien sind.

In den Medien sind wir mit einem "Jingle", einer Radiosendung, an der unsere Psychologinnen und Volontärinnen zu Themen der häuslichen Gewalt teilnehmen, und TV-Spots präsent. Wir haben auch Poster und Plakate angefertigt. Außerdem haben wir geplant, noch eine weitere Telefonleitung von 13.00 bis 16.00 Uhr für junge Mädchen einzuführen.

Die Werkstatt – Selbständigkeit und die Möglichkeit eines Verdienstes

Auf Basis dessen, was die Frauen während ihres Aufenthalts gelernt haben, konnten sie sich durch ihre Arbeit in der Schneiderei- und Nähwerkstatt, dem Friseursalon oder durch den Verkauf der in der Werkstatt hergestellten Produkte einen Nebenverdienst sichern – und dies alles im Rahmen des Medica-Projekts. Diese Möglichkeit des Arbeitseinsatzes hat ihnen das Vertrauen in die eigenen Fähigkeiten zurückgegeben und zum Wiederaufbau von Selbstachtung und Kompetenz beigetragen.

Die Bedeutung der Zusammenarbeit mit staatlichen Institutionen im Verlauf der Genesung

Die Regierung kümmert sich um die Unterbringung von Vertriebenen und Flüchtlingen an den Flüchtlingspunkten. Es wurde ein Aufnahmezentrum eingerichtet und ein Büro für Vertriebene und Flüchtlinge eröffnet, in dem die Menschen ihren Status als Flüchtlinge und ihre Unterbringung in den Flüchtlingsstellen regeln konnten. Am Anfang waren dies nur Schulen und Einrichtungen, die vor dem Krieg eine andere Funktion hatten und die unter den Kriegsbedingungen einen anderen Zweck zu erfüllen hatten. Die norwegische Hilfsorganisation NPA hat dann 1993 mit einer Spende vier Siedlungen außerhalb der Stadt errichtet und dort 6000 Menschen untergebracht. Medicas Zusammenarbeit mit den staatlichen Institutionen war unerläßlich und von großer Bedeutung, denn Medica hatte als nichtstaatliche Institution keine Befugnis, den Klientinnen nach ihrem Aufenthalt und ihrer Entlassung aus Medica eine Unterbringung in den Sammelstellen zuzuweisen. Um für unsere Klientinnen eine adäquate Unterkunft zu finden, mußten wir unsere Forderungen dem Büro für Vertriebene und Flüchtlinge schriftlich vorlegen oder mündliche Vereinbarungen bezüglich ihrer Unterbringung vorweisen. Außerdem hatten die Klientinnen, die im Medica-Zentrum untergebracht waren, meistens nicht die erforderlichen Ausweisdokumente: Personalausweis, Schulabschlußzeugnisse etc. Die Zusammenarbeit von Medica mit den staatlichen Institutionen und Vereinigungen machte es den Klientinnen möglich, die notwendigen Papiere zu bekommen. Die Beziehung zu anderen Institutionen ist von großer Bedeutung, auch jetzt nach dem Krieg, denn immer mehr Frauen, die häusliche Gewalt erfahren, Frauen mit Eheproblemen oder Frauen, die Fälle von Inzest, Vergewaltigungen oder versuchter Vergewaltigung und andere Arten der Gewalt erfahren haben, wenden sich jetzt an uns. Die Kontakte zu den Institutionen, die Medica ausgebaut hat, sind für die Klientinnen von besonderer Bedeutung. Dies gilt vor allem für die Kontakte zur Polizei, den Gerichten, dem Zentrum für Sozialarbeit und den anderen Institutionen. Dieses Jahr war ein Mitglied von Medica Zeugin in dem Prozeß einer unserer Klientinnen, die ihren Vater wegen Inzest angezeigt hat und die nach ihrer Ankunft bei Medica zum ersten Mal über die sexuelle Ausbeutung und Vergewaltigung durch ihren Vater gesprochen hat.

Unsere Erfahrungen, die wir bei der Arbeit mit im Krieg vergewaltigten Frauen gesammelt haben, helfen uns, Opfer von Inzest, häuslicher Gewalt und Vergewaltigungen in der Gemeinschaft besser zu verstehen und ihnen adäquate Hilfe anzubieten.

Unterschiedliche Nationalitäten

Seit Beginn der Arbeit von Medica waren hier unterschiedliche Nationalitäten vertreten. Was bedeutet das? Bosnien war vor dem Krieg eine Gemeinschaft mit unterschiedlichen Volksgruppen und drei Völkern: Serben, Kroaten und Muslime. Als der Krieg begann, verfolgten die bosnischen Serben das Ziel der ethnischen Säuberung und Vernichtung der Muslime und Kroaten, und dann kam es zur Auseinandersetzung zwischen Muslimen und Kroaten, bei der wiederum einer große Zahl von Frauen, Männern und Kindern Leid zugefügt wurde.

Bei Medica haben von Anfang an Serbinnen, Kroatinnen und Musliminnen zusammengearbeitet. Da durch die Kriegsereignisse das Vertrauen in die Menschen ins Wanken geraten ist oder zerstört wurde (in vielen Fällen haben Nachbarn die Verbrechen verübt), war die Bereitschaft groß, die Dinge nach all den erlebten Traumata im Sinne von "alle sind gleich" zu generalisieren; gerade die multiethnische Zusammensetzung in Medica hat unseren Klientinnen geholfen, ihr Bild von der Welt in gewissem Maße wieder richtigzustellen – in dem Sinne, daß nicht alle Menschen gleich sind und daß diejenigen, die getötet und vergewaltigt haben, für ihre Taten zur Verantwortung gezogen werden müssen.

Der Zeitraum der Blockade, unterbrochene Verbindung mit Verwandten und Freunden und ihre Verbindung zu Medica

Medica hat es mit und durch unsere Arbeit in diesem Projekt möglich gemacht, daß außer der Arbeit mit Frauen unter den obengenannten Aspekten auch andere Arbeiten, die früher von staatlichen Institutionen durchgeführt wurden, wie z.B. Postdienste, übernommen wurden. Die angestellten Mitgliederinnen von Medica Zenica haben zusammen mit unseren Freundinnen aus Köln und anderen Frauen, die während der Kriegsereignisse und der Blockade nach Bosnien gekommen sind, eine Arbeit geleistet, die für unsere Klientinnen und die ganze Stadt von großer Bedeutung war. Die Frauen haben, wenn sie aus dem Ausland nach Zenica kamen, Briefe, Geld, Pakete, unterschiedliche Dokumente und alles, was sich durchbringen ließ, mitgebracht –, alles mit dem Ziel, sowohl unseren Klientinnen als auch den Menschen in der Stadt zu helfen, den Kontakt mit ihren Verwandten aufzubauen. Eine Zeitlang war das die einzige Art der Kommunikation und Verbindung mit der Außenwelt. Das war damals unerläßlich. Heute, in der Zeit des Friedens, hat Medica neue Missionen.

Alle an diesem Projekt beschäftigten Frauen spielten bei der Genesung unserer Klientinnen eine Rolle

Bei der Ausarbeitung des Projekts haben sich die Grundwerte herauskristallisiert, aus denen sich die praktische Tätigkeit der Frauen in diesem Projekt ableitet. Es handelt sich dabei um folgende Werte:

- Bei Frauen, die ein Trauma überlebt haben, liegt der Schwerpunkt auf ihrer Rolle als Überlebende, und nicht auf ihrer Rolle als Opfer;
- Solidarität und bedingungsloser Glaube an die Frau – wir arbeiten mit dem, was sie durchlebt hat, dem was sie verletzt hat, ohne auf Details zu insistieren, von denen zu erzählen sie noch nicht bereit ist und garantieren, daß sie auch ohne die Details ein "Recht" auf Hilfe hat;
- Schutz der Frauen davor, daß ihr Leid nicht zu sensationslüsternen und politischen Zwecken mißbraucht wird;
- Förderung des Wahlrechts für Frauen;
- Unterstützung der Frauen bei der Durchsetzung dieses Rechts;
- Lösen der Probleme durch Handeln ohne die Einengung nationaler Blickwinkel;
- mit der Überzeugung, daß jedes ehrliche Engagement eines Menschen seine therapeutische Wirkung hat;
- Betonung der Notwendigkeit, auf gesellschaftlicher Ebene zu handeln.

Bereits bei Gründung des Projekts waren wir uns einig, daß jedes Mitglied in dem gesamten Medica-Team seinen Teil zur therapeutischen Behandlung im Verlauf der Genesung beiträgt. Wir wollten ein Zentrum schaffen, in dem die Frau das Gefühl hat, daß wir Mitgefühl mit ihrer Geschichte haben, daß wir ihr glauben, daß wir sie achten und daß uns menschlich und emotional an ihr gelegen ist. Das waren unsere grundlegenden Standpunkte, die es allen Frauen im Team ins Bewußtsein zu bringen galt, denn als Teil unserer gottgegebenen Realität haben die Frauen, die sich als Mitarbeiterinnen an dem Projekt beteiligt haben, in sich das Gefühl der Gemeinsamkeit mit den Überlebenden getragen und waren sich dessen bewußt, daß nur der geographische Zufall darüber entschieden hat, wer von uns ein direktes Opfer sein würde.

---

[1] *Aus dem Bosnischen übersetzt von Valentina Vincic.*

Informations- und Bildungsarbeit – Feministische Vernetzung in der bosnischen Nachkriegsgesellschaft[1]

Duska Andric-Ruzicic
Rada Stakic-Domuz

Alles, was sich in Bosnien-Herzegowina in der Nachkriegszeit abspielt, wird in großem Maße durch die Geschehnisse im Krieg beeinflußt. Medica Zenica hat seine Arbeit in jener Zeit begonnen, als die Kriegshandlungen am stärksten waren. Die Blockade der Medien war vollkommen. Die Telefone funktionierten nur begrenzt. Im Sommer 1994 haben wir über das humanitäre Netzwerk "Za Mir" (Für den Frieden) einen E-Mail-Anschluß bekommen und wir haben begonnen, über die Grenzen der Stadt und des Landes hinaus Kontakte mit der Welt aufzubauen.

Momentaufnahmen:
23.11.1994. Über E-Mail geht aus der Infoteka eine Botschaft in die Welt: An die Global Players – Solange es noch nicht zu spät ist

39 Flugzeuge haben sich an der Operation "Bombardierung des Flughafens in Udbina" beteiligt. Die An- und Abflugpiste ist getroffen worden. Wie eindrucksvoll! Die Operation ist eine "Strafe" für die Serben aus der Region um Knin, die Kninska Krajina, die sich an den Überfällen auf Bihac beteiligen. Die Operation wird als Erfolg proklamiert. Die NATO ist zufrieden, Herr Boutros ist zufrieden, Herr Akashi ist zufrieden...Die Flugbahn-Aufgabe ist erfüllt. Die in der Operation eingesetzten Waffen und die an der Operation beteiligten Menschen haben die Erwartungen erfüllt. Wir fragen Sie, wessen? In der Medizin gibt es eine absurde Situation: "Operation gelungen, Patient tot". Erinnert Sie das nicht an etwas? Ich habe Angst davor, daß die Operation der NATO auf ähnliche Weise beendet werden könnte. Bihac stirbt schon langsam! Die Krankheit ist bereits in ihre Vorstädte eingedrungen! Wollen Sie warten, bis sie sogar das Zentrum der Stadt erreicht, und dann eine Eurer aussichtslosen Forderungen nach Rückzug der Waffen, Einhaltung der Vereinbarung äußern? Habt Ihr das Schicksal von Bihac nicht bereits bestimmt, als Ihr es zur Schutzzone erklärt habt? Vor wem geschützt, und wer schützt es?

Diese Fragen stellen Ihnen die Frauen von Medica im Namen aller Frauen in Bosnien-Herzegowina, im Namen all jener, deren Heimat Bosnien-Herzegowina ist. In Namen eben dieser Menschen fordern wir von Ih-

nen, daß Sie, statt politische Spiele zu spielen, um das Leben und den Erhalt Bosnien-Herzegowinas kämpfen. Bihac ist Bosnien-Herzegowina.
Die Frauen von Medica.

Auf unsere Botschaft reagieren auch die Frauen aus Belgrad:
Liebe Schwestern aus Medica Zenica!

Wir Frauen aus den autonomen Frauengruppen in Belgrad stimmen mit Eurem BRIEF AN DIE GLOBAL PLAYERS überein. Das ist der vierte Winter, in dem die serbischen Mörder Leben zerstören und Kriegsverbrechen begehen. Wir sind entsetzt und wollen sie bei dieser Gelegenheit verurteilen. Mit Krieg beendet man keinen Krieg; Audre Lorde, eine schwarze Feministin, sagte: "Mit den Waffen des Herrschers können wir niemals das Haus des Herrschers niederreißen." Da auch wir Kriegsgegnerinnen sind, schließen wir uns Eurem Appell an, "statt politische Spiele zu spielen, um das Leben und den Erhalt Bosnien-Herzegowinas zu kämpfen". Wir denken immer an Euch und an alle Frauen Bosnien-Herzegowinas. Wir schicken Euch unsere ganze Unterstützung und unsere schwesterlichen Grüße.
30.11.94
Die Frauen aus den Gruppen: Beogradski zenski lobi [Belgrader Frauenlobby], Zene u crnom protiv rata [Frauen in Schwarz gegen den Krieg], Autonomni zenski centar protiv seksualnog nasilja [Autonomes Frauenzentrum gegen sexuelle Gewalt]

Wir schicken eine Antwort:
Liebe Schwestern aus Belgrad!
Danke für Eure Unterstützung.

Es ist sehr schön zu wissen, daß Frauen, Mitgliederinnen unabhängiger Gruppen, nicht zu dem militanten Regime gehören, das ihr Land in seine vielleicht schwärzeste geschichtliche Periode gebracht hat. Wir glauben, daß es auch außerhalb der Gruppen Frauen gibt, die das gleiche denken, aber die dies aus irgendwelchen Gründen nicht aussprechen können oder dürfen. Man muß Mut haben und sich öffentlich gegen das Regime erheben. Für diesen Mut sprechen wir Euch unsere Achtung aus. Auf uns wartet noch ein Winter umzingelt vom Krieg. Wir hoffen, daß wir dies wie auch im letzten Jahr überleben werden, den Frühling erleben und stärker und bereiter sein werden, gegen die Gewalt zu kämpfen. Tief in uns sitzt die (vielleicht utopische) Hoffnung, daß dieser Krieg schnell aufhören wird. Die Global Players auf der lokalen Bühne diktieren das Tempo, die

auf der Weltbühne sind ihnen dicht auf den Fersen (manchmal nehmen sie sogar den Dirigentenstock in die Hand) und lassen kein Spiel aus (manchmal sieht es so aus, als würden sie Spaß an diesem Spiel haben).
Kämpft weiter.
Ihr wißt wofür und wogegen.
Medica Zenica, Infoteka

Warum Infoteka

Die Patin dieses Projekts ist Gabi Mischkowski. Als sie sich während des Kriegs in Bosnien-Herzegowina und in Zagreb aufhielt, lernte sie die "Zenska Infoteka Zagreb" [Frauen-Infotek Zagreb] kennen. Als wir die Vision unseres Projektes schufen, begriffen wir, daß unsere Ambitionen sehr ähnlich sind. Sie schlug uns vor, den Namen Infoteka anzunehmen. ... Und die Göttinnen erschufen die Infoteka. In unserer Sprache gibt es die "Kinoteka, Fonoteka, Diskoteka, Biblioteka, Vinoteka, Videoteka". Die Rede ist von Institutionen, die an einem Ort eine ganze Palette ähnlicher Produkte und Informationen anbieten. Infoteka bedeutet in diesem Sinne "Sammelpunkt für Informationen über Frauen und für Frauen", aber zugleich auch ein Ort, von dem aus Informationen weitergeleitet werden – auf Anfrage anderer oder auf unsere Eigeninitiative: Veröffentlichungen, Versenden von Mitteilungen über das E-Mail-Netz, Präsenz in der Öffentlichkeit, in den Medien und ähnliches.

Vernetzung von Frauenorganisationen in Bosnien-Herzegowina

Die Tradition von Frauenorganisationen in Bosnien-Herzegowina knüpft an die Organisationen an, die während des 2. Weltkriegs und danach entstanden sind: AFA oder Antifaschistische Front der Frauen. Alle Frauenorganisationen, die es bis zu diesem Krieg gab, bestanden im Rahmen des Bundes der Sozialisten. Mit Beginn des Krieges entstand eine Vielzahl von Frauenvereinigungen mit dem grundlegenden Ziel, den am stärksten Betroffenen zu helfen: den Flüchtlingen und Vertriebenen, den Kindern, den Invaliden, den Alten –, oder um die Soldaten auf dem Kriegsfeld logistisch zu unterstützen.

Die politischen Teilungen wirkten sich in vielerlei Hinsicht auch auf das Verhältnis zwischen den Frauengruppen aus. Diese organisierten sich auf nationaler Grundlage, wurden von internationalen Donatoren gegründet, die auf einer multikulturellen Zusammensetzung bestanden; sie wurden von Frauen vor Ort gegründet, die unterschiedlichen Nationalitäten angehören. Eine Mischung, in der es auf den ersten Blick auch schwer zu sein schien, eine gemeinsame Sprache zu finden und an der Vernetzung und vor allem an der Versöhnung zu arbeiten.

So wie die Entwicklung von Medica voranschritt, so nahm auch bei uns das Bedürfnis nach der Vernetzung mit anderen Frauengruppen in Bosnien-Herzegowina zu. Es ist merkwürdig, daß es bei uns in der falschen Reihenfolge begonnen hat. Zuerst hatten wir feste Kontakte zu den Gruppen in Belgrad, Zagreb und Split aufgebaut, und dann erst hatten wir die Möglichkeit, uns auch mit Gruppen aus Bosnien-Herzegowina zu treffen. Mit dem Ausland kommunizierten wir über E-Mail, und auf dem Heimatterrain herrschte Schweigen.

Mit Beendigung der Kriegshandlungen wurde auch die Kommunikation einfacher. Auf einmal brach über uns eine Lawine von Informationen über Frauengruppen herein, aus jedem Ort, jedem Dorf, jeder Vorstadt. Wir begannen damit, eine Liste der Frauenorganisationen aufzustellen, mit denen wir Kontakt aufgenommen hatten. Heute umfaßt diese Liste 109 Organisationen in ganz Bosnien-Herzegowina. Es gibt schätzungsweise 500 NGO-Organisationen in Bosnien-Herzegowina. Wir gehen davon aus, daß mehr als die Hälfte Frauenorganisationen sind. Es gilt also noch viele Kontakte aufzubauen.

Die erste Fahrt nach Banjaluka – Mai 1996

Im Frühjahr 1996 hatte die Vertreterin der britischen Organisation OXFAM Kontakt mit uns aufgenommen und uns vorgeschlagen, daß wir uns mit den Frauen der Gruppe "Duga" aus Banjaluka treffen. Und dann kam es tatsächlich zu einem Treffen in Laktacima bei Banjaluka. Das war der erste direkte Kontakt der Gruppen aus zwei Entitäten und auf dem Gebiet der Republika Srpska (Serbische Republik Bosnien). Wir vier Frauen von Medica und eine Vertreterin der Gruppe "Zene 21" (Frauen 21) aus Sarajevo haben uns mit sechs Vertreterinnen der Gruppe "Duga" getroffen. Abgesehen von uns, waren dort je zwei Frauen aus Zagreb und Belgrad (als Moderatorinnen), Vertreterinnen von OXFAM und eine Frau aus Mostar, die als Flüchtling auch heute noch in Belgrad lebt. Das Treffen war sehr aufregend, aber auch sehr schmerzhaft. Am letzten Abend waren wir auf der Festung von Banjaluka. Der Garten des Restaurants befand sich ganz nah am Fluß Vrbas. Zu uns gesellten sich auch andere Mitgliederinnen der "Duga" (neben denen, mit denen wir uns "dienstlich getroffen hatten"). Und wie es in Bosnien eben so ist, irgendwann fingen wir dann an zu singen. Und was jetzt!? In einem Land, in dem es nicht gut ist, den falschen Namen am falschen Ort zu haben, ist es auch nicht gut, die falschen

Lieder am falschen Ort zu singen. Menschen sind auf einmal fehl am Platz, so auch die Lieder. Und wir sangen die ganze Zeit nur irgendwelche "unpassenden Lieder" – alte bosnische Evergreens. Die Menschen an den anderen Tischen sahen uns verwundert an, und wir weinten, wenn wir ein Lied hörten, das wir lieben, daß aber dieses Lied zu dieser Zeit in unserer Entität unpassend ist, und man es dort nicht hört – zumindest nicht offiziell.

Noch lange nach dem Treffen haben wir jeden einzelnen Augenblick nacherzählt. Wir wollten so den ganzen Streß verarbeiten, der durch diese Begegnung entstanden ist, während uns andere nicht mal glaubten, daß wir wirklich "dort" waren.

Vernetzung durch Bildungs- und Beratungsarbeit

Es ist notwendig, daß wir über den Aufbau des feministischen Netzes sprechen und – wie eine Mitarbeiterin der Infoteka sagte – auf den ersten Blick scheint es, als seien Feminismus und Bosnien Antipoden. Nur wenige Bosnierinnen werden sagen, sie seien Feministinnen, und eine noch geringere Zahl von Organisationen werden mit Stolz diese Bezeichnung betonen. Vorurteile gegenüber dem Feminismus sind fest verwurzelt, und wir arbeiten zur Zeit daran, diese Vorurteile zu durchbrechen. In den Workshops, die wir organisieren oder an denen wir als Gäste teilnehmen, bemühen wir uns, den Begriff des Feminismus zu "durchleuchten". Wir machen das indirekt, anhand von Beispielen, die aus dem Leben gegriffen sind. In unseren Veröffentlichungen finden sich Texte über den Feminismus (Übersetzungen) sowie unsere eigenen Überlegungen zu diesem Thema. Sie verdeutlichen aber auch das Bild des Feminismus in der Praxis. Der Feminismus, der in Bosnien entstanden ist, ist ein Feminismus mit bosnischem Beigeschmack.

Daher möchte ich zuerst einfach über die Vernetzung von Frauen sprechen. Diese ist mit einer Reihe von Problemen verknüpft:

- schlechte Telefonverbindungen;
- ständige Änderungen von Adressen und Telefonnummern (die Frauengruppen ziehen von Gebiet zu Gebiet, von der Wohnung einer Aktivistin in die Wohnung einer anderen);
- schlechtes Funktionieren der Post (Veröffentlichungen, die wir anderen Frauengruppen schicken, erhalten sie mit 2-3monatiger Verspätung);
- erschwerter Transport und Personenverkehr;
- die allgemeine politische Situation.

Wir haben uns für eine Art der Vernetzung entschieden, die wir als fruchtbar erachten. In den Workshops, die wir organisieren oder in denen wir Gäste sind, bemühen wir uns, die Gruppen zu "mischen". Bei unseren Workshops zum Thema "Policy Advocacy" hatten wir Teilnehmerinnen aus allen Gebieten Bosnien-Herzegowinas, sowohl aus national einheitlichen als auch aus gemischten Gruppen.

Was für ein Wunder waren für unsere Nachbarn während des dreitägigen Aufenthalts der Wagen mit dem Kennzeichen der Republika Srpska, der vor Medica parkte, und unsere Gäste aus Banjaluka?

Die Frauen aus Medica haben in ihre Bildung investiert. Dieses Wissen und diese Fähigkeiten möchten wir mit anderen teilen. Wir können unser Wissen aus unterschiedlichen Bereichen anbieten, wie z. B. Policy Advocacy, Conflict Resolution, Organisationsentwicklung und Gruppendynamik, Fundraising, "Persönlich bedeutet Politisch", männlich-weibliche Identität, Führung in NGOs. Ein besonderer Bereich ist die Fortbildung im Bereich Trauma, Hilfe und Selbsthilfe, in dem die Mitgliederinnen des Psychologinnen-Teams eine Reihe von Bildungsseminaren abgehalten haben. Häufig werden wir gebeten, die Funktion als Beraterinnen oder Supervisorinnen zu übernehmen oder Projekte zu unterstützen oder bei der Planung, Organisation von Workshops unterstützend mitzuwirken.

In Gornji Vakuf/Uskoplje ist die Gruppe "Federalna zena" (Föderale Frau) tätig. Die Stadt ist aufgeteilt in den sogenannten muslimischen und den kroatischen Teil. Die Frauen aus beiden Teilen der Stadt haben sich entschlossen, eine Vereinigung zu gründen, die sie verbindet. Der Wunsch allein reichte jedoch nicht aus, dem Einfluß der Tagespolitik zu entrinnen. Bereits 1996, in der Zeit der ersten Krise in der Gruppe (die Gruppe stand vor dem Auseinanderbrechen), haben Mitgliederinnen der Infoteka an der Supervision gearbeitet und bei der Schaffung einer Organisationsstruktur mitgewirkt, die eine Eskalation der Streitigkeiten in der Gruppe verhindert. Die Gruppe arbeitet auch heute noch. Die Mitgliedschaft wurde erweitert. Immer mehr Aktivitäten werden durchgeführt.

Wir vernetzen uns auch in unterschiedlichen Initiativen und Gruppen durch die Mitgliedschaft der Frauen von Medica oder die Mitgliedschaft der ganzen Organisation:

- Forum nichtstaatlicher Organisationen Zenica (automatische Mitgliedschaft auch im Rat der NGO BiH);
- NGO Councile – Netz internationaler und nationaler Organisationen in BiH;
- Initiative zur Prävention von Gewalt an Frauen und Kindern;

- Initiative zur Vernetzung von Trainerinnen und Beraterinnen aus dem Bereich der Policy Advocacy;
- Gruppe lokaler Trainerinnen (13 Frauen, die ihr Wissen NGOs im Rahmen von Workshops anbieten);
- "Zive vode" – eine Gruppe ausgebildeter Expertinnen im Bereich der gewaltlosen Kommunikation;
- Miramida – Projekt der Friedensstudien in Zagreb (Antiratna kampanja Hrvatske = Anti-Kriegskampagne Kroatiens), was auch eine Mitgliedschaft außerhalb Kroatiens einschließt;
- Beratungsausschuß von STAR – bestehend aus Gruppen, die von dieser internationalen Organisation finanziell unterstützt werden;
- WAVE – Europäisches Frauennetz gegen häusliche Gewalt;
- EWW – Internationales Netz zur Verbindung des Ostens und Westens;
- SOS – Netz des SOS-Telefons für Frauen und Kinder;
- "Mediteranska asocijacija zena" (Mediterrane Frauenvereinigung);
- "Zene Grade Mostove" (Frauen bauen Brücken) – ein Netz, das aus Frauen aus Belfast, Jerusalem/Palästina-Israel und Medica Zenica besteht;
- Alternatives Bürgerparlament Bosnien-Herzegowinas.

Was oft über uns gesagt wird, und was wir ohne falsche Bescheidenheit auch glauben: Wir sind nicht egoistisch. Wir sind offen für die Zusammenarbeit und bereit, so weit zu helfen, wie es in unserer Macht steht.

An der Vernetzung kann man nur arbeiten, wenn sich die Ideen und Interessen verbinden. Das derzeitige Problem in Bosnien-Herzegowina ist die Entstehung einer ungesunden Konkurrenz zwischen den NGOs. Diese Krankheit verschont auch die Frauenorganisationen nicht. Wir versuchen, ihr nicht zu erliegen. Informationen über Finanzgeber, Konferenzen, Seminare, Literatur – alles, wozu wir Zugang haben, versuchen wir, an so viele Gruppen wie möglich weiterzugeben.

Eine der effektivsten Arten der Vernetzung ist die Veranstaltung von Workshops. Sie müssen ein bestimmtes Thema haben, aber es muß auch genügend Zeit sein für ein zwangloses Zusammensein und für den Austausch von Informationen. Aus diesem Grunde kann ich nicht von der Bildung und von der Vernetzung als zwei getrennten Aktivitäten sprechen.

Unsere Veröffentlichung "Wir haben für Sie ausgewählt" wurde in den Jahren 1996 und 1997 an ungefähr 100 Organisationen verteilt. Die letzte Seite enthielt den Aufruf an die Gruppen, sich mit ihren Texten, Fragen und Vorschlägen an uns zu wenden. Als wir die Arbeit an dieser Veröffentlichung beendet hatten, haben sie uns gefragt: "Warum habt Ihr aufgehört? Sie fehlt uns." Abgesehen von den Frauengruppen haben wir diese Veröffentlichung auch an "gemischte" (männlich-weibliche) Gruppen geschickt. Es kam vor, daß Gruppen "ein Exemplar mehr" haben wollten. Das war ein Problem, denn die Veröffentlichung wurde vollständig in der Infoteka hergestellt: 20-40 Seiten wurden jeweils in 200-500 Exemplaren an einem Kopierer vervielfältigt, der nicht viele technische Möglichkeiten bot.

Im August dieses Jahres haben wir das erste Buch aus der Reihe "Drugi Pogled" (Die andere Sicht) veröffentlicht. Der erste Ausgabe ist eine Sammlung von ausgewählten Texten, die im Laufe der Jahre 1996 und 1997 in "Wir haben für Sie ausgewählt" veröffentlicht wurden. Es gab 1.500 Exemplare. Abgesehen von Frauengruppen und anderen Gruppen haben wir dieses Buch auch an Bibliotheken, Schulen, Hochschuleinrichtungen weitergegeben.

Prävention der Gewalt gegen Frauen

In diesem Jahr lag der Schwerpunkt unserer Arbeit auf dem Problem der Zunahme der Gewalt gegen Frauen. Das ganze Projekt trägt den Namen "Einsatz für das Menschenrecht der Frau auf ein Leben ohne Gewalt". Das Projekt umfaßt:

a) Forschung
- Daten staatlicher Institutionen (Zentrum für Sozialarbeit, Polizei, medizinische Einrichtungen, Staatsanwaltschaft und Gerichte),
- Interviews mit Beschäftigten in staatlichen Institutionen,
- Interviews mit Beschäftigten in NGOs im Dienstleistungssektor,
- Umfrage mit 540 Frauen – Auswahl nach dem Zufallsprinzip (Die Umfrage enthält 180 Fragen. Die durchschnittliche Gesprächsdauer betrug 45-60 Minuten.);

b) Vervielfältigung der Veröffentlichung
- Ergebnisse der Untersuchungen,
- Übersetzungen und Texte der AutorInnen mit dem Thema "Gewalt gegen Frauen",
- Vorschläge für die Änderung der Legislative;

c) SOS-Telefon für Frauen und Kinder, die Opfer von Gewalt waren
- Ausbildung für neue Gruppen von Volontärinnen,
- Supervision und Beratungs-/Therapiearbeit mit Volontärinnen (Burn-Out);

d) Konferenz des SOS-Netzes Bosnien-Herzegowina

e) Fortbildungsseminare – Sensibilisierung für

- PolizeibeamtInnen und JuristInnen,
- ArbeiterInnen im Gesundheits- und Sozialbereich,
- ArbeiterInnen im Bildungsbereich,
- Frauengruppen und Einzelpersonen;

f) Kampagne
- Aufklärungsarbeit durch die öffentlichen Medien (Zeitungen, Radio, TV),
- Aufklärungsarbeit durch alternative Medien (Poster, Broschüren, Flugblätter),
- Podiumsveranstaltungen und "Runde Tische".

Für unsere Arbeit interessieren sich auch Gruppen aus anderen Regionen Bosnien-Herzegowinas. Dadurch, daß wir parallel arbeiten, wird unsere Arbeit ernster genommen. Und wir gelangen leichter zu positiven Veränderungen.

Mit diesem Programm wird unsere Arbeit immer mehr aus der Welt der NGO auch in die staatlichen Institutionen getragen. Wir sind der Meinung, daß dies die beste Art und Weise ist, den Staat nach dem Maßstab der Bürgerinnen und Bürger zu gestalten.

Alles, was wir tun, ist eigentlich Teil unserer grundsätzlichen Aufgabe: Einsatz für eine angemessene Stellung der Frau in der Gesellschaft Bosnien-Herzegowinas und Aufbau dieser Gesellschaft von unten, ausgehend von den BürgerInnen.

[1] *Aus dem Bosnischen übersetzt von Valentina Vincic.*

Teilnehmerinnen/Arbeitsgruppe: Duska Andric-Ruzicic (Medica Zenica), Meliha Hubic (Medica Zenica), Lisa Renkhoff-Schleich (Vorstand Medica mondiale e.V.) u.a.

Ein neuer gynäkologischer Ansatz in Medica Zenica[1]

Amira Frljak

- Mein persönlicher Wandel während der fünfjährigen Arbeit mit traumatisierten Frauen und Kindern bei Medica
- Fallbeispiel (mein Ansatz bei Medica)
- Mögliche Folgen psychischen Stresses auf Gebärmutterhalserkrankungen

Warum haben wir diese Arbeit als "neuen gynäkologischen Ansatz" bezeichnet?

Bevor ich vor fünf Jahren begann, bei Medica zu arbeiten, war ich als "klassische Fachärztin" in diesem Bereich der Medizin tätig. Schon damals konnte ich auf fünf Jahre praktischer Erfahrung mit unzähligen Untersuchungen, Eingriffen und therapeutischer Arbeit, d.h. in diesem Falle medikamentöser Behandlung, zurückblicken. Als ich dann im April 1993 zu Medica stieß, begann ich neue Erfahrungen in der Arbeit mit weiblichen Kriegsopfern zu sammeln. Diese Arbeit hat langsam aber sicher zu einem eigenen Wandel geführt; zunächst einmal vom Gynäkologen zur Gynäkologin und nicht zuletzt im Bereich meines therapeutischen Potentials im Verhältnis als Ärztin zur Patientin.

Was waren die Hauptgründe für meinen Wandel? Ich glaube, es handelte sich dabei um zwei entscheidende Ereignisse während meiner praktischen Tätigkeit.

Der erste Grund war eine junge Patientin, welche die traumatische Erfahrung einer Vergewaltigung gemacht hatte und infolgedessen zwei Jahre lang keine Menstruation gehabt hatte. Als sie nach zwei Jahren ihren Partner wiederfand, wurde sie schwanger obwohl sie bisher keine Menstruation gehabt hatte. So begann ich darüber nachzudenken, wie sehr Streß und psychische Belastungen zu somatisch-gynäkologischen Erkrankungen oder Veränderungen führen können.

Der zweite wichtige Grund aus meiner Praxis liegt nicht so lange zurück und war meine Teilnahme auf dem 11. Kongreß für Psychosomatik, Gynäkologie und Geburtshilfe. Auf diesem Kongreß wurden viele Vorträge darüber gehalten, wie Streß psychosomatische und gynäkologische Erkrankungen verursachen kann. Damals kam ich zum ersten Mal mit diesen Themen in Berührung, denn die psychosomatische Gynäkologie stellte keinen Spezialbereich in der Gynäkologie dar. Ich habe auf dem Kongreß erfahren, daß es in vielen Ländern, und besonders in Deutschland, Zentren gibt, in denen Weiterbildungen zu diesen Themen angeboten werden. Von da an war mein Interesse für dieses Spezialgebiet der Gynäkologie geweckt.

Ich habe mich durch meine praktische Arbeit, die Kooperation mit den Psychologinnen und durch das Lesen der Fachliteratur, die mir damals zugänglich war, weitergebildet.

Aber natürlich ist der wichtigste Grund für meinen Wandel und den neuen Ansatz in der Arbeit mit schwer traumatisierten Frauen bei Medica zu sehen.

Dieser neue Ansatz wurde schrittweise angewandt und beinhaltete folgende Phasen:

Zunächst einmal wurde mit klar, daß ich bei dieser spezifischen Arbeit die Bereitschaft mitbringen müßte, mich nicht nur mit den "Genitalien" zu befassen, sondern auch mit dem, was sich im Kopf, im Herzen und in der Seele der Patientin abspielte. Frauen, die im Krieg traumatisiert wurden, ganz besonders, wenn es sich bei der traumatischen Erfahrung um eine Vergewaltigung handelte, mußten neben den körperlichen Schmerzen auch sehr viel seelisches Leid erfahren. Daher konnte ich nur dann wirklich erfolgreich arbeiten, wenn es mir gelang, bis zur "Seele der Patientin" vorzudringen. War dies nicht der Fall, so konnte auch der klassische Teil meiner Arbeit nicht zufriedenstellend abgeschlossen werden.

Ich begann, das "aktive Zuhören" zu üben und ein besonders positives Verhältnis zwischen Ärztin und Patientin aufzubauen.

Wenn dies erreicht ist, kann die Patientin leichter über ihr Trauma und all jenes, was ihr widerfahren ist, sprechen. Zuvor ist sich die Patientin der Hilfe und des Verständnisses der Ärztin sicher und jeder weitere Termin bei dieser Ärztin führt zu einer weiteren Erleichterung. Die Beziehung zwischen der Ärztin und der Patientin wird tiefer und tiefer.

Hierbei ging es um eine "grundlegende psychologische Unterstützung", welche ich als Gynäkologin leisten konnte. Wenn es sich aber um tiefergehende psychologische Störungen handelte, führten die Psychologinnen von Medica die therapeutische Behandlung fort.

Der zweite Teil meiner Arbeit mit Frauen, welche die traumatische Erfahrung einer Vergewaltigung machen mußten, konzentrierte sich auf einen speziellen gynäkologischen Ansatz bei der Untersuchung der Patientin. Für Frauen, die sexuelle Gewalt erlitten haben (und für Kinder ganz besonders), kann die Untersuchung ein erneutes Trauma darstellen (die erneute Vergewaltigung). Daher kommt diesem Ansatz eine besondere Bedeutung zu und muß extrem vorsichtig und mit dem Einverständnis der Patientin angewandt werden. Zuvor erkläre ich jeder Patientin (und besonders dem Kind) sehr genau, was ich tun werde und wie die Untersuchung ablaufen wird. Normalerweise untersuche ich mit meinem Finger, also ohne Instrumente, sehr langsam und entspannt während der Unterhaltung. Die Untersuchung kann in Anwesenheit einer Vertrauensperson vorgenommen werden. In den meisten Fällen gehen die Untersuchungen problemlos vonstatten (außer in einem Fall, wo ich erst beim zweiten Anlauf die Patientin untersuchen konnte). Selbstverständlich respektiere ich auch den Wunsch der Patientin, die nicht untersucht werden möchte.

Der dritte Teil meiner Arbeit umfaßt die Behandlung von Patientinnen mit somatischen Erkrankungen. Der Anteil an malignen Erkrankungen der Genitalien ist nach dem Krieg angestiegen. Es erkranken auch sehr junge Frauen. Sobald diese Frauen von ihrer Erkrankung erfahren, erleben sie einen akuten psychischen Streß.

Ich frage mich oft, wie ich über alle Aspekte der Krankheit sprechen kann, ohne schwere psychische Störungen bei der Frau hervorzurufen.

Fast immer muß ich die Krankheit lange erklären, über die Behandlungsmöglichkeiten, die Prognosen und ähnlich gelagerte Fälle sprechen.

In solchen Fällen ist fast immer eine Psychotherapie erforderlich.

Am Ende dieses Teils meines Vortrags, möchte ich etwas über die Frauen von Medica erzählen. Als wir diese Arbeit machten, uns all die schmerzhaften Erfahrungen der schwer traumatisierten Frauen anhörten und sehr kranke Frauen sahen, haben wir selbst ein schweres Trauma erlitten. Gleichzeitig waren auch wir nicht von den Leiden des Krieges verschont worden (Hunger, Blockaden, Bombardierungen, Angst), so daß wir uns auch selbst "etwas ausgezehrt" haben. Andauernder Streß während der letzten fünf Jahre führte dazu, daß sieben bei Medica beschäftigte Frauen (8,5%) somatisch-gynäkologisch erkrankten.

Diese sieben Frauen mußten sich gynäkologischen Operationen unterziehen, wovon drei schwere Operationen waren. Alle sieben Frauen waren vor dem Krieg gynäkologisch gesund.

Die Frage zum Schluß: *Warum habe ich begonnen, bei Medica zu arbeiten?*

Zu Beginn war das eine neue Herausforderung für mich. Hinzu kamen etwas weibliche Neugier und die finanzielle Notwendigkeit (insbesondere im Krieg).

Warum bin ich nach fünf Jahren immer noch bei Medica? Jetzt arbeite ich nicht mehr wegen oben genannter Gründe bei Medica. Jetzt bin ich dort, weil Medica ein Teil von mir geworden ist, weil es die Herausforderung gibt, neues Wissen zu erwerben, neue Möglichkeiten auszuschöpfen und weil ein reicherer gynäkologischer Ansatz für die Patientinnen geschaffen wurde.

Abschließend sei anzumerken, daß all das, was Medica den Frauen im Krieg und danach gegeben hat, von unschätzbarem Wert ist. Folglich würde es für mich eine sehr schmerzliche traumatische Erfahrung werden, wenn ich Medica verlassen würde.

Fallbeispiel

Ich habe die Patientin D. als Beispiel für die schwere, fünf Jahre andauernde sexuelle und psychische Traumatisierung eines jungen Mädchens – oder besser gesagt, eines Kindes – genommen.

Die Patientin ist heute 18 Jahre alt. Seit ihrem 13. Lebensjahr wurde sie von ihrem Vater sexuell ausgebeutet. Diese langjährige sexuelle Ausbeutung führte zu einer Schwangerschaft, die das junge Mädchen zusätzlich psychisch und somatisch traumatisierte. Sie wurde von ihrer Familie zu einem Zeitpunkt zu Medica geschickt, an dem offensichtlich war, daß sie schwanger war und die Geburt bevorstand.

Meine Ziele waren: Schwangerschaft und Geburt. Ich habe die Patientin über ihre Empfindungen während der Schwangerschaft, während der Geburt und der Zeit danach mit Hinblick auf ihre Gefühle für das Kind befragt.

Ich traf D. genau an dem Tag zum ersten Mal, als sie zu Medica kam. Am selben Tag setzten die Wehen ein. Vor mir stand ein leidendes, ausgezehrtes Mädchen mit großen Bauch und Augen voller Traurigkeit und Angst. Über ihre Schwangerschaft konnte sie keinerlei Angaben machen. Die Wehen wurden immer stärker und ich mußte sie untersuchen. Ich habe der Patientin erklärt, daß ich sie sehr vorsichtig untersuchen würde und daß eine Psychologin bei der Untersuchung zugegen sein würde. Die Untersuchung war schwierig, da die Patientin Angst hatte und unruhig war. Da die Geburt schon im Gange war, brachten wir sie schnell in das Städtische Krankenhaus.

Mein zweites Zusammentreffen mit D. war nach ihrer Entlassung aus dem Krankenhaus. Sie erzählte eine lange und schmerzhafte Geschichte und ihre Augen waren voller Tränen. Bei Medica hat sie zum ersten Mal darüber gesprochen, was sie während der fünf langen Jahre ertragen mußte. Das Kind erwähnte sie nicht. Sie sprach über die Schwangerschaft. Sie hatte gespürt, daß ihr Bauch größer wurde. Das war das Einzige, das sie an die Schwangerschaft erinnert hatte – für das Kind brachte sie keinerlei Gefühle auf. Sie wünschte sich, alles so schnell wie möglich hinter sich zu bringen, damit alles wieder so werden könnte, "wie früher".

Während der Geburt ertrug sie die Schmerzen, weil sie wußte, daß damit alles vorbeigehen würde. Nach der Geburt wollte sie das Kind nicht sehen. Als sie nach ihrem Krankenhausaufenthalt zu Medica kam, hatte sie bis dahin keinen Wunsch verspürt, das Kind zu sehen. Sie hatte auch keine Schuldgefühle deswegen. Der einzige Gedanke, der sie beschäftigte,war, daß "man weiß, daß er das getan hat" und daß er vor dem Gesetz verantwortlich dafür sei.

Die Mutter besuchte sie von Zeit zu Zeit bei Medica. Allerdings verursachte die Mutter schlechte Laune bei ihr und deshalb wollte sie sie nicht mehr sehen. Die Mutter klagte sie an und stellte sich auf die Seite ihres Mannes.

Sie hatte keine Angst mehr vor dem Vater. Er saß nun im Gefängnis. Vor Gericht "faßte sie Mut", befreite sich von der Angst und konnte frei über alles sprechen, ohne fürchten zu müssen, daß sie dafür bestraft werden würde. Das Kind hat sie zur Adoption freigegeben und möchte es nicht sehen

Die späteren Termine mit ihr liefen immer besser. Ich konnte D. problemlos untersuchen und sie wußte, daß sie mit mir über alles reden konnte. Zuletzt sprachen wir über den gestörten Menstruationszyklus nach der Geburt (lang anhaltende Blutungen), der wahrscheinlich die somatische Folge der langjährigen sexuellen und psychischen Traumatisierung war.

Mögliche Folgen von Streß auf Erkrankungen des Gebärmutterhalses in der Nachkriegszeit

Während des Krieges waren etwa 70% der Patientinnen von Medica Flüchtlinge. Diese Patientinnen hatten nicht nur ihre Heimat verlassen, sondern auch noch andere Traumata (Verlust von Familienangehörigen, Lager, Vergewaltigung, Verwundung, usw.) erleiden müssen. Schon während des Krieges fiel die Anzahl der Patientinnen auf, die mikroskopisch erkennbare Veränderungen am Gebärmutterhals hatten und daher dringend eine zytologische und kolposkopische Untersuchung wünschten. Wie viele andere medizinische Einrichtungen auch, hatte Medica im Krieg nicht die technischen Möglichkeiten, alle Patientinnen zu behandeln. Über den heutigen Zustand dieser Patientinnen sind wir nicht informiert.

Nachdem wir auf dieses Problem hingewiesen hatten, bekamen wir

Ende 1995 und Anfang 1996 die Mittel für die komplette Untersuchung einer begrenzten Anzahl von Patientinnen zugesprochen. Wir haben uns nur mit Frauen befaßt, die zu Medica gekommen sind. Aufgrund der limitierten Mittel, haben wir uns lediglich auf Frauen der sogenannten "Risikogruppen" konzentriert (mit sichtbaren Veränderungen am Gebärmutterhals).

Ziel der Untersuchung: Wir wollten herausfinden, ob Streß möglicherweise für die erhöhte Anzahl von Gebärmutterhalserkrankungen in der Nachkriegszeit verantwortlich war.

Untersuchungsmethoden: Die Untersuchung beschränkte sich auf zweieinhalb Jahre (von Anfang 1996 bis Juli 1998). In diesem Zeitraum haben wir Frauen untersucht, die mikroskopische sichtbare Veränderungen am Gebärmutterhals hatten (Risikogruppe). Aufgrund der beschränkten finanziellen und technischen Mittel, konnten alle anderen Frauen nicht in die Untersuchung aufgenommen werden.

Untersuchungsergebnisse: 1996

Untersuchungen insgesamt	Anzahl der Pap-Abstriche in der Risikogruppe	Anzahl der pathologischen Abstriche	Kategorie der Abstriche			Altersgruppe der Patientinnen				Status		Andere Traumata
			III a	III b	IV	20-30	30-40	40-50	50 und älter	Flüchtlinge	Einheimische	
4245	224 (24 Kontrollen)	88	22	52	14	11	43	25	4	59	29	5
Prozent	5,2%	39,2%	25%	59%	15,9%	12%	48,8%	28,4%	4,5%	67%	32,9%	5,7%

Behandlung der Patientinnen

Operative Behandlung			Gesamtzahl der OP-Patientinnen	Inoperable Fälle	Zusätzliche Behandlungsmethoden / Bestrahlung
Konisation	Hysterektomie	Biopsie	28 34,6%	2 2,2%	3 3,4%
25 28,4%	1 1,1%	2 2,2%			

Endergebnis

Geheilt	Behandlung wird fortgesetzt	Gestorben	Rückmeldungen liegen nicht vor	P II Diagnose	
16 18%		2 2,3%	52 59%	Karzinom	Schwere Dysplasie
				3 3,4%	11 12,5%

Erläuterung zur Tabelle 1996:

In diesem Jahr führten wir 4245 Untersuchungen durch, bei insgesamt 9981 Leistungen. Die pathologische Diagnose des Gebärmutterhalskarzinoms wurde bei 3 Frauen (3,4%) erstellt. Es wurden 224 Pap-Analysen bei Frauen der Risikogruppe gemacht. Davon waren 24 Analysen (5,2%) reine Kontrolluntersuchungen. Bei 88 von 224 Pap-Abstrichen gab es pathologische Diagnosen (39,9% aller Pap-Abstriche).

Es gab folgende pathologische Kategorien:

- Gruppe III a – 22 Abstriche (25%),
- Gruppe III b – 52 Abstriche (59%),
- Gruppe IV – 14 Abstriche (15,9%).

Bei der Analyse des Alters der Patientinnen wurde deutlich, daß die meisten Erkrankungen bei folgenden Altersgruppen zu finden waren:

- 30-40 Jahre – 43 Erkrankungen (48,8%),
- 40-50 Jahre – 25 Erkrankungen (28,4%),
- 50 Jahre und älter – 4 Erkrankungen (4,5%).

Als Streßfaktoren sind Wohnungswechsel und andere Traumata zu nennen. Von 88 Frauen mit einer pathologischen Diagnose waren 59 (67%) Flüchtlinge. Von 88 Frauen mit einer pathologischen Diagnose haben 5 (5,7%) andere traumatische Erfahrungen gemacht (Lager, Vergewaltigung). 72,7% der Patientinnen mit einer pathologischen Veränderung waren verschiedenen Streßfaktoren und schwererer Traumata ausgesetzt. 29 Frauen (32,9%) aller Patientinnen mit einer pathologischen Veränderung waren Ortsansässige.

- 28 Frauen (31,8%) wurden operativ behandelt.
- Bei 25 Frauen (28,4%) wurde eine Konisation vorgenommen.
- Bei einer Frau (1,1%) wurde eine Hysterektomie vorgenommen.
- Bei zwei 2 Frauen (2,3%) wurde eine Biopsie vorgenommen.
- Inoperabel waren 2 Fälle (2,3%).
- Bei 3 Frauen (3,4%) wurde Bestrahlung eingesetzt.

Vollkommen geheilt wurden 16 Frauen (18%), zwei Frauen sind gestorben (2,3%). Von 52 Frauen (59%) haben wir keine Rückmeldung über die weiterführende Behandlung und die Enddiagnose bekommen.

Die pathologische Diagnose der schweren Dysplasie wurde bei 11 Frauen (12,5%) erstellt.

1997

Untersuchungen insgesamt	**Anzahl der Pap-Abstriche in der Risikogruppe**	**Anzahl der patho-logi-schen Abstriche**	**Kategorie der Abstriche**			**Altersgruppe der Patientinnen**				**Status**		**Andere Traumata**
			III a	III b	IV	20-30	30-40	40-50	50 und älter	Flücht-linge	Einheimische	
2378	152 (13 Kontrollen)	32	16	11	5	5	10	16	1	18	4	
Prozent	6,4%	21%	50%	34%	15%	15,6%	31,2%	50%	3,1%	56,2%	43,7%	

Behandlung der Patientinnen

Operative Behandlung			Gesamtzahl der OP-Patientinnen	Inoperable Erkrankungen	Zusätzliche Behandlungsmethoden / Bestrahlung
Konisation	Hysterektomie	Biopsie	11		
7 21,8%	1 3,1%	3 9,3%	34,3%		

Endergebnis

Geheilt	Behandlung wird fortgesetzt	Gestorben	Es liegen keine Rückmeldungen vor	P II Diagnose	
10 31,25%	14 43,7%		8 25,1%	Karzinom	Schwere Dysplasie
				2 6,2%	1 3,12%

Erläuterung zur Tabelle 1997

Da eine Ärztin aus unserem Team von Gynäkologinnen und Chirurginnen erkrankte und aufgrund dessen für längere Zeit der Arbeit fern blieb, führten wir in diesem Jahr weniger Untersuchungen durch. Es sind 2378 Untersuchungen (bei insgesamt 5409 Leistungen) erfolgt. Es wurden 152 Pap-Abstriche (13 Kontrollabstriche) bei Frauen der Risikogruppe mit mikroskopisch sichtbaren Veränderungen des Gebärmutterhalses vorgenommen. Die Anzahl dieser Untersuchungen machte 6,4% aller Untersuchungen aus. Bei 32 (21,9%) der 152 untersuchten Frauen waren die Abstriche pathologisch:

- Gruppe III a – 16 Abstriche (50%),
- Gruppe III b – 11 Abstriche (34%),
- Gruppe IV – 5 Abstriche (15,6%).

In diesem Jahr wurden vor allem Patientinnen der folgenden Altersgruppen untersucht:

- 40-50 Jahre – 16 Frauen (50%) gefolgt von der Gruppe
- 30-40 Jahre – 10 Frauen (31,25%), wiederum gefolgt von der Gruppe
- 20-30 Jahre – 5 Frauen (15,6%) sowie der Gruppe
- 50 Jahre und älter – 4 Frauen (4,5%).

18 Frauen (56,25%) waren Flüchtlinge, 14 Frauen Ortsansässige (43,75%). Weitere Traumata: Von 88 Frauen mit einer pathologischen Diagnose haben 5 (5,7%) andere traumatische Erfahrungen gemacht (Lager, Vergewaltigung). 77% der Patientinnen mit einer pathologischen Veränderung waren verschiedenen Streßfaktoren und schwereren Traumata unterworfen. 29 Frauen (32,9%) aller Patientinnen mit einer pathologischen Veränderung waren Ortsansässige.

11 Frauen (34,3%) wurden operativ behandelt Bei inoperablen und ähnlich gelagerten Fälle mit Strahlentherapie gab es folgende Enddiagnose: 10 Frauen (31,25%) wurden geheilt, bei 14 Frauen (43,7%) dauert die Behandlung noch an, niemand ist verstorben. Von acht Frauen (25%) haben wir keine Rückmeldung über die weiterführende Behandlung erhalten.

1998: 1.1. – 30.6.

Untersuchungen insgesamt	**Anzahl der Pap-Abstriche in der Risikogruppe**	**Anzahl der pathologischen Abstriche**	**Kategorie der Abstriche**			**Altersgruppe der Patientinnen**				**Status**		**Andere Traumata**
			III a	III b	IV	20-30	30-40	40-50	50 und älter	Flücht-linge	Einheimische	
14335	238 (21 Kontrollen)	45	34	11		6	19	16	4	26	19	
Prozent	16,6%	18,9%	75,5%	24,4%		13,3%	42,2%	35,5%	8,8%	57,7%	42,2%	

Behandlung der Patientinnen

Operative Behandlung			Gesamtzahl der OP-Patientinnen	Inoperable Erkrankungen	Zusätzliche Behandlungsmethoden / Bestrahlung
Konisation	Hysterektomie	Biopsie	8		
7 15,5%		1 1,2%	17,7%		

Endergebnis

Geheilt	Behandlung wird fortgesetzt	Gestorben	Es liegen keine Rückmeldungen vor	P II Diagnose	
15 33,3%	13 28,8%		13 28,8%	Karzinom	Schwere Dysplasie
				3 6,6%	1 2,2%

Erläuterung zur Tabelle 1998

Im ersten Halbjahr 1998 wurden insgesamt 1433 Patientinnen untersucht. Es wurden 238 Pap-Abstriche vorgenommen (16,6%). Davon waren 45 pathologisch:

- III a – 34 Analysen (75,5%),
- III b – 11 Analysen (24,4%),
- IV – kam nicht vor.

In diesem Halbjahr waren folgende Altersgruppen am häufigsten betroffen:

- 30-40 Jahre – 19 erkrankte Frauen (42,2%) gefolgt von der Gruppe
- 40-50 Jahre – 16 erkrankte Frauen (35,5%), dann
- 20-30 Jahre – 6 erkrankte Frauen (13,3%) und die Gruppe
- über 50 Jahre – 4 erkrankte Frauen (8,8%).

26 Frauen (57,7%) waren Flüchtlinge, 19 Frauen (42,2%) Ortsansässige. 8 Frauen (17,7%) wurden operiert: Konisation – 7 (15,5%), Biopsie – 1 (2,2%). Inoperable Fälle sowie Erkrankungen, bei denen eine Bestrahlung nötig war, kamen nicht vor. Die Behandlung wird bei 13 Frauen (28,8%) fortgeführt, während wir von 13 Frauen (28,8%) keine Rückmel-

dung über die weiterführende Behandlung erhalten haben. Bei 3 Frauen (6,6%) wurde die P II Diagnose des Gebärmutterhalskarzinoms, bei einer Frau (2,2%) die der schweren Dysplasie erstellt.

Schlußfolgerungen

- Der Zunahme an Gebärmutterhalserkrankungen während der drei Untersuchungszeiträume ist offensichtlich und wird noch weiter ansteigen.
- In den beiden Untersuchungszeiträumen 1996 und 1998 war die Altersgruppe von Frauen zwischen 30 und 40 Jahren am häufigsten betroffen, während wir 1997 die meisten Erkrankungen bei Frauen zwischen 40 und 50 Jahren feststellen mußten.
- In allen drei Untersuchungszeiträumen ist der hohe Prozentsatz an Erkrankungen bei jungen Frauen zwischen 20 und 30 Jahren offensichtlich.
- In allen drei Untersuchungszeiträumen war ein operativer Eingriff bei einem sehr hohen Prozentsatzes von Frauen (30-35%) nötig .
- Aufgrund von ständigem Ortswechsel und Kontrolluntersuchungen bei den Chirurgen, haben wir von 30-50% der Frauen mit einer pathologischen Diagnose keine Rückmeldung erhalten.
- Der prägnante Anstieg an Karzinomerkrankungen – ganz besonders 1998, wo wir in sechs Monaten 3 Fälle (6,6%) zu verzeichnen hatten. Wir nehmen aber an, daß die Zahl noch größer ist, da wir von vielen Frauen keine Rückmeldung mehr erhalten haben.
- Wir folgern schließlich, daß der Streß während des Krieges und danach zu pathologischen Veränderungen des Gebärmutterhalses geführt hat. Im ersten Nachkriegsjahr haben 63% der untersuchten Frauen eine Form von Traumatisierung erlitten.
- Aufgrund des Friedens und eines etwas verbesserten sozialen Status konnte dieser Prozentsatz in den Jahren 1997 und 1998 etwas zurückgehen.

---

[1] *Aus dem Bosnischen übersetzt von Eva Lautenschlager.*

Self Empowerment: Psychosoziale Arbeit von, mit und für Frauen: Arbeitshypothesen und Erfahrungen

Gisela Perren-Klingler

Gewalt gegen Frauen findet in allen Gesellschaften statt, und das ist schrecklich. Doch in allen Gesellschaften überleben Frauen die schrecklichsten Erfahrungen, denn sie sind zäh und haben die Fähigkeit des Schilfs: Sie beugen sich, wenn die Flut kommt, um dann wieder aufzustehen, sie sind wie Efeu an der Mauer..., und das gibt uns die ungeahnte Möglichkeit, Solidarität mit ihnen zu üben, mit ihnen zu arbeiten und von ihnen zu lernen. Es gibt uns auch die Möglichkeit, ihnen zu zeigen, daß Utopien immer noch und immer wieder möglich sind, daß die Zukunft dem Leben gehört.

Als Psychiaterin habe ich vor bald 20 Jahren in Uruguay gefolterte Frauen und Männer[1] besucht, die sich in Hochsicherheitsgefängnissen befanden, und auf meine bewußt naive Frage, was sie von mir erwarteten, war die Antwort immer klar: Wir wollen *Respekt*. Mit dieser Haltung habe ich in den darauffolgenden Jahren Opfer von verschiedenster Gewalt behandelt – meist in einem europäischen Rahmen – in meiner Praxis.

Langsam habe ich eine Technik entwickelt mit kognitiven, verhaltenstherapeutischen und hypnotischen Elementen. Ich habe mit meinen Patienten und Patientinnen zusammen gelernt, wie man Flash Backs zum Verschwinden bringen, Dissoziation, Anästhesie und Vermeidungsverhalten abgewöhnen und Übererregung beruhigen kann. So wurde es den Betroffenen möglich, Ordnung in das traumatische Chaos und dann Sinn in das Sinnlose zu bringen, Ruhe zu finden und sich mit dem Leben wieder zu versöhnen.

Als ich dann in den 90er Jahren zuerst in Gaza und dann in Nairobi auf größere Gruppen von Menschen mit Gewalterfahrungen traf, die von den Wohltaten der Psychotherapie nicht viel hielten, mußte ich anfangen umzudenken, mich anzupassen an andere kulturelle Gegebenheiten.

Mit diesen Erfahrungen war es nur noch ein kleiner Schritt zu dem Konzept, das sich bei mir zu bilden begann, als die ersten Gruppen von offensichtlich schwer traumatisierten Bosniern, Frauen und Männern, in der Schweiz ankamen.

Zusätzlich hatte ich hatte das Glück, in diesem Moment Rolf Widmer, dem Koordinator der Asylorganisation Zürich zu begegnen. In zwei Abenden wurden wir uns darüber einig, daß wir ein Pilotprojekt lancieren wollten, in welchem wir den Überlebenden die Möglichkeit geben wollten, sich selbst um die eigene Gesundheit und die der Mitflüchtlinge zu kümmern.

Das Konzept beruhte auf folgenden Vorannahmen:

- Salutogenetische Vision: Gesundheit ist mehr als nur Abwesenheit von Krankheit.
- Überlebende haben die nötigen Ressourcen, um die Schrecken, Flucht, Entwurzelung und Eingewöhnung in die Schweiz psychisch meistern zu können. Es geht darum, ihnen auf psycho-sozialer Ebene dazu die Basis zu liefern. Sie bleiben die Spezialisten für ihre eigene Gesundheit.
- Lernprozesse setzen sich schnell in Gang, wenn das Material mit dem Leben und den eigenen Erfahrungen verknüpft werden können.
- Gruppenarbeit bietet genügend Schutz und Solidarität, um auch schwierige Themen, wie Gewalterfahrung, Flucht und Entwurzelung und Neuanpassung zu bedenken.
- Bikulturalität der Gruppenteilnehmer, d.h. Teilnahme von einer gleich großen Anzahl Schweizern und Bosniern verdoppelt die Ressourcen und gibt jeder andern Gruppe Zugang zu vorher nicht bekannten kulturspezifischen Ressourcen.

Der Kurs sollte folgende Themen theoretisch bearbeiten:

- Psychosoziale Folgen von traumatischen Erfahrungen, normale und pathologische Reaktionen, Trauerreaktionen;
- Kenntnis von entwicklungsspezifischen Reaktionen auf Trauma, Migration und damit verbundenem Wertewandel, Loyalitätsproblematik und innerfamiliäre Spannungen nach Trennung und Wiedervereinigung;
- Kenntnis und Achtung von Ressourcen und Werten in der eigenen und der andern Kultur, dadurch Lernen von Toleranz;
- Zukunftsplanung, Planung von Rückkehr oder Integration und Abschied von jeweiligen anderen Möglichkeiten;
- Schuld, Täter, Opfer und gesellschaftliche Umgangsmöglichkeiten;
- Wichtigkeit der Sprache im Umgang mit und bei der Ordnung von traumatischem Erleben.

Der Kurs sollte folgende Techniken lehren:

- Verschiedene Techniken im Umgang mit den Folgen von Traumatisierung: psychologisches Debriefing, mit Erwachsenen und mit Kindern;
- Trauerarbeit;
- Stress Management;
- interkulturelle Kommunikation;
- Fähigkeit, die Sprache sorgfältig und bewußt zu benützen, Kognition und Emotion sprachlich zu steuern;
- Zukunft eröffnen, Planen von Projekten, sei es Rückkehr, Weiterwanderung oder Integration in die Schweiz;
- Verhandeln bei Konflikten;
- eigene "Power" wahrnehmen und bei andern mobilisieren (Self-Empowerment);
- Selbstschutztechniken;
- eigene Grenzen bei der Arbeit wahrnehmen.

Praktisch wurde der Kurs für je 20 Teilnehmer aus Bosnien und der Schweiz in 6 Blöcken à zwei Tagen, auf 8 Monate verteilt, durchgeführt. Es wurden feste bikulturelle Zweiergruppen zusammengestellt. Zwischen den Kurstagen mußten die bikulturellen Paare das Gelernte bei Bosniern anwenden, und mindestens einmal bei einer Supervision besprechen. 80% der Teilnehmer waren Frauen.

Erfahrungen:

Leider kann ich keinen Film über die Ankunft der Teilnehmer zeigen: Am besten würde man sie als eine Gruppe von Menschen bezeichnen, die geschlagen, gebeugt und freud- und lustlos kamen. Die Schweizer, alle aus dem Sektor der Flüchtlingsarbeit, machten nur einen gemäßigt froheren Eindruck als die Bosnier. Für die Theorie hatte ich vorgesehen, eine Einführung in die Entwicklungsphasen des Kindes zu geben, da ich den Kurs der Entwicklung der Kinder entsprechend aufbauen wollte. Doch die Konzentrationsunfähigkeit, die Über-erregung, dargestellt an häufigem Hinauslaufen, um zu rauchen, Kaffee zu trinken oder zusammen zu sprechen, ließen mich annehmen, daß die traumatischen Reaktionen so stark waren, daß ich dies direkt angehen mußte. Ich begann damit und sofort hatte ich alle Aufmerksamkeit. In einer ersten Übung wollte ich das Bewußtsein für Ressourcen stärken: In Gruppen, mit je zwei bikulturellen Paaren sollte man sich Feste beschreiben, in allen

Sinnen ausführen, wie sie gefeiert werden, welches die schönsten sind. Anfänglich wollten die Bosnier die Übung nicht machen, da sie keine Feste hätten. Anstatt zu diskutieren, ließ ich einfach die Schweizer mit dem Erzählen anfangen, und schon nach einer halben Stunde war in jeder Gruppe eine Art Wettbewerb entstanden, wer die schöneren Feste habe. Es wurde zum erstem Mal gelacht, das Eis war gebrochen, erste Ressourcen mobilisiert und ein wenig Hoffnung installiert.

Sofort wurde dann auch über die Zeichen der akuten traumatischen Reaktion gesprochen, daß sie natürlich sei, und daß man sehr viel dagegen tun kann, wenn man gut überleben will. Techniken wurden gelehrt, wie man ruhig werden kann, sich vom Erlebten distanziert, wie man Stress managt und was man nicht tun sollte.

Im zweiten und dritten Block wurde das psychologische Debriefing gelehrt und geübt in Klein- und in Großgruppen. Dann war die Atmosphäre so ruhig geworden, daß man auch über Werte in der Erziehung reden konnte, und in Übungen erarbeiten konnte, was für die Bosnier und Schweizer wichtig ist. Diese Arbeit brachte viele Aha-Erlebnisse, besonders für die Bosnier, die mir vorher immer wieder zu verstehen gaben, daß sie fänden, die Schweizer Eltern würden sich nicht genügend um ihre Kinder kümmern, d.h. sie seien schlechte Eltern.

Als eine Schweizer Kursteilnehmerin plötzlich verstarb, mußte akut über Trauer gearbeitet werden.

Es mußte auch über rassistische Vorurteile – besonders gegenüber Schwarzen – gesprochen werden. Vorwürfe und Aggressionen gegenüber der Schweiz, die nicht das geben wolle, was sie als Asylbewerber nötig hätten, totale Sicherheit, und zwar für 10 Jahre, war ein anderes nicht vorgesehenes Thema im Kurs, das besprochen werden mußte, weil sonst die Atmosphäre vergiftet worden wäre. Klarstellung, daß es politische Entscheidungen gibt, für die nicht die teilnehmenden Schweizer verantwortlich gemacht werden konnten, der Aufruf zu mehr beidseitigem Kennenlernen und zu Geduld auch mit den Schweizern konnten das Klima wieder entspannen. Toleranz mit sich und den anderen war ein wichtiges Thema.

Zum Abschluß des Kurses wurde ein großes Fest gefeiert, in welchem die Teilnehmer noch mehr Ressourcen zeigten, als ich erwartet hatte. Unser Ziel, daß die Teilnehmer während eines halben Jahres mit Flüchtlingen das Gelernte anwenden würden, wurde weit übertroffen: Eine Teilnehmerin nahm das Gelernte nach einem Jahr mit zurück nach Sarajevo und wendet es in je einer Gruppe von Kindern und Jugendlichen an. Fast alle anderen bosnischen Kursteilnehmer begannen, ohne weitere Hilfe der Schweizer selbständig mit Landsleuten zu arbeiten, und noch heute, nach zwei weiteren Jahren höre ich manchmal von einer besonders schwierigen Intervention oder von Zweifeln, die auftreten, wenn sich Landsleute nicht so verhalten, wie die Multiplikatoren es erwarten würden.

Schlußfolgerung:

In den 12 Tagen und in den dazwischenliegenden Supervisionsstunden wurden einer Gruppe von Bosniern und Schweizern Wissen und Techniken beigebracht, die ihnen ermöglichen, selbst und unabhängig von Fachleuten, die Gesundheit bei ihren Mitflüchtlingen zu verbessern. Daß dies zu einem Self-Empowerment führte, war schon während des Kurses ersichtlich[2].

Daß dies ein Gruppenprozeß war, bei welchem viele Anteile aus der Gruppenpsychotherapie zum Tragen kamen, ist für den damit Vertrauten sicher klar. Es war ein Lernen an und in der Gruppe, es war ein Prozeß, in welchem Ordnung in traumatisches Chaos, Hoffnung für die Zukunft und Verantwortung für sich selbst und die Mitbetroffenen entstehen konnten.

Als Kursleiter haben wir gelernt, daß man mit wenig sehr viel bewirken kann, wenn man an die Ressourcen der Überlebenden zu glauben wagt, konsequent damit zu arbeiten bereit ist und kongruent das Geforderte vorlebt. Es ist auch ein neuer Beweis, daß Traumatisierte nicht vorab medikopsychologisierte Hilfe benötigen, sondern frühzeitige präventive Interventionen an der Basis sinnvoll sind. Damit wird gesellschaftlich bedingtes Leiden nicht privatisiert und in seiner ganzen Tragweite ernst genommen, respektiert. Denn das Leiden kommt ja aus einer Gesellschaft, die die Gewalt nicht hat verhindern können oder sogar vorangetrieben hat. Solches Leiden kann nur wieder zum Verheilen, zur Integration kommen – selbstverständlich unter Narbenbildung –, wenn die Gesellschaft Solidarität, Unterstützung und Wissen gibt und so zu einer neuen Zukunft beitragen hilft.

---

[1] Der Einfachheit halber werden in der ganzen Arbeit sprachlich so wenig wie möglich Unterschiede zwischen Frauen und Männern gemacht, doch sind Frauen implizit immer inbegriffen.

[2] Das Handbuch, das nach diesem Kurs entstanden ist, "Ressourcenarbeit" kann für 45 DM (inkl. Porto und Verpackung) bei der Autorin bezogen werden, ebenfalls ein während des Kurses aus dem Englischen übersetztes Handbüchlein der UNICEF von Mona Macksoud, "Kindern helfen, mit Kriegsbelastungen fertig zu werden" für 25 DM. Dr. med. Gisela Perren-Klingler, Postfach 189, 3930 Visp, Schweiz, Tel: 4127 946 3422, Fax: 4127 946 3423.

Alevitinnen und Kurdinnen zwischen Gewalt und Widerstand – Am Beispiel Türkei und am Beispiel BRD

Zwei Redebeiträge von Nimet Tanrikulu und Sengül Senol

Nimet Tanrikulu

Liebe Frauen,

ich grüße Sie alle ganz herzlich, auch von den Samstagsmüttern und dem Menschenrechtsverein in Istanbul. An dieser Stelle möchte ich mich für die Einladung von Medica mondiale und Frau Sengül Senol herzlich bedanken. Heute werde ich zum Thema "Alevitische und kurdische Frauen zwischen Gewalt und Widerstand" sprechen. Seit 15 Jahren wird in der Türkei-Kurdistan ein Krieg geführt. Die demokratischen Rechte der AlevitInnen und KurdInnen und anderer Völker, die in der Türkei leben, werden stark beschnitten.

Zwischen der Arbeiterpartei Kurdistans (PKK) und den türkischen Streitkräften wird gekämpft: In diesem Krieg sind bislang 35.000 Menschen ums Leben gekommen; 3,5 Mio. KurdInnen und AlevitInnen sind aus ihrem Herkunfsland vertrieben worden. 3.500 kurdische und alevitische Dörfer wurden verbrannt und zerstört und sind jetzt unbewohnbar. Die Natur wurde ebenfalls zerstört. Wie in jedem Krieg sind die ersten Opfer auch hier Frauen und Kinder. Sexuelle Belästigung und Vergewaltigung werden als Waffe gegen die Frauen angewandt – aufgrund ihres alevitischen Glaubenshintergrunds oder ihrer kurdischen nationalen Identität. Die Zugehörigkeit zu einer politischen Gruppierung oder Angehörige einer politisch aktiven Familie oder Ehefrau eines politisch aktiven Mannes zu sein, birgt eine weitere Gefahr.

Sexuelle Belästigung und Vergewaltigung sind die wichtigsten Methoden der staatlichen Sicherheitskräfte der Türkei, um die Identität der alevitischen und kurdischen Frauen zu zerstören. Dies wird seit Jahren verstärkt systematisch angewandt. Nicht nur in den Kriegsgebieten, sondern auch im Alltagsleben wird die sexualisierte Gewalt gegen Frauen angewandt. Genaue statistische Angaben liegen nicht vor:

Im Jahre 1997/98 haben sich bei unserem juristischen Projekt für Frauen 66 Frauen gemeldet. Davon waren: 43 Frauen aus Kurdistan, 17 aus der Türkei, 4 aus Rumänien und eine Frau aus Deutschland. Davon hatten 52 Frauen politische Gründe und 13 gaben verschiedene Gründe an.

Diese Statistik entspricht jedoch nicht der Realität. Die Dunkelziffer ist weitaus höher, denn die Frauen in Kurdistan können aufgrund ihrer ethnisch-kulturellen und sozialen Situation ihre Gewalterfahrungen nicht zur Sprache bringen. Die größte Schwierigkeit ist in erster Linie die Sprache. Meistens beherrschen sie die "offizielle" Sprache Türkisch nicht, und wenn sie über ihre Gewalterfahrungen aussagen, bringen sie sich selbst in Gefahr. In dieser Statistik haben von 66 Frauen 42 Frauen sexuelle Belästigungen erlebt, 21 Frauen wurden vergewaltigt, eine der Frauen wurde zur Zwangsprostitution gezwungen und eine Frau wurde entführt. Von einer weiteren Frau wurde angegeben, daß sie nach einer Entführung ermordet wurde.

Die Angaben über die Täter sind folgermaßen: 53 Polizisten, fünf Dorfschützer, sechs Angehörige der Gendarmerie, ein Kronzeuge und ein Soldat. Es ist keine Seltenheit, daß die Polizisten bei sexueller Gewalt und Vergewaltigung die erste Stelle einnehmen. Denn in der Türkei wird die Polizei durch den "Schutz der Angestellten"-Erlaß besonders beschützt, obwohl die Türkei das internationale Abkommen gegen Vergewaltigung und Folter unterschrieben hat. An den Beispielen von Sükran Aydin, Remziye Dinc und vielen anderen Beispielen soll dies verdeutlicht werden.

Sükran Aydin wurde in Mardin-Derik in Kurdistan geboren, wo sie auch heute noch lebt: Am 20. Juni 1993 kamen die Militärs in ihr Dorf. Die Wohnung von Sükran wurde durchwühlt und sie, ihr Vater und ihre Schwägerin sowie zwei weitere Verwandte wurden zur Militärwache nach Derik mitgenommen. Männer und Frauen wurden in getrennten Zellen eingesperrt. Sie wurden schwer mißhandelt und gefoltert. Man wollte von ihnen Informationen über die Verstecke kurdischer Guerillas erfahren. Nach drei Tagen wurde Sükran von Gendarmen vergewaltigt und mit dem Tod bedroht, sollte sie etwas darüber erzählen. Danach brachte man Sükran und ihre Schwägerin in die Berge, damit sie den Gendarmen die Verstecke der Guerillas zeigten. Nachdem mehrfach gedroht wurde, sie umzubringen, wurden die beiden Frauen anschließend in ihr Dorf zurückgebracht. Sükran Aydin erhob Anklage bei der Staatsanwaltschaft und legte ein ärztliches Attest vor. Dieser Fall wurde damals von der prokurdischen Tageszeitung "Özgür Gündem" an die Öffentlichkeit gebracht. Die Folge davon war, daß die lokale Korrespondentin deshalb verurteilt wurde. Nachdem dies in der Öffentlichkeit thematisiert wurde, äußerte sich der damalige Innenminister folgendermaßen: "Türkischen Streitkräfte tun so etwas nicht". Die Staatsanwaltschaft in Derik hat die Anklage aufgrund nicht ausreichender Beweise eingestellt. Die Anwälte von Sükran wandten sich daraufhin an den Europäischen Menschenrechtsgerichtshof. Die Türkei wurde letztes Jahr wegen dem Fall Sükran verurteilt. Deshalb wurde die Anklage in der Türkei erneut eröffnet. Die Rechtsanwälte von Sükran sind skeptisch, über den Ausgang des Prozesses. Denn der Justizminister sagte nach der Verurteilung der Türkei: "Wir werden die Schadensersatzansprüche abzahlen, aber die Türkei werden wir nicht spalten lassen".

Eine weiterer bekannter Fall ist der der 16-jährigen Remziye Dinc. In den ersten Monaten des Jahres 1995 wurde die minderjährige Remziye in ihrem Wohnort Batman Kozluk von drei verschiedenen Dorfschützern zu verschiedenen Zeiten mehrmals vergewaltigt. Die Familie brachte sie zum Arzt. Der Arzt bescheinigte aber aufgrund von Drohungen gegen ihn, daß ihre Jungfräulichkeit intakt sei. Daraufhin wurde der Anklageantrag von Remziyes Familie von der Staatsanwaltschaft nicht angenommen. Remziye wurde durch die Vergewaltigungen schwanger und brachte das Kind zur Welt. Erneut wurde Anklage erhoben. Bei der Vaterschaftsfeststellung wurde einer der Dorfschützer als Vater identifiziert. Aber der Beschluß des Gerichtes ist unheimlich: Danach wird behauptet, daß Remziye "auf eigenen Wunsch mit dem Dorfschützer zusammen gewesen sei", und der Dorfschützer erhielt eine Freiheitsstrafe von einundeinhalb Jahren aufgrund sexuellen Kontakts mit einer Minderjährigen. Durch diesen Beschluß wurden die Dorfschützer in Schutz genommen, nicht jedoch die minderjährige Remziye Dinc, die vergewaltigt wurde und ihr ungewolltes Kind in ein Waisenhaus weggeben mußte. Mit ihrem Trauma wird sie alleine gelassen. Aufgrund der gesellschaftlichen Stigmatisierung lebt Remziye zur Zeit in Istanbul bei einer Verwandten. Sie wird unterstützt von unserem Menschenrechtsverein. Nach einer zweiten Vaterschaftsfeststellung wurde der betreffende Dorfschützer wiederum eindeutig als Vater identifiziert. Die Anklage läuft zur Zeit vor dem Europäischen Menschenrechtsgerichtshof.

Ich möchte noch zwei weitere Beispiele von jungen Frauen aus Istanbul anführen: N.und P. wurden in in Istanbul auf offener Straße von der zivilpolitischen Polizei festgenommen und zum berühmten Folterzentrum der Polizei Gayretepe gebracht. Beide sind Angehörige des Volks der Sinti und Roma. Sie wurden des Diebstahls beschuldigt. Zuerst wurden sie sexuell belästigt. Dann wurden ihnen die Kleider ausgezogen. N. war schwanger. Sie wurde mit Knüppeln geschlagen, auf ihre Vagina wurde gespuckt, sie wurde beschimpft und erniedrigt.

P. ist 14 Jahre alt. Sie wurde ebenfalls nackt ausgezogen. Einer der Polizisten hat sie gezwungen, ihn oral zu befriedigen. Danach wurde sie nackt in die Zelle der Männer gebracht. Nachdem sie – immer noch nackt – in ihre Zelle zurückgebracht worden war, wurde sie gefoltert. Zuerst wurde aus einem Schlauch Wasser in ihre Vagina gespritzt und danach wurde sie mit dem Schlauch penetriert.

Obwohl das türkische Recht Vergewaltigungen verbietet, wurde hier keine Anklage erhoben. Die betroffenen jungen Frauen hatten Angst, Anklage zu erheben. Nicht nur aufgrund ihres Glaubens, ihrer ethnischen Zugehörigkeit oder ihrer politischen Überzeugung, sondern einfach wegen ihres Geschlechts können Frauen Opfer von Vergewaltigung oder sexuellen Gewalt werden. Sexuelle Belästigung und Vergewaltigung sind heute in Kurdistan und in der Türkei allgegenwärtig. Die betroffenen Frauen bleiben oft mit ihrem Trauma alleine. Als Menschenrechtsverein versuchen wir, ihnen behilflich zu sein, aber das ist leider nicht ausreichend. Der türkische Staat sieht in den Betroffenen Schuldige. Dieses Verhalten des Staates erleben wir auch gegenüber "Samstagsmüttern", die seit 177 Wochen nach dem Verschwinden ihrer Kinder mit ihren Aktionen in Istanbul auf dieses Unrecht aufmerksam machen.

Seit den letzten Monaten erleben wir bei unseren Aktionen Gewalt und sexuelle Belästigung auch als Samstagsmütter und MenschrechtsvertreterInnen. Während der Aufenthalte auf den Polizeistationen sind wir Gewalt aber auch sexueller Belästigung durch die Polizei ausgesetzt. Wir werden beschimpft und körperlich angefaßt. Unsere Anklagen werden schleppend bearbeitet. Diese Woche habe ich aufgrund meines Aufenthalts in Deutschland Glück. Denn diese Woche bin ich kein "Gast" auf der Polizeistation – im Gegensatz zu meinen Freunden und Freundinnen – und ich erlebe heute hier in der BRD keine Gewalt.

Seit 177 Wochen führen wir jeden Samstag unsere Aktionen durch und seit drei Monaten werden wir jeden Samstag geschlagen und festgenommen. Wir wollen mit friedlichen Methoden nach unseren Kindern suchen –, das ist der Grund für unsere Aktionen. Hier beweist sich, daß der türkische Staat vor friedlichen Protesten große Angst hat.

Zum Schluß möchte ich sagen: In dem geführten schmutzigen Krieg sind die Leidtragenden Frauen und Kinder. Deshalb fordere ich die umgehende Beendigung dieses Krieges. Für die Verwirklichung des Friedens in unserem Land brauchen wir Ihre Unterstützung. Ihre Länder dürfen keine Kriegsbeteiligten sein, und wenn es der Fall ist, bitte verhindern Sie es.

Wenn wir als Frauen in der Welt unsere Kräfte bündeln, kann der Weg zum Frieden kürzer werden. Wir brauchen ebenso wie in Bosnien-Herzegowina Therapiezentren – vor allem in alevitischen und kurdischen Gebieten. Dies ist eines unserer Ziele für die Zukunft. Die Realisierung solcher Konferenzen, wie dieser hier (Anm. der Herausgeberinnen: Fachtagung von Medica mondiale e.V.), wäre in der Türkei absolut notwendig. Ich bitte Medica mondiale und andere Frauenorganisationen, uns hier zur Seite zu stehen. Eine Informationsvernetzung unter den Frauen ist mehr denn je wichtig. Ich hoffe, daß wir Sie zu einer nächsten Konferenz in meinem Land begrüßen können. Wenn in diese Richtung eine Entscheidung während dieser Konferenz getroffen wird, würde ich mich im Namen der betroffenen Frauen und der Samstagsmütter freuen. Ich bedanke mich für die mir geschenkte Aufmerksamkeit.

Sengül Senol

Liebe Frauen,

ich grüße Sie ganz herzlich im Namen meiner Organisation, agisra Köln, und der Fraktion Bündnis 90/Die Grünen im Kölner Rat. Hier bedanke ich mich bei Medica mondiale, besonders bei Frau Dr. Monika Hauser und Dr. Marlies W. Fröse für ihre Einladung. Nachdem meine Freundin Nimet Tanrikulu über die alevitischen und kurdischen Frauen im Herkunftsland berichtet hat, werde ich über emigrierte Flüchtlingsfrauen in Deutschland sprechen.

Im Jahre 1961 schloß BRD mit der Türkei ein Abkommen. Die ersten alevitischen und kurdischen ImmigrantInnen kamen in diesen Jahren. Meist aus den Städten Dersim, Erzincan, Malatya, Sivas, Tokat, Bingöl und Mus. Die Flüchtlingswelle kam nach dem militärischen Putsch im Jahre 1980, von dem fast alle kurdischen Städte betroffen waren. Aus diesen Städten stammen viele der kurdischen Flüchtlinge. In den letzten Jahren hat die Emigration von Frauen zugenommen. Dies hängt mit der Zerstörungs- und Vertreibungspolitik des türkischen Staates zusammen, die seit 15 Jahren in Kurdistan intensiv betrieben wird. An dieser Politik sind die europäischen Länder durch ihre wirtschaftliche und militärische Zusammenarbeit mit der Türkei beteiligt.

An dieser Stelle möchte ich einen Blick auf die in der Bundesrepublik lebenden AlevitInnen werfen. Nach den Angaben der Alevitischen Föderation leben zwischen 700.000 bis 800.000 AlevitInnen hier. Zum Teil definieren sich die AlevitInnen als "Kizilbas". Eine gewisse Mehrheit der AlevitInnen fühlt sich dem Kurdentum zugehörig. Die Zahl der kurdischen ImmigrantInnen wird nach Angaben der kurdischen Vertretungen auf über eine halbe Million geschätzt.

Die Zahl der aus Kurdistan und der Türkei kommenden Frauen hat in den letzten Jahren zugenommen. Im Jahre 1997 haben in der BRD 104.000 Menschen Asyl beantragt. An zweiter Stelle steht die Türkei mit etwa 17.000 AsylbewerberInnen und einer Anerkennungsquote von 16%. Die Anerkennungsquote der Flüchtlinge in den ersten vier Monaten dieses Jahres hat diesen Prozentsatz bereits erreicht. Hintergrund für diese Zahl ist der in Kurdistan geführte Krieg.

Wie viele der Frauen von sexueller Gewalt und Vergewaltigung betroffen sind, ist in diesen Asylanerkennungsquoten nicht angeführt. Hier fehlen jegliche Statistiken über Asylgrund oder -motivation. Eine Sensibilisierung bei den Bundesämtern für die Anerkennung ausländischer Flüchtlinge oder in der Politik und Öffentlichkeit in Bezug auf die alevitischen und kurdischen Frauen ist nicht anzutreffen. Im Vergleich zu der Sensibilisierung für Bosnien-Herzegowina ist dies hier für alevitische oder kurdische Frauen leider nicht der Fall.

Zudem ist dieses Thema für die Forschung an den Universitäten noch nicht relevant. Hierfür brauchen wir dringend wissenschaftliche Konzepte.

Auch für kurdische oder alevitisches ImmigrantInnen ist das Thema nicht gegenwärtig. Bekanntgewordene Fälle sind eher aufgrund der politischen Motivation in die Öffentlichkeit gerückt.

Ein weiteres Grund ist, daß Vergewaltigung in der BRD nicht als Asylgrund anerkannt wird. Trotz der Unterstützung der Bundesregierung im Jahr 1985 und der Erklärung der Vereinten Nationen für Flüchtlingsfrauen 1993 wurde hier im Lande eine rechtliche Regelung bislang nicht getroffen. Das Gegenteil ist der Fall: die Rechte der Flüchtlinge wurden durch die Änderung des Asylgesetzes radikal eingeengt.

Ein weiterer Grund ist, daß die Frauen während ihrer Befragungen bei den Bundesämtern für die Anerkennung ausländischer Flüchtlinge aus Scham nicht über sexuelle Gewalt sprechen wollten bzw. konnten. Bei den Bundesämtern arbeiten in der Mehrheit männliche Angestellte und auch die kurdischen Dolmetscher sind Männer. Solange die Frauen nicht ausdrücklich eine Dolmetscherin verlangen, wird sich daran kaum etwas ändern. Soziokulturelle Hintergründe spielen dabei ebenfalls eine wichtige Rolle. Die Stigmatisierung in der eigenen Gesellschaft führt zur Verheimlichung der erlebten Vergewaltigung, was wiederum wie ein Bumerang zur Nichtanerkennung als Asylberechtigte führt.

Dies möchte ich durch ein Beispiel verdeutlichen: Vor 6 Monaten erhielten wir zwei Anträge von zwei kurdischen Familien an die Härtefallkommission NRW, in der ich als Vertreterin von agisra Köln e. V. sitze. Die Frauen kamen mit ihren Familien vor zwei Jahren nach Deutschland und stellten Asylanträge. Die Asylanträge wurden abgelehnt. Daraufhin stellten sie Anträge an die Härtefallkommission, um so eine Aussetzung der drohenden Abschiebung zu erwirken. Die Härtefallkommission konnte leider keine Empfehlung hierzu geben, denn die beiden Frauen machten keine Aussagen über die erlebten Vergewaltigungen. Beide Frauen waren von türkischen Militärs in ihren Dörfern vergewaltigt worden. Sie haben dies vor ihren Ehemänner verschwiegen und auch im Asylverfahren verheimlicht. Nach der Empfehlung der Härtefallkommission, also kurz vor der Abschiebung, erzählte eine der Frauen ihrer Nachbarin die Wahrheit. Die Nachbarin wandte sich daraufhin noch mal an die Härtefallkommission. Der Fall wurde erneut behandelt und die Empfehlung der Härtefallkommission somit korrigiert. Dies ist gewiß kein

Einzelfall. Die zuständige Ausländerbehörde weigert sich nach wie vor, den Frauen und ihren Familien ein Bleiberecht zu erteilen. Zur Zeit sind die Frauen in Therapie. Nach wie vor wissen die Ehemänner nicht, was ihre Ehefrauen erlebt haben. Das gesellschaftliche Tabu wird hier sichtbar.

In diesem Zusammenhang möchte ich auch darauf hinweisen, daß spezialisierte Beratungstellen und Fachkräfte für traumatisierte AlevitInnen und KurdInnen fehlen. Es gibt in Deutschland wenige sozio-kulturell und in der Sprache gut ausgebildete Fachfrauen. Nach wie vor fehlen alevitische, kurdische Therapeutinnen, Psychologinnen und Pädagoginnen. Durch die fehlende Unterstützung werden die betroffenen Frauen mit ihrem erlebten Schicksal weiterhin alleine gelassen.

Was könnte konkret gemacht werden? Eine unserer Forderungen ist die Anerkennung der sexuellen Gewalt und Vergewaltigung als Asylgrund. Dies ist eine Forderung von vielen Fraueninteressensvertretungen, unter anderem auch meiner Partei Bündnis 90/Die Grünen. Ich hoffe, daß diese Forderung unter einer rot-grünen Regierung verwirklicht wird. Es müssen hierfür Konzepte bezüglich der Migration von Frauen, der Fluchtgründe von Frauen und der sexuellen Gewalt vorbereitet und Fachfrauen entsprechend ausgebildet werden. Die spezialisierten Frauenberatungsstellen sollen mehr gefördert werden. In der Politik muß hierfür mehr getan werden, der Handlungsbedarf macht dies dringend erforderlich.

Wir sind noch am Anfang. Wenn eine Tagung zum Thema "Vergewaltigung und sexuelle Belästigung" in Kurdistan oder in der Türkei stattfinden könnte, würde dieses Thema in der Öffentlichkeit verstärkt Aufmerksamkeit erhalten. Jegliche Beteiligung an oder Unterstützung für eine solche Tagung kann uns ein Stück weiterbringen, wie dies ebenfalls von meiner Freundin Nimet Tanrikulu gewünscht wurde. Damit könnten wir das Leid der kurdischen und alevitischen Frauen und anderer betroffener Frauen ein Stück mildern. Ein Schritt gegen Unrecht und ein Schritt zu Stärkung der betroffenen Frauen. Andere Wege der Unterstützung sind: Besuche bei den bestehenden Projekten oder auch die finanzielle Unterstützung dieser Projekte. Dies wäre auch ein wichtiger Beitrag zur Beendigung des geführten Krieg gegen die Menschen in Kurdistan. Ich bitte Sie um Ihre Frauensolidarität und bedanke ich mich für Ihre Aufmerksamkeit.

Presseerklärung

Forderungen an die neue Bundesregierung

Formuliert auf der internationalen Fachtagung "Krieg, Geschlecht und Traumatisierung" im Gustav-Stresemann-Institut in Bonn, 1. - 4. Oktober 1998 anläßlich des 5. Geburtstags von Medica mondiale e. V.

Die sexualisierte Gewalt gegen Frauen in Kriegs- und Krisengebieten – wie in Bosnien-Herzegowina – darf nicht wieder in ein Tabu übergehen, wie es nach dem Holocaust geschehen ist, als die Frauen mit ihrer Not allein waren. In Korea haben die Frauen erst Ende der 80er Jahre begonnen, über sexualisierte Gewalt zu reden, ebenso wie in Bosnien-Herzegowina Anfang der 90er Jahre. Doch das Schweigen breitet sich schon wieder aus: Seit Kriegsende ist in der internationalen Öffentlichkeit die Traumatisierung der Frauen in Bosnien-Herzegowina kein Thema mehr. Sexualisierte Gewalt gegen Frauen in Kriegs- und Krisengebieten droht wieder zu einem Frauentabu zu werden. Das Schweigen muß endlich durchbrochen werden. Deshalb wurden auf dieser Fachtagung zusammen mit den Expertinnen Perspektiven entwickelt für eine frauenbezogene Arbeit mit traumatisierten Mädchen und Frauen. Es ist an der Zeit, gesellschaftspolitische und professionelle Verantwortung zu übernehmen.

Medica mondiale fordert von der neuen Bundesregierung:

(1) **Maßnahmen der Bundesregierung:** Die konsequente Umsetzung der Schutzforderung des Artikels 33 "Bleiberecht aus humanitären Gründen" auf Frauen erfordert die geschlechtsspezifische Neudefinition des Begriffs "allgemeine Gefahrenlage" und des in allem Ländern unausgesprochenen patriarchalen Sittenkodex, der Frauen diskriminiert; Schutz vor Abschiebung der traumatisierten Frauen und ihrer Familien; humanitäres Bleiberecht gemäß § 30 Ausländergesetz, d.h. die Erteilung einer Aufenthaltsbefugnis für einen angemessenen Zeitraum; Ermöglichung qualifizierter medizinischer und therapeutischer Hilfsmaßnahmen; geschlechtsspezifische Verfolgung muß als Asylgrund und Abschiebungshindernis anerkannt werden; verfolgte Frauen müssen in unserer demokratischen Nachkriegsgesellschaft ei-

nen Anspruch auf ein gesichertes Bleiberecht erhalten; die zwangsweise vorgenommene Abschiebung traumatisierter Menschen muß umgehend gestoppt werden.

(2) **Finanzielle Förderung von frauengerechten Maßnahmen in der Forschung und Praxis:** Gezielter Aufbau und Unterstützung von medizinischen, gynäkologischen, psychosozialen und psychotherapeutischen Frauentherapiezentren in Kriegs- und Krisengebieten; angemessene finanzielle Unterstützung von Forschungsvorhaben zur Entwicklung von frauen- und menschengerechten Therapiekonzepten in der Traumaforschung; Aufbau einer feministischen Traumaforschung; Konsequente finanzielle Unterstützung von Medica Zenica in Bosnien-Herzegowina durch die neue Bundesregierung. Bereitstellung finanzieller Mittel und Ressourcen für wissenschaftliche, interdisziplinäre Forschungen über die Ursachen und Folgen von Kriegen. Wiederaufnahme der Förderung der Friedens- und Konfliktforschung und Erweiterung um feministische Ansätze unter Berücksichtigung der internationalen Diskussion. Reservierung von 40 % der finanziellen Mittel für die Erforschung geschlechtsspezifischer Fragestellungen, vorallem der Verknüpfung von Gewalt und Gender. Die Bundesregierung stiftet eine Frauenprofessur zur Erforschung der Folgen von Krieg für die Geschlechterkultur und die Geschlechterbeziehungen. Desweiteren richtet sie eine Gastprofessur in Berlin ein, auf die internationale WissenschaftlerInnen zu berufen sind, die einen bedeutenden Beitrag zur Erforschung von Gewalt leisten.

(3) **Maßnahmen der internationalen Gemeinschaft:** Ein obligatorischer Zeugenschutz muß für alle ZeugInnen von sexualisierten Kriegsverbrechen festgeschrieben werden; nationale und internationale Schutzmaßnahmen müssen den ZeugInnen zur Verfügung stehen; multisektorale, kultur- und disziplinübergreifenden Forschungen zum ZeugInnenschutz müssen obligatorisch durchgeführt werden; frauengerechte Anhörungsverfahren müssen selbstverständlich sein; für ein frauengerechtes und vorbeugendes Krisenmanagement müssen Gesetze umgehend erlassen werden; die Durchführung von Frauen- und Menschenrechten und die Einbeziehung geschlechtsspezifischer Erkenntnisse müssen ebenfalls obligatorisch sein; Transparenz in allen Phasen der Aufklärung sexualisierter Gewalttaten ist dafür notwendig; hochrangig Verantwortliche für die Greueltaten müssen verhaftet werden; die europäischen Exil- bzw. Einwanderungsländer

müssen diese Erkenntnisse in die jeweilige Ausländer- und Asylgesetzgebung flexibel einziehen.

(4) **Politische Aufklärungsarbeit in der BRD:** "Gewalt gegen Frauen" muß ein gesellschaftlich politisches Thema bleiben; Strategien zum Abbau von Gewalt gegen Frauen müssen auch in der BRD entwickeln werden! Gender-Training in der Bundeswehr – an der Führungsakademie der Bundeswehr in Hamburg – an den Offiziersschulen in Fürstenfeldbrück, Flensburg und Hannover bzw. demnächst Dresden – an den Unteroffiziersschulen in Appen, Plön sowie Weiden, Münster und Delitzsch – für alle, die in konkrete Einsatzszenarien geschickt werden. Es ist dringend notwendig, Einsatzkräfte auf besondere geschlechtsspezifische Problemlagen am Einsatzort ebenso vorzubereiten, wie beispielsweise auf besondere ethnische Konstellationen. Ohne einschlägige Kenntnisse darüber erscheint eine friedenspolitische Mission, die den Namen verdient, kaum durchführbar. Aus nahezu allen Einsatzgebieten der UNO liegen Klagen über unsensibles bis frauenfeindlichen Verhalten von UN-Soldaten vor. Geschlechtsspezifisches Verhalten ist ebensowenig "privat" wie ausländerfeindliches oder rassistisches Verhalten.

(5) **Maßnahmen für professionelle, fachbezogene Grundlagen:** Zusatzqualifikation für TherapeutInnen, die mit schwer traumatisierten Patientinnen arbeiten; ein erhöhtes Stundenkontingent von mindestens 200 Stunden ist innerhalb der Psychotherapierichtlinien festzuschreiben; muttersprachliche TherapeutInnen; Änderung des Psychotherapeutengesetzes für Nicht-EU-TherapeutInnen; muttersprachliche DolmetscherInnen; ein Ausbildungskonzept für DolmetscherInnen, die mit schwer Traumatisierten arbeiten.

V.i.S.d.P.
Dr. Monika Hauser, Dr. Marlies W. Fröse, Ina Volpp-Teuscher
Medica mondiale e. V., Waisenhausgasse 65, 50676 Köln

Kurzangaben zu den Autorinnen

Duska Andric-Ruzicic: geb. 1964, Studium an der Universität für Wirtschaft in Sarajevo, Leiterin Einkauf und Vertrieb in einer Medienfirma, eigene Agentur für Marketing und Beratung, seit 1993 Infoteka-Projekt bei Medica in Zenica. Als Feministin interessiert sie sich für Politik und Soziales, insbesondere für die Aspekte, die Frauen betreffen.

Nurka Babovic: geb. 1955, Soziologin, Therapeutin in Medica Zenica seit der Gründung in 1993. Während und nach dem Krieg war sie als Soziologin in einer Stahlfabrik tätig. Durch ihre Arbeit mit Frauen und Kindern in Medica Zenica hat sie ihre berufliche Ausbildung vervollständigt.

Dr. Agnes Büchele: Psychologin und Psychotherapeutin in freier Praxis, Zentrum für Angewandte Psychologie und Frauenforschung, Köln-Wien.

Dr. Christine Eifler: geb. 1949, Studium in Leipzig und Berlin, Sozialwissenschaftlerin, drei erwachsene Kinder; z. Zt. Gastprofessur an der Humboldt-Universität zu Berlin, untersucht an der Bremer Uni in einem DFG-Projekt Militär als Ort der Konstruktion von Geschlecht am Beispiel der Einbeziehung von Frauen in Streitkräfte.

Gisela Endel: geb. 1941, Körperpsychotherapeutin seit 1980 in freier Praxis in Freiburg, Einzel- und Gruppenarbeit. Während und nach dem Krieg in Ex-Jugoslawien Arbeit mit Flüchtlingsfrauen und Weiterbildung für Therapeutinnen bei Medica Zenica und Vive Zene, Tuzla. Ausbildungen als Yoga-Lehrerin, Atemtherapeutin und Leiterin von Selbsterfahrungsgruppen, viele Weiterbildungen im Bereich der Körperpsychotherapie, zuletzt Hakomi Integrative Somatics (Pat Otgen), USA, und Biodynamic (Marianne Bentzen), Dänemark, Spezialisierung auf Mißbrauch und Trauma.

Dr. med. Amira Frljak: Ich wurde am 10. Oktober 1953 geboren. Ich habe mein Medizinstudium und die Ausbildung zur Fachärztin (Fachrichtung Gynäkologie) in Sarajewo absolviert. Heute habe ich 21 Jahre Erfahrung in diesem Bereich, davon 10 Jahre als Fachärztin. Seit seiner Gründung im April 1993 bin ich an dem Projekt Medica beteiligt. Ich bin verheiratet und Mutter von drei Kindern.

Dr. Gabriele Fröhlich-Gildhoff: Ärztin für Psychotherapeutische Medizin, Oberärztin in der Psychosomatischen Abteilung der Wicker-Klinik in Bad Wildungen. Seit 1987 Arbeit mit Frauen nach sexueller Traumatisierung im stationären und ambulanten Bereich. Vorstandsvorsitzende des Arbeitskreises gemeindenahe Gesundheitsversorgung (AKGG e.V.: Träger von Jugendhilfemaßnahmen).

Prof. Dr. Marlies W. Fröse: geb. 1958, Dr. phil., Erzieherin, Diplomsozialarbeiterin, Diplompädagogin; seiten vielen Jahren in der Erwachsenenbildung und Bildungsplanung tätig, u.a. als Lehrbeauftragte der FH Köln (Fachbereich Sozialarbeit) und als Gutachterin für Frauenbildungsprojekte in Ländern Afrikas und Asiens; 1997-1998 Geschäftsführerin bei Medica mondiale e.V. (Köln); seit Dezember 1998 Professorin für den Aufbaustudiengang *Management in sozialen Organisationen* an der Evangelischen Fachhochschule Darmstadt; Arbeitsgebiete: Management in sozialen Organisationen, Interkulturalität, Geschlechterforschung.

Dr. Monika Hauser: geb. 1959; als Gynäkologin initiierte und gründete sie 1993 zusammen mit bosnischen Frauen das Frauentherapiezentrum Medica Zenica. Nach der Rückkehr aus Bosnien 1994 engagierte sie sich in unzähligen Veranstaltungen, Presseauftritten und Konferenzteilnahmen, um die Menschenrechtsverletzungen an bosnischen Frauen nicht der Vergessenheit zu überlassen. Als Vorstandsmitglied von Medica mondiale ist sie weiterhin in der politischen und Öffentlichkeitsarbeit tätig. Sie erhielt zahlreiche öffentliche Ehrungen für ihre Arbeit, lehnte aber 1996 das Bundesverdienstkreuz wegen der Abschiebungen von bosnischen Flüchtlingen aus Deutschland ab.

Enisa Hodzic: geb. 1956, medizinische Ausbildung in Sarajevo bis 1975, Institut für Nierenkrankheiten bis 1980, seit November 1992 als Flüchtling in Zenica, seit 1993 in Medica Zenica als Krankenschwester und Hausleiterin tätig, 4-jährige Erfahrung in der Arbeit mit traumatisierten Frauen, Mitglied des Führungsgremiums in Medica Zenica und Mitarbeiterin im Projekt "SOS-Telefon".

Meliha Hubic: geb. 1972 in Visegrad. In Zenica seit 1992, Studentin der Metallurgie, seit 1996 Koordinatorin für Öffentlichkeitsarbeit in der Infoteka von Medica Zenica.

Regina Kalthegener: Rechtsanwältin in Bonn. 1995-1998 im Bundesvorstand von Terre des femmes e.V.; seit 1998 Sprecherin des FORUM MENSCHENRECHTE in Deutschland.

Gabriela Mischkowski: geb. 1953, Historikerin, 1993-1997 Mitbegründerin und Mitarbeiterin von Medica mondiale e.V., seit Anfang 1998 freie Autorin.

Ruth Ochieng-Ojiambo: Ich wurde am 11. August 1955 geboren. Ich bin verheiratet und habe zwei Kinder. Ich habe ein Diplom (M.A.) in Kommunikations- und Politikwissenschaften, einen Studienabschluß (BSc.) in Informations- und Kommunikationswissenschaften und ein Diplom in Bibliothekswesen. Seit meinem Abschluß im Jahre 1977 hatte ich zwei Stellungen inne: Zuständige Bibliothekarin für die Bibliothek des Generalstaatsanwalts; Verantwortliche für Dokumentation in der konstituierenden Kommission, zuständig für die Koordination von Information für Wissenschaftler und die Abgeordneten der konstituierenden Versammlung während der Debatten zur ugandischen Verfassung von 1995 (1993-1994). Ich war Mitglied in einer Reihe von regionalen und internationalen Komitees zu Frauenfragen und Informationsfluß. Zu diesen gehörten bspw. "Gender in Africa Information Network" (GAIN – Informationsnetzwerk zu Geschlechtern in Afrika, Anm. d. Übers.), dessen Sekretariat sich in Kapstadt, Südafrika befindet und die Internationale Kommission der Know-How Konferenz, die Ende August 1998 stattgefunden hat. Gegenwärtig bin ich Koordinatorin für Information und Dokumentation bei Isis-WICCE.

Edita Ostojic: geb. 1953, Psychologin und Therapeutin in Medica Zenica seit der Gründung 1993. Seit Abschluß ihres Studiums (1976) als Psychologin für Kinder und Erwachsene tätig. Durch ihre Arbeit bei Medica hat sie sich spezialisiert auf Frauen und Kinder – als Überlebende einer anderen Art von Gewalt und Trauma.

Dr. med. Gisela Perren-Klingler: geb. 1944 in Basel, Medizinstudium, Psychiaterin, umfassende Aus- und Weiterbildung im psychiatrischen / psychologischen Bereich, 1980-1990 als Delegierte des Deutschen Roten Kreuzes für den medizinischen Bereich in Gefängnissen weltweit, 1992 Gründerin des Institutes für Psychotrauma in der Schweiz, 1993 bis 1997 Mitglied der Redaktion der "Journal of Traumatic Stress" *(Zeitschrift für* *traumatischen Stress, Anm. der Übersetzerin*), 1993 gewähltes Mitglied der "Europäischen Kommission für die Verhinderung von Folter und von inhumaner und entwürdigender Behandlung von Menschen, denen die Freiheit entzogen wurde" in Straßburg (1997 wiedergewählt), 1994-1997 Kurse für diverse MultiplikatorInnen im Kontakt mit traumatisierten Menschen, seit 10 Jahren überwiegend traumatisierte Patienten (z.B. Folteropfer, mißbrauchte Kinder, Opfer von familiärer Gewalt).

Mirha Pojskic: 45 Jahre alt, Professorin für Psychologie und Pädagogik, arbeitet als Therapeutin in Medica Zenica. Vor dem Krieg als Psychologin in einer Stahlfabrik tätig. In dieser Zeit und während des Krieges veröffentlichte sie Bücher im Bereich der Psychologie. In Medica forscht sie über psychologische und gynäkologische Folgen von Vergewaltigung. Veröffentlichungen hierzu in der Zeitschrift "Frauen 21" gemeinsam mit anderen Werken der "Ersten Frauenkonferenz von Bosnien-Herzegowina" in Sarajevo, 1996.

Dr. Gabriele Rosenthal: geb. 1954, Studium der Soziologie und Psychologie, 1986 Promotion zum Dr. rer. soz, Univ. Bielefeld. Seit 1989 Gastdozenturen an der Ben Gurion University of the Negev, Beer-Sheva, Israel, 1993 Habilitation in Allgemeiner Soziologie, insbesondere Interpretative Soziologie. Von 1992-1996 wissenschaftliche Leitung eines DFG-Forschungsprojektes: "Der Holocaust im Leben von drei Generationen". Seit 1993 Privatdozentin an der Gesamthochschule Kassel, Fachbereich Sozialwesen. Publikationen u.a.: Rosenthal, G. (Hrsg.) (1990): "Als der Krieg kam, hatte ich mit Hitler nichts mehr zu tun". Zur Gegenwärtigkeit des Dritten Reiches in Biographien, Opladen. Dies. (1997) (Hrsg.): Der Holocaust im Leben von drei Generationen. Familien von Überlebenden der Shoah und von Nazi-Tätern. Giessen: Psychosozial.

Dr. Sibylle Rothkegel: Dipl.-Psychologin, Gestalttherapeutin, Erfahrungen in Einzel- und Gruppentherapie in freier Praxis und in einem Projekt mit libanesischen Kindern und Jugendlichen (Flüchtlingen aus dem Bürgerkrieg) sowie in einem heilpädagogischen Heim für Mädchen (Opfer von individueller, meist sexueller Gewalt) und in einem Projekt mit obdachlosen jungen Müttern; seit 1994 am Behandlungszentrum für Folteropfer; seit 1996 stellvertretende Leiterin.

Dr. Lidija Rukavina: geb. 5.12.1954 in Zagreb/Jugoslawien, Fachärztin für Anästhesie und Intensivmedizin, seit 10 Jahren praktizierende Ärztin für Homöopathie. Seit 1995 Studium der Philosophie und Theologie an der Universität zu Köln. Mitbegründerin der Philosophinnengruppe I-DIOTIMA.

Dr. Kadrija Sabiç-Haracic: geb. 18.6.1962 in Vitez, verheiratet, drei Töchter; Studium der Neuropsychiatrie an der medizinischen Fakultät der Universität in Sarajewo, in Zagreb Zusatzausbildung/Spezialisierung auf EEH und Schlafstörungen, seit 1993 als Neuropsychiaterin mit psychosomatischer Ausrichtung bei Medica tätig. Während des Krieges in Bosnien-Herzegowina arbeitete sie mit traumatisierten Soldaten. Sie ist die Leiterin der neuropsychiatrischen Abteilung des Kantonskrankenhauses in Zenica.

Prof. Dr. Sabine Scheffler: Psychologin, Psychotherapeutin in freier Praxis, Professorin für Sozialpsychologie an der Fachhochschule Köln, Zentrum für Angewandte Psychologie und Frauenforschung, Köln-Wien.

Dr. med. Berit Schei: She is an obstretrician, gynaecologist and epidemiologist, founding Director of the Sexual Assault Centre at the University hospital in Trondheim and member of the steering committee for the Nordic Network on Violence and Health; and a member of the steering committee for a WHO multicountry study on violence against women. Among other international assignments she worked in Bosnia-Herzegovina during the war, both as a clinician for Medica and as a Consultant for Norwegian Peoples Aid. Her field of research is reproductive consequences of rape and abuse. Additionally she works in a broad area of Women's Health. She has been a visiting professor in Women's Health at the Centre for Research in Women's health in Toronto, Canada, at present professor in Women's Health at the faculty of Medicine at the Norwegian University of Science and Technology, N-7005 Norway.

Sengül Senol: geb. 1966 in Dersim, Kirmanc-Alevitin, Dipl.-Sozialpädagogin, Studium Journalistik an der Universität Dortmund, seit 1994 ist sie Mitglied der Kölner Rates; und Sprecherin für Migrationspolitik der Bündnis 90/Die Grünen im Rat. Mitarbeiterin der Frauenorganisation "agisra e. V." in Köln, die sie in der Härtefallkommission NRW vertritt.

Rada Stakic-Domuz: geb. 18.9.1954 in Zavidovici, Bosnien-Herzegowina, Studium der Philosophie, Literatur und der deutschen Sprache in Sarajewo, Deutschlehrerin, Übersetzerin; seit 1994 Koordinatorin für den Fachbereich "Rechtspolitik" der Infotheka in Zenica. Als Feministin ist sie interessiert an sozialen und politischen Themen, vor allem an Themen mit frauenrelevanten Aspekten.

Nimet Tanrikulu: geb. 1961 in Dersim, lebt in Istanbul, Kirmanc-Alevitin, Angestellte, Gründerin des Menschenrechtsvereins in der Türkei und ehemalige Vorsitzende des Menschenrechtsvereins in Istanbul und Ossietzky-Preisträgerin für "Samstagsmütter" der Verschwundenen in der Türkei.

Ina Volpp-Teuscher: geb. 1959, freie Journalistin, Studium der Germanistik und Geschichte in Köln, zwei Kinder; Schwerpunktthemen: Frauen-, Sozial- und Gesellschaftspolitik.

Informationen zu Medica mondiale e.V.

Medica mondiale e. V.

Medica mondiale in Köln ist Mitbegründerin und Trägerin des Frauentherapiezentrums Medica Zenica in Bosnien-Herzegowina. Medica mondiale unterstützt die Arbeit von Medica Zenica finanziell und praktisch.
In der Bundesrepublik macht Medica mondiale Öffentlichkeitsarbeit zum Thema Gewalt gegen Frauen. Darüber hinaus mischt sich Medica mondiale mit frauenspezifischen Inhalten in die politische Diskussion ein, z. B. mit der Kampagne gegen die aktuelle Abschiebung von traumatisierten bosnischen Frauen.
Medica mondiale arbeitet an einer nationalen und internationalen fachlichen Kooperation und Vernetzung. Ein Ziel ist die Entwicklung eines umfassenden frauenspezifischen Traumakonzepts. Medica mondiale beabsichtigt langfristig, sich auch in anderen Kriegs- und Krisengebieten zu engagieren.

Medica Zenica – ein einmaliges Projekt

Vergewaltigungen und sexualisierte Folter an Frauen sind Bestandteil jeden Krieges – weltweit. Hilfe für weibliche Kriegsüberlebende gab es aber erstmals durch Medica Zenica in Bosnien. Als Reaktion auf die systematisch angewandte sexualisierte Gewalt an bosnischen Frauen wurde Medica in Zenica und in Köln von der Gynäkologin Dr. Monika Hauser ins Leben gerufen.
Medica Zenica unterstützt kriegstraumatisierte Frauen und Mädchen in Bosnien, auf umfassende Weise neue Lebensperspektiven zu entwickeln und bietet ihnen und ihren Kindern eine Zufluchtsstätte.
Das Frauentherapiezentrum Medica im zentralbosnischen Zenica bietet kriegstraumatisierten Frauen und Mädchen gynäkologische, allgemeinmedizinische und psychosoziale Betreuung sowie Wohn- und Ausbildungsmöglichkeiten. Medica Zenica ist ein multiethnisches Projekt. Mitten im Krieg arbeiteten kroatische, serbische und bosniakische (muslimische) Bosnierinnen gemeinsam –, dieses Miteinander ist, neben dem ganzheitlichen und interdisziplinären Ansatz, bis heute eine wesentliche Grundlage des Projektes. Die 65 bosnischen Ärztinnen, Psychologinnen, Erzieherinnen und anderen Fachfrauen bieten den Flüchtlingsfrauen und ihren Kindern professionell und engagiert ihre Unterstützung an.

Was Sie tun können

Medica mondiale ist eine unabhängige Organisation und finanziert sich fast ausschließlich durch Spenden und Mitgliedsbeiträge. Damit wir die nach wie vor dringend notwendige Arbeit fortsetzen können, sind wir auf Ihre Hilfe angewiesen. Es gibt verschiedene Möglichkeiten uns zu unterstützen:

Fördermitgliedschaft

Wenn Sie unsere Ziele nicht nur finanziell, sondern auch politisch unterstützen wollen, können Sie Fördermitglied des Vereins werden (Mindestbeitrag monatlich 20,- DM bzw. 240,- jährlich). Sie erhalten dreimal im Jahr den Medica mondiale Rundbrief sowie einmal den ausführlichen Geschäftsbericht "Berichte und Informationen".

Spenden

Bitte geben Sie auf Ihrer Überweisung Ihre vollständige Anschrift an, damit wir Ihnen eine Spendenbescheinigung zuschicken können. Bei Spenden bis 100,- DM reicht dem Finanzamt der Überweisungsträger. Bei Spenden über 100,- DM bekommen Sie einmal jährlich im Januar des darauffolgenden Jahres eine Jahresspendenbescheinigung von uns (auf Wunsch natürlich auch sofort!). Besonders freuen wir uns über die Einrichtung eines Dauerauftrags oder eine Einzugsermächtigung, da uns dies eine langfristige Projektplanung ermöglicht.

Besondere Anlässe, Familienfeste, Jubiläen

Es gibt viele Anlässe, Freude zu teilen. Bitten Sie Ihre Gäste statt eines Geschenks um eine Spende für Medica mondiale. Wir stellen Ihnen gern Informationsmaterial zur Verfügung.

Informieren Sie über Medica mondiale

Geben Sie unsere Informationsmaterialien an FreundInnen und Bekannte weiter. Informieren Sie über unser Projekt. Nur so können wir unsere Anliegen durchsetzen und verhindern, daß das Schicksal der Frauen in Bosnien-Herzegowina und anderen Kriegs- und Krisengebieten in Vergessenheit gerät.

Informationen über unsere Arbeit und zur Fördermitgliedschaft können Sie unter der Telefonnummer 02 21-931 89 80 anfordern.

Medica mondiale e.V., Waisenhausgasse 65, 50676 Köln
Telefon: 0221-931 89 80
Fax: 0221-931 89 81
e-mail: medicamondiale@netcologne.de

Spendenkonto:
Spendenkonto-Nr. 45 000 163 bei Sparkasse Bonn, BLZ 380 500 00